国有资产管理体制问题研究

郑国洪 ◇ 著

GUOYOU ZICHAN
GUANLI TIZHI
WENTI YANJIU

中国检察出版社

法学新思维文丛

图书在版编目（CIP）数据

国有资产管理体制问题研究/郑国洪著 .—北京：中国检察出版社，2010.7
ISBN 978-7-5102-0301-5

Ⅰ.①国… Ⅱ.①郑… Ⅲ.①国有资产-资产管理-经济体制改革-研究-中国 Ⅳ.①F123.7

中国版本图书馆 CIP 数据核字（2010）第 116473 号

国有资产管理体制问题研究
郑国洪 著

出版发行：	中国检察出版社
社　　址：	北京市石景山区鲁谷西路 5 号（100040）
网　　址：	中国检察出版社（www.zgjccbs.com）
电子邮箱：	zgjccbs@vip.sina.com
电　　话：	(010)68650021（编辑）　68650015（发行）　68636518（门市）
经　　销：	新华书店
印　　刷：	北京鑫海金澳胶印有限公司
开　　本：	A5
印　　张：	9 印张
字　　数：	253 千字
版　　次：	2010 年 7 月第一版　2010 年 7 月第一次印刷
书　　号：	ISBN 978-7-5102-0301-5
定　　价：	25.00 元

检察版图书，版权所有，侵权必究
如遇图书印装质量问题本社负责调换

序

　　波澜壮阔的中国改革是以市场经济为目标的重大社会变革。这种社会变革蕴涵着三个基本取向：一是功利主义的价值取向；二是科学理性的思维取向；三是民主法治的规范取向。市场经济是我们目前能够找到的最好的资源配置方式，纯粹的市场经济主要是靠价值规律的自发性作用来维持的，即哈耶克所说的"自生自发秩序"来维持的。从制度的角度看，这种"自生自发秩序"的维持需要以下几个前提：一是社会分工的存在；二是私有产权的存在；三是法治化的交易规则体系。虽然我国走向了市场经济的道路并且将坚定不移地走下去，但我国是社会主义国家，在所有制上，是以公有制经济为主体，其他多种所有制经济共同发展。国家控制着整个国民经济的命脉，国有资产在我国具有特殊重要的地位和价值。因此，在市场经济的条件下，如何保障国有资产的"保值和增值"，是摆在我们社会和政府面前的一个十分迫切的问题。

　　改革开放所营造的"中国奇迹"以及前苏联等国家的经验和教训表明：从体制的角度看，国有资产保值增值的唯一出路就是要深化其管理体制。表面上，国有资产的保值增值是一个明晰产权、建立现代企业制度、建构新型的政府与国企的权利义务关系的问题，但深层次上，国有资产的保值增值就是如何改革现行的国有资产管理体制的问题。我国市场经济运行的实践表明：国有资产管理体制如果不变革，国有资产保值增值就永远是一句空话。值得欣慰的是，"北京共识"的提出和成功本身就是对所谓的"华盛顿共识"的普适性的证伪。我们认为，对于国有资产管理体制的改革，方向是既定的，目标也是明确的,关键在于如何"改"。

一般认为,国有资产包括经营性的国有资产、资源性的国有资产及行政事业性的国有资产。根据学者的观点,国有资产分为广义和狭义两种。广义的国有资产即国有财产,指属于国家所有的各种财产、物资、债权和其他权益,具体包括:依据国家法律取得的应属于国家所有的财产;基于国家行政权力行使而取得的应属于国家所有的财产;国家以各种方式投资形成的各项资产;接受各种馈赠所形成的应属于国家的财产;国家已有资产的收益所形成的应属于国家所有的财产。而狭义的国有资产是指法律上确定为国家所有的并能为国家提供未来效益的各种经济资源的总和。显然,我国的国有资产管理体制改革中所关注的主要是狭义的国有资产。

郑国洪副教授的《国有资产管理体制问题研究》对我国国有资产管理体制如何变革提出了自己的想法和建议。该书分为八个部分,分别对国有资产与国有资产管理体制的概念、国有资产管理体制的现实状况与历史变迁、国外国有资产管理体制的实践和借鉴、国有资产管理体制改革的宏观分析、国有资产管理体制改革的模式选择、我国国有资产的绩效测评体系、国有资产管理的立法、国有资产的监督等问题进行了比较深入的分析和思考。该书综合运用了经济学、法学、管理学等方面的知识,对我国国有资产管理体制改革的有关问题进行了剖析。特别是该书比较娴熟地运用经济学的有关方法,对我国国有资产管理的绩效评估的指标体系进行了比较深入的探讨,并且尝试对我国国有资产管理体制改革的模式选择等问题进行了大胆的探索,虽然有些观点尚值得斟酌甚或存疑,有些论述可能并不是那么无懈可击,但作为一种学术性的论述,依然值得肯定。通读全书,感到该书视野比较开阔,体系完整,具有很强的社会现实性,体现出作者对社会重大问题的使命感,虽然创作时间延续6年之久,但经过作者的不断改进,依然能够与时俱进,可谓历久弥新。

与其他学术著作一样,本书也不是完美的。例如,本书如果能够紧紧抓住国有资产管理体制改革中的"问题",并围绕这些"问题"有针对性地进行分析和论述,可能效果会更好。同时,可能是本书牵

序

涉的知识面广，作者在写作和论述的规范性方面，也有待进一步加强。总体而言，本书对我国国有资产管理体制改革从经济学、法学及管理学的角度进行了有益的探索和大胆的假设，希望该书的出版，能够对我国国有资产管理体制改革的理论和实务起到较好的推动作用。

是为序。

卢代富

二〇一〇年五月于重庆歌乐山下

目 录

序 /1
第一章 国有资产与国有资产管理体制 /1
第一节 国有资产概述 /1
一、财产、资产、资本与产权 /1
二、国有企业、国有资本、国有经济与国有资产 /5
三、国有资产的类别划分 /8
四、国有资产的功能分析 /15
第二节 关于国有资产管理的理论简介 /19
一、产权理论 /19
二、交易费用理论 /22
三、委托代理理论 /24
第三节 国有资产管理体制概述 /26
一、国有资产管理的含义 /26
二、国有资产管理体制 /32
三、国有资产管理体制的实现目标 /33
第二章 国有资产管理体制改革的一般分析 /35
第一节 国有资产管理体制的制度变迁 /35
一、国有资产管理体制改革的历史回顾 /35
二、国有资产制度变迁的成果分析 /39
三、国有资产管理体制改革的博弈分析 /43
第二节 国有资产管理体制的现状分析 /49
一、国有资产管理中的问题发掘 /49
二、国有资产管理的体制弊端剖析 /51

第三节 改革国有资产管理体制的重要意义 /57
- 一、各级政府履行职能的需要 /57
- 二、明晰产权关系的需要 /59
- 三、国有经济结构调整的需要 /60
- 四、加强国有资产管理的需要 /62
- 五、建立现代企业制度的需要 /63

第三章 外国国有资产管理体制的实践与借鉴 /66
第一节 外国国有资产管理体制概况 /67
- 一、外国国有资产发展历程及分布状况 /67
- 二、市场经济国家国有资产的作用 /69
- 三、国外国有资产管理的范围 /70

第二节 不同类型国有资产管理体制及典型国家 /71
- 一、集权型管理体制 /71
- 二、分权型管理体制 /73
- 三、统分结合型管理体制 /75
- 四、不同类型国有资产管理体制的启示 /78

第三节 转轨国家国有资产管理体制的改革 /81
- 一、转轨国家国有资产管理体制改革的特点：以俄罗斯、波兰、捷克为例 /81
- 二、转轨国家国有资产管理体制改革的经验教训 /83

第四节 我国国有资产管理体制的借鉴方略 /84
- 一、国有资产的战略性调整 /84
- 二、构建国有资产管理体制的新框架 /85
- 三、建立严格有效的监督机制 /86
- 四、建立国有资产管理的法律体系 /87

第四章 国有资产管理体制改革的宏观分析 /89
第一节 国有资产管理体制的积极探索 /89
- 一、沪深模式 /89
- 二、"一体两翼"模式 /90
- 三、"九八"模式 /91

目 录

第二节 现行国有资产管理体制的基本模式 /92
  一、现行国有资产管理体制的构架 /92
  二、现行国有资产管理体制存在的问题 /94
第三节 国有资产管理体制改革的"委托代理链条"
       分析 /98
  一、国有资产管理体制"委托代理链条"的
    "有限收敛" /98
  二、国有资产委托代理链条"有限收敛"的中间人 /102
第四节 国有资产管理体制改革的基础、原则与思路 /104
  一、国有资产管理体制改革的基础 /104
  二、国有资产管理体制改革的原则 /108
  三、国有资产管理体制改革的基本思路 /112

第五章 国有资产管理体制改革的模式选择 /120
第一节 国有资产管理体制改革的目标 /120
  一、提高国有资产的运行效率 /120
  二、改善和调整国有经济布局和结构 /124
  三、改善和增强国家对经济的宏观调控能力 /124
  四、建立和完善社会主义市场经济体制 /125
第二节 经营性国有资产管理模式的选择 /126
  一、经营性国有资产的功能分析 /126
  二、经营性国有资产的管理目标 /127
  三、经营性国有资产管理模式的选择 /129
第三节 非经营性国有资产管理模式的选择 /135
  一、非经营性国有资产的功能分析 /135
  二、非经营性国有资产的管理目标 /135
  三、非经营性国有资产管理模式的选择 /136
第四节 资源性国有资产管理模式的选择 /139
  一、资源性国有资产的功能分析 /139
  二、源性国有资产的管理目标 /140
  三、资源性国有资产管理模式的选择 /141

第六章　我国国有资产绩效测评体系研究 /145
第一节　国内外企业效绩管理的理论介绍 /146
一、西方企业效绩管理介绍 /146
二、我国企业效绩管理分析 /149
第二节　我国国有公司绩效评价模型的价值取向及设计原则 /153
一、国有独资或国有控股绩效评价模型的价值取向 /153
二、国有独资或国有控股绩效评价指标体系设计的基本原则 /155
第三节　我国国有独资或国有控股绩效评价指标体系 /156
一、国有独资或国有控股绩效评价指标体系的基本内容 /156
二、国有独资或国有控股绩效评价基本指标体系 /157
三、国有独资或国有控股绩效评价修正指标体系 /159
四、国有独资或国有控股绩效评价指标体系 /161
第四节　我国国有资产效绩管理的事后监督与未来趋势 /163
一、国有资产效绩管理的事后监督 /163
二、我国企业效绩管理的未来趋势 /170

第七章　我国国有资产管理立法探究
　　——兼析《企业国有资产法》 /181
第一节　国有资产管理立法选择的理论分析 /181
一、公共物品理论与国有资产管理立法 /181
二、现代企业制度与国有资产管理立法 /185
三、社会性管理理论与国有资产管理立法 /193
第二节　国内外国有资产管理立法梳理与借鉴 /196
一、我国国有资产管理法律体系 /196
二、国外国有资产管理立法模式 /202
第三节　《企业国有资产法》在国有资产管理中的法律分析 /212
一、《企业国有资产法》的立法意义 /213

二、《企业国有资产法》的制度创新　　　　　　　　　　/217
　　三、《企业国有资产法》与相关法律规范的关联　　　　/225
　　四、《企业国有资产法》的立法完善　　　　　　　　　/231
第八章　国有资产的监督　　　　　　　　　　　　　　　　/237
　第一节　国有资产监督的主体选择　　　　　　　　　　　/237
　　一、国有资产监督主体的选择　　　　　　　　　　　　/237
　　二、国家审计机关开展国有资产审计的独立性　　　　　/243
　第二节　国有资产监督的理论基础　　　　　　　　　　　/246
　　一、公共选择理论　　　　　　　　　　　　　　　　　/247
　　二、信息经济学　　　　　　　　　　　　　　　　　　/249
　　三、博弈论　　　　　　　　　　　　　　　　　　　　/251
　　四、经济增长理论　　　　　　　　　　　　　　　　　/252
　　五、可持续发展理论　　　　　　　　　　　　　　　　/254
　第三节　国有资产监督的原则和内容　　　　　　　　　　/255
　　一、国有资产监督的原则　　　　　　　　　　　　　　/255
　　二、国家审计机关开展国有资产监督的基本内容　　　　/256

参考文献　　　　　　　　　　　　　　　　　　　　　　　/263
后　记　　　　　　　　　　　　　　　　　　　　　　　　/270

第一章 国有资产与国有资产管理体制

第一节 国有资产概述

国有资产,就是国家(一般由该国政府代表国家行使所有权)所拥有的资源和财产。作为政府掌管资财的总和,国有资产对于政府履行国家公共管理职能和调控国民经济起着十分重要的作用。当然,对国有资产的内涵仅作此理解远远不够,还必须在对资产与财产、资本和产权概念作区分的基础上,从国有资产与国有企业、国有经济和国有资本联系中把握国有资产内涵的真谛。特别需要注意的是,社会主义制度赋予了国有资产更多的含义,对于社会主义市场经济条件下国有资产的理解,既要看到其与其他社会制度国有资产具有共性的一面,更应看到其反映社会主义制度的特殊性,即作为经济基础维护社会制度的另一面。

一、财产、资产、资本与产权

财产(Property)是一个法律的概念,主要是法学研究的范畴,经济学只是将其作为一个既定的经济范畴去理解,一般不作深入研究分析。就当前法律规定来看,各国法律对财产概念的解释是不同的。我国法律的财产规定,除了物权还包括债权。因而,对财产概念的理解有广义和狭义之分,广义的财产是指具有价值和使用价值的财产或直接能给主体带来一定利益的权利,其可分为固定形态的财产(又有有形和无形之分）和非固定形态的财产（主要指权利）。狭义的财产则仅指客观存在的固定形态的财产。我国《民法通则》第71条规定："财产所有权是指所有人依法对自己的财产享有占有、使用、收益和处分的权利。"就我国立法体例来看，财产所有权和与财产所有权有关的财产权、债权、知识产权、人身权是同一序列的民事权利概念。但经济学认为，物权和债权在企业资产中的规定是不同的，由此引发的权利也不同，拥有物权，即为股东，根据公司法拥有企业剩余控制权和剩余索取权等权利；拥有债权，即为债权人，相对于股东来说，其对企业的权利是有限的，它仅可对债权的使用作某些限制性规定，一般不能左右企业的经营。与权力大小相对应，财产拥有人获得的收益和承担的风险也不同，根据权利与收益、风险对称原则，股东拥有的权利较大，因而获得的收益也较高，但其承担的风险也较大；债权人的权利相对较小，因而获得的收益也较少，但其承担风险也相应较低。政府作为一国国有资产的管理主体，其对企业的投资方式可以是股东入股，也可以是债权人放债（一般通过国有商业银行进行）。

资产①（Asset）更多应用于财务管理和会计核算中，它是对某一经济主体，主要是企业所拥有财产的一种静态反映。即企业拥有或者控制的能以货币计量的经济资源，包括各种财产、债权和其他权利。也就是说，资产是指企业过去的交易或者事项形成的、由企业拥有或者控制的、预期会给企业带来经济利益的资源。其特征可以概括为：（1）资产的主体是经济实体，它可以是法人形式的公司制企业，也可以是非法人非公司制实体；（2）资产与经济主体的关系以拥有或者控制为标志，而不区别其来源如何；（3）资产要能以货币计量，

---

① "资产之所以对物主有用，或者是由于它是未来事业的源泉，或者是由于它可用于取得未来的利益。"参见［美］D. 格林沃尔德：《现代经济词典》，商务印书馆1951年版，第27页。《企业会计准则》规定："资产是企业拥有或者控制的，能以货币计量的经济资源，包括各种财产、负债及其他权利。"在经济学中资产被定义为："由企业或个人拥有并具有价值的有形的财产或无形的权利。"

从而通过会计计量得以反映;(4)资产的存在形态包括各种财产、债权和其他权益,用会计恒等式可表示为:

资产＝权益＋负债

资产作为某一经济主体某一时间财产的反映,用于国家或政府这一宏观性主体,就称为国有资产,它是一国政府所拥有的财产。资产归属具备明晰化特征,从而要求国有资产管理必须克服主体虚化的弊端,建立统一的管理主体,由其履行出资人权利,落实国有资产管理;资产的货币计量性特征,要求国有资产管理应该以价值管理为主,实物管理为辅,不把重点放在既定存量国有资产的完整上,而应该把管理重点放在国有资产价值的保值增值上;资产形态的多样性特征,要求国有资产管理做到分类、动态化管理,而不是僵化的实物管理和统一管理模式。同时,由于资产概念具有静态性的特征,因而也易造成国有资产管理的静态化,弱化国有资产的市场经营功能。

资本(Capital)属于经济学研究的范畴,1989年版的《辞海》指出,它同土地、劳动和企业家共同构成了生产的四大生产要素,在一国经济的发展中起着十分重要的作用,其对经济发展的贡献仅次于科技。经济学的两大体系——政治经济学和西方经济学,对资本概念的理解不同。政治经济学对资本的解释具有较强的社会特征,它是指能带来剩余价值的价值,道出了资本家剥削工人阶级的本质。而西方经济学对资本的定义则弱化了社会含义,认为资本作为资本家要素付出,同其他要素一道共同完成商品生产过程,以追求利润最大化为目标,但由于市场竞争的限制,它们往往只能获取平均利润率,在资本市场上就表现为利息。两者分析角度虽有所差异,但有一点是共同的:资本在市场环境下追求的是保值增值,而且是尽可能大的增值。如果把会计学中所称的资产放置于企业经营中,放置于经济学领域,也就称为资本。当然,资产不用于经营领域,它仅是静态的财产,并不能称为资本。作为企业的资本投入,不一定是资金的投入,既可以是实物投入,也可以是技术、商标、商誉等无形资产的投入。对资本收益的考核一般用资本平均利润率,或资本的报酬率等指标。

对于产权(Ownership)的认识目前还不尽统一,总体分析,经济学界和法学界的认识角度是不同的。法学强调的产权是指财产的所有权，以及由其所派生出来的使用、处置、收益等权利。法学对产权的研究，主要分析财产的这些权利在出资人与企业之间的界定，达到规定出资人与法人理财行为的作用，以便在保护出资人利益的同时，调动经营者管理的积极性。经济学讲的产权，虽有马克思产权与西方产权之分，但其与法学分析产权有很大的相关性。马克思产权思想，其一是等同于所有权；其二是属于上层建筑法权性质的权利，对应于所有制而有别于所有制；其三是指排他性的可交易的资本属性的权利；其四是动态的生产关系在生产全过程中存在的权利；其五是广义的包含一系列关于资产权利在内的权利束。① 马克思产权理论更多强调共有产权的合理性，这要求社会主义制度拥有与其制度属性相适应的共有产权制度，突出国有经济在国民经济中的控制力与主导地位。

西方对于产权的研究，早在斯密时期已经开始了，但其作为一个经济学流派，则始发于罗纳德·科斯的产权研究。由于各位学者假设的前提不同，分析的角度不同，对于产权的解释也不尽一致，但其在以下三点取得了共识：首先，产权是一种排他性的权利，这种权利必须是可以平等交易的法权，而不是不能进入市场的特权；其次，产权是规定人们相互行为关系的一种规则，并且是社会基础性的规则；最后，产权是一权利束，它可以分解为多种权利并统一呈现一种结构状态。产权研究的这些成果对于国有资产管理来讲具有十分重要的意义，产权所要求的排他性决定了国有资产管理必须统一集中管理，明晰权责；产权交易的平等性，决定了国有资产管理的"平民化"角度，而不能将其作为一个特权看待，防止其破坏市场配置资源效率；产权的规则性和结构性特征，则要求科学划分和界定各级、各层管理国有资产的权责，提高管理效率。

财产、资产、资本和产权的关系可表述为，财产是研究资产、资本和产权的起点，资产、资本和产权是财产研究，特别是财产所有权

---

① 李伟、刘凤圣：《产权范畴的理论分歧及其对我国改革的特殊意义》，载《经济研究》1997年第1期。

分析的进一步深化。如果把财产的管理主体定位于企业，那么就称其为资产。企业中的资产由权益和负债两部分构成，两类资产的所有者行使的权利不同，追求的目标不同，其所承担的风险也不一样：作为股权投入财产称其为资本，其目标是追求企业利润的最大化，为此企业也可能通过经营杠杆和财务杠杆效应提高资本的报酬率；而产权的分析则远远高于财产、资产和资本的分析，它更多在于通过制度（实质也是一种合约的结构）创新，提供激励，提高资源的配置效率。

二、国有企业、国有资本、国有经济与国有资产

对于国有企业概念的理解，是随着经济改革的发展而不断深化的。在传统的计划经济体制下，企业的投资、采购、生产、技术、销售、人事等工作全部由国家计划指令管理，即其一切活动皆纳入政府指令统管之下，此类企业称得上纯粹的国有企业。随着经济体制改革的深入，国家对企业投资也由拨款改为贷款方式，部分企业改制为股份制形式，民营资本也开始注入国有企业，控股国有企业和参股国有企业日益增多。由于受传统思想的影响，国家投资企业还是以控股企业为主（且以绝对控股为主要方式），这是当前对国有企业概念的理解。至于参股企业属不属于国有企业，目前还存在争议。其实，判断一个企业是否属于国有企业，主要看其控制权在谁手中，是国家或国家委托的代理人，还是其他主体。如果控制权属于国家或其委托的代理人，不论其控股比例多少，都应属于国有企业的范畴。考虑国有资本的有限性，国家通过资本集中再利用市场资本链控制更多的子公司和孙公司，即可更大地发挥国有资本对国民经济的控制力。

与国有企业相联系的企业资本就是国有资本。国有资本是指国家作为投资人投入企业的原始资本，或实际投入资本，对于企业的亏损或留存是不能计入国有资本的。考核国有资本绩效更多地看资本的收益率，或资本的报酬率，它就是一定时期内平均收益与投入的比例，这一比例越高，说明国有资本运营越有效；如果比例越低，说明国有资本运营越低下。由于企业经营效益不同，企业中的实际国有资本并

不等于国家期初投入资本量。那些经营好的企业，由于企业收益增加，企业留成增多，企业净资产增加，表现为国有资本权益大于期初投入资本额；而那些经济效益差的企业，由于企业经营的亏损从而侵蚀了部分或全部投入资本，表现为国有资本权益小于期初投入资本额。市场经济环境下资本的本质是保值增值，即追求利润的最大化。因而对于国有资本的考核，主要定位于资本的增值上，即要求其平均资本报酬率必须大于零，一般应略高于行业平均水平，但绝不能为负值（极少数特殊行业可能为负值），否则即认为国有资本投入失败。国家投资主体对国有资本的管理，更多是基于现代法人治理结构下出资人权利的行使，而不能直接干预企业的日常经营。

国有资本是站在企业这一微观角度对国家投资作的分析，如果站在国民经济这一宏观角度分析，就称为国有经济。国有经济关注点并不在于国家投资在社会总投资中所占的比例，而把关注点放在有限国有资本对整个国民经济的控制力上，着眼于有限追加的国有资本投入对于整个国民经济的拉动幅度方面。考察国有经济，主要分析国家资本整体对市场的控制力，这一控制力可通过三个杠杆实现：一是股权杠杆，即由过去的全额直接投资变为部分股权投资，从而实现用较少的直接资本控制更多社会资本的作用。例如，一个企业需要投资额为5亿，按传统的投资方式，国家就必须投入5亿；而现在国家实行绝对控股，只需投入51%的股权即可，即可用2.55亿控制5亿的资本，在国有资本不变的情况下，国有经济的控制力增强了。二是财务杠杆，即企业在需要投资额一定的情况下，可通过举债获得资本，从而减少股权资本的投入，达到提高控制力的目的。仍照上例，假如该企业市场盈利能力增强，企业资本结构为4:6（即股权资本与债权资本的比例），那么企业的股权资本为2亿（5×40%），国有资本保持绝对投股比例，则仅需要投入1.02亿（2×51%）。如此一来，国有资本的控制力得到了更大的放大。三是行业杠杆，即国家只需控制关键行业中的龙头企业，就可达到控制整个行业，进而控制整个国民经济的目的。

《民法通则》第73条规定："国家财产属于全民所有。"这是法律对于国有资产的定义。至于国家能不能代表全民行使财产的所有权，行使所有权的效率如何，学术界仍存在着争议。基于本书是国有资产管理体制的研究，国有资产的研究应该纳入法律框架下去分析，对于国有资产的理解应以法律的定义为准。国有资产定义为：国有资产就是全民的资产，它是全民委托国家或政府管理的属于全体人民的财产，国家或政府依法行使财产的所有者权利。这里为什么强调国家或政府两个主体而不是一个主体，主要基于未来国有资产管理的主体可是政府，也可是非政府的特殊机构。

基于国有资产管理对象的特殊性，当前理论界对国有资产的内涵有广义和狭义两种理解。① 广义的国有资产是指"全民所有即国家所拥有的资源和财产"，是国家以各种形式的投资及其投资受益、拨款、接收捐赠或凭借国家权力取得的，或者依据法律认定的各种类型的财产和财产权利。② 其实质在于这些资源和财产的最终所有权属于国家，而不是非国家的其他主体。对于广义国有资产的外延理解，具体包括以下几个方面：（1）国家以各种形式对企业的投资及其收益等形成的经营性国有资产；（2）国家向行政事业单位拨款形成的非经营性国有资产；（3）国家依法拥有的土地、森林、水流、矿藏等资源性国有资产；（4）国家依法拥有的货币形态的基金等国有资产；（5）接受馈赠、无主财产等依据法律认定形成的财产。狭义的国有资产仅指经营性国有资产，即国家作为出资人在企业中拥有的权益及其收益。由此可见，狭义的国有资产更强调其资本性质，强调资产的企业形态。其具体包括：（1）企业中的国有资产；（2）行政事业单位中转作经营性的国有资产；（3）其他投产生活过程的国有资产。对狭义的国有资产概念的理解，应该正确区分资产与权益的差别：国有资产的计量强调国家作为出资人投入经营的财产；而国家作为出资人享有的企业权益，并不等于国有资产，可能放大，也可能缩小，这

---

① 赵轶：《国有资产布局调整与权利结构改革研究》，载《科研管理》2003年第5期。

② 李晓丹：《国有资产管理与经营》，中国统计出版社2000年版，第4页。

主要与国有资本的经营关系密切相关。经营好的国有企业,国家的权益大于国有资本的投入数量;经营亏损的国有企业,国家的权益小于国有资本的投入数量。当前许多国家企业,从投入角度分析其出资人主要为国家,因而称为国有企业。但从权益角度分析,由于一些企业负债远远大于企业资产,此时虽然国有资产以账面形式存在,但从权益角度分析为负,因而已经丧失了国有企业的实质地位,当务之急就是通过债务改组或破产等途径将其转让出去。

基于以上分析,可以得出国有资产与国有企业、国有资本和国有经济既相联系,又相区别。其联系可动态表现为:国家以出资人通过国有资产的投入—形成国有资本—控制国有企业—控制国民经济—国有资产保值增值—再更大的国有资产投入……即国家通过国有资产向企业进行投资,从而形成国有资本,国家基于出资人地位,根据股权原则对企业实施控制,由于股权杠杆、财务杠杆和行业杠杆的放大作用,进而达到控制整个国民经济的目的;同时,国有资产控制力的增强,企业市场竞争力提高,企业盈利也会增强,也必然带来国有资产的保值和增值。如此良性循环,国有经济的控制力不断得到增强,国有资产的总量也不断增多,社会主义制度的经济基础也越加牢固。在上述链条中,把国有资产、国有资本、国有企业和国有经济联结起来的纽带是经营性国有资产,也就是国有资本,而非经营性国有资产则不参与其中,其更不具备对国民经济控制的放大作用。至于四者间的差别,既有内涵上的区分,也有外延上的不同。分析国有资产、国有企业、国有资本和国有经济联系的目的,在于通过揭示其内在联系,使用联系的观点、全面的观点,站在国有企业改革的角度、国有资本经营的角度和国有经济控制力的角度系统分析国有资产管理体制的改革。

三、国有资产的类别划分

基于不同的标准,可以对国有资产作不同的分类。当前,理论界对国有资产的分类采取的标准都是国有资产的实际表现形态,但得出的结论却不尽相同,概括起来主要有以下几种标准:

（一）按国有资产存在形态的不同，可分为有形资产与无形资产

有形资产，是指具有一定实物形态的资产。如土地、房屋以及土地上的其他建筑物和定着物、机器设备和各种原材料、资金等。在有形资产中，依照资产是否可以移动以及资产的移动是否影响其价值，将有形资产区分为动产与不动产。凡是可以移动，且移动不影响其价值的有形资产，称为动产；凡是不能移动或者虽可以移动但将使其价值减少的，称为不动产。参照有关法律对财产的界定，对于飞机、船舶、机动车辆等动产，因其财产价值较大，在法律上一般将其视为不动产。动产与不动产的划分，主要是基于不动产的价值往往较大，作为国有资产的不动产，在处置程序上作了较为严格的限制。而动产与不动产的划分，更大的意义在于在法律上对动产和不动产在权利移转和权利公示方法上所作的不同规定。按照一般的法律处理规则，动产以交付为权利移转的标志，以占有为权利的公示方式；而不动产则以移转登记作为权利移转的标志，并以登记簿记载为权利的公示方式。

无形资产，是指虽不表现为一定的实物形态，但能使资产的拥有者凭借该资产享有一定的权益，即资产的拥有者能够凭借该资产使自己的财产增加或者减少。从有形资产与无形资产的区分标准即资产是否以实物形态存在可见，无形资产的最大特点在于其不存在实物形态。因此，可以将知识产权、技术秘密和商业秘密、特许经营权、企业的信誉、债权与债务等划入无形资产的范围。其中，所要特别说明的是，对于特许经营权，必须是国家授予给企业的特定资产的经营权，如某高速公路的经营权，对于特许经营权往往在授予当事人权利的同时，也给予了该权利的行使期限的限制。这不同于所谓的企业在国家工商行政管理机关所取得的作为经济实体进入市场的资格条件，即企业所核准的经营范围。一般而言，把企业在国家工商机关所核准的经营范围，作为企业从事生产活动的许可范围，即企业在其核准的经营范围之内，享有从事经营活动的权利。应该说，后者所要解决的是企业的经营主题资格问题，属于企业取得主体资格准入市场的前提条件，而前者则是已经取得市场主体资格的当事人对某项特定资产进

行经营的专享的权利。

（二）按国有资产所在领域与功能不同，可分为经营性资产与非经营性资产

经营性资产，是指为实现资产的保值与增值而投入到生产经营活动中，或者按企业经营要求而使用的资产。经营性资产是国有资产的重要组成部分，主要发布在各产业部门、各经济实体之间，同时也包括行政事业单位等在完成本单位正常工作的前提下按照国家的有关规定用于从事生产经营活动的资产。

非经营性资产，是指那些不投入生产经营过程，而由行政事业单位、党派和社会团体等为完成国家行政任务和开展业务或者社会活动所占有、使用的资产。对于非经营性资产，由于其担负的功能在于确保国家行政事业单位、党派和社会团体的功能的实现，维持其基本的目的事业活动的开展，并不直接参与生产经营活动，不具有资产增值性的特定，但为实现资产配置的功能和价值，应维护资产的安全与完整，使资产得到合理有效的使用，从而促进和确保相关机关或者部门功能的实现，以使该部分资产发挥出其应有的社会价值。

对于该资产分类，其划分标准不是绝对的。从国家的功能与职责考察，国有资产的职能分工不是绝对的。经营性资产与非经营性资产在更大程度上应是参与社会经济活动的程度或者方式的不同。因为行政事业单位、党派和社会团体所配置的资产，都通过该机关或者单位所担负的职责与功能，间接地为社会经济生活服务，并对社会经济生活产生着重要的影响。尽管如此，由于这两类资产发布领域与担负的功能的不同，使得其各自具有不同的目标和功能，对于国有资产管理的研究，往往与这两类不同资产相联系，并就此构筑了国有资产不同的管理模式。在此笔者尚需提及的是，对于非经营性资产管理的研究在我国的实际生活中尚处于比较低级的阶段，而且，人们对此的重视程度，显然也不及经营性国有资产的管理的研究。这不能不说是国有资产理论研究和实践的遗憾。

（三）按国有资产形成方式的不同，区分为资源性资产与开发性资产

资源性资产，是指自然界天然形成的，并成为资产供人类利用的自然资源，包括土地、森林、矿藏、草原、水资源、野生动植物资源等。资源性资产是自然界天然形成的，并能供人类所利用。但应注意的是，并不是自然界天然形成的能供人类使用的资源都可以成为资源性资产。如空气，是天然形成的，而且能供人类使用，但却不能作为资源性资产。因此，资源性资产必须是人力所能控制的，只有具备了这个特征，才能够成为所谓的资产。

开发性资产，是指人类经过自身的生产、加工、改制、开发而形成的资产，如建筑物、机器设备、工具器械、知识产权等。

资源性资产与开发性资产划分的重要意义之一，在于政府对两者的规制重点和规制途径不同。资源性资产往往具有不可再生性与稀缺性，对资源性资产的配置，尤其是其初始配置，国家的干预较强，相应的法律规制也较多，就土地资源而言，对其的规制构成了物权法的基本内容，而且也是物权法产生的基础和原因；而对于后者，虽然与整个社会资源的分配也有关系，但这种关系相对于资源性资产而言，与社会可持续发展的关系并没有那么密切，因此，政府的干预在资源配置上没有那么强，而侧重点在于产品开发与产品质量的控制上，以实现对社会整个资源配置合理的目标。

（四）按国有资产功能特性的不同，可以分为固定资产、流动资产

固定资产是指使用期限在一年以上，同时单位价值在规定的标准以上的房屋及其他建筑物、机器设备、运输工具等各种生产经营用的设备。固定资产是相对于流动资产而言的。

流动资产，是指在不影响正常的生产经营的前提下，能够在相当短的时间内转换成现金的资产，包括现金、债券、有价证券、应收

款、存货等。① 按照此观点，金融性资产与权利性资产均包含在内。而有的学者却将金融性资产和权利性资产与固定资产和流动资产相并列。对此，笔者不敢苟同。固定资产的界定与资产特性有关，一般认为其应为有形资产。而流动资产特性则是与此相对的，主要在于资产流动性和实现或者价值移转的便捷性，因此，金融性资产与权利性资产都具有该特性，故将其纳入流动资产的范畴更为恰当。

固定资产与流动资产的划分意义，在于法律对固定资产的处置没有特别规定。在传统资产与财富观念中，固定资产主要为不动产，价值较大，而且与土地有关的利益还具有稀缺性等特性，故法律对其规制较多。而流动资产，由于本身特性决定了法律限制较少，这也是实现财产价值的基本要求。

（五）按国有资产管理属性的不同，可以分为经营性国有资产、行政事业单位国有资产和资源性国有资产②

第一，经营性国有资产，是指投入市场领域从事生产、流通、经营服务等活动，以盈利为目的，依法经营使用，所有权属于国家的资产。③ 对于此种界定，笔者认为不甚妥当。对于经营性国有资产的目的，应该随着我国经济体制改革的不断深入和市场经济体制的不断建立和完善，有更为清醒的认识。国有资产进入生产、流通和经营服务领域具有必要性，但国有资产进入这些领域的目的不应该纯粹是为了盈利。如果仅以盈利为目的，将弱化国有资产所担负的社会功能。国有资产正逐渐地退出非公共产品和非自然垄断领域，实际上，国有资产所进入的生产、流通、经营服务等活动的领域，一般应为非竞争性的领域。而经营性国有资产在非竞争性领域的存在，就是为了实现政府为社会提供公共产品等职能。因此，如果将经营性国有资产界定为

---

① 李忠信、王吉发、李树刚：《国有资产管理新论》，中国经济出版社2004年版，第9页。

② 肖海军：《国有股权法律制度研究》，中国人民公安大学出版社2001年版，第133页。

③ 孙桂芳：《国有资产管理》，立信会计出版社2001年版，第9页。

仅以盈利为目的,将使该部分资产的作用偏离其价值和功能。更何况如果将经营性国有资产投向竞争性产业以追求盈利,则不可避免地存在一个难以克服的问题,即国家既是市场规则的制定者与裁判者,又是市场规则的实践者。由此而致的问题是市场规则可能不能得以执行和实施。因此笔者认为,即便是经营性国有资产,也应当退出竞争性领域,而与此相适应的是,经营性国有资产也不应仅仅以盈利为目的。因此,经营性国有资产,应该是投入市场领域从事生产、流通、经营服务等活动,以实现国家为社会提供公共产品服务以及盈利为目的,依法经营使用,所有权属于国家的资产。

经营性国有资产虽然不应仅以盈利为目的,但其在国有资产中仍然具有自己的特性。首先,经营性国有资产具有运动性。经营性国有资产只有处于不断地运动中才有价值,即实现其所担负的经济功能和社会功能。其次,经营性国有资产具有增值性。经营性国有资产负有社会功能,但并不否定其增值性,社会功能的实现必须以客观存在为前提,经营性国有资产的价值目标应为以保值为基础,以增值为目的,即通过对经营性资产的运用,创造出新的价值和剩余价值。再次,经营性国有资产具有流动性。即经营性国有资产在运作过程中资产形态可以方式变化,随着企业的改组和资产的重组,国家对产业和行业调控的需要,以及国家对其社会职能的调整,占有、使用或者经营国有资产的主体可能发生变化,资产本身也可能发生重组。最后,经营性国有资产具有社会性。现代社会的发展使整个财富已经社会化,从而对现代法制产生深刻影响,由于经营性国家资产属于国家所有,而国家又是整个社会生活的指挥者和调控者,因此,其社会性较之于私人财产表现得更为突出。

第二,行政事业单位国有资产,是指国家进行行政管理,组织经济建设和文化建设,维护社会公共秩序的机关,以及受国家机关领导,直接或者间接为上层建筑服务,为生产建设和人民生活服务的单位所占有和使用的国有资产。党派和社会团体,其性质上虽不属于行政事业单位,但由于其在预算管理上视同行政事业单位,因此,将其纳入行政事业单位的范畴。行政事业单位国有资产,是传统国有资产的范畴。这与国家的经济体制几乎没有关系。行政事业单位国有资产具有如下特点：首先，配置领域的非生产性。行政事业单位的国有资产是为行政事业单位维持其开展活动的基本需要而配置的，不能用于生产经营活动。一方面，行政事业单位的性质决定了其不是生产经营单位，当然不会从事生产经营活动；另一方面，行政事业单位尤其是行政机关，本身就是权力机关，如果从事生产经营活动，将破坏市场规则，甚至危害经济建设。其次，资产使用目的的服务性。国有资产配置给非生产领域的行政事业单位，目的在于保障行政事业单位能够顺利地开展各项工作，为其履行职责提供基本的物质条件。最后，资产补偿、扩充资金来源的外源性。由于行政事业单位国有资产使用上的限制，不能同一般意义上的资产进入市场创造财富，随着功能的不断发挥而逐渐被消耗掉。行政事业单位国有资产的管理目标，是保障国有资产的完整和安全，防止国有资产流失，促进国有资产的合理、有效、节约使用，节减国家财政支出。

第三，资源性国有资产，是指依照我国法律规定所有权属于国家的资源性资产，主要包括在我国主权管辖之下的所有权属于国家的土地、矿藏、水流、森林、山岭、草原、荒地、滩涂等。依照我国宪法规定，农村土地属于农村集体经济组织所有，国家必须是基于社会公共利益才能予以征用，而且国家对集体经济组织所有的土地进行征用也必须进行补偿。资源性国有资产具有如下特点：首先，资源性资产归属上的垄断性。我国立法上几乎都规定资源性资产属于国家所有。尽管农村土地的归属问题较为特殊（我国实行城乡二元结构，农村土地既是农民资产，也是农民生存的基本保障，故采取农村土地归农村集体经济组织的体制），还有某些资源如水资源的归属也有例外的法律规定，但这种为农村集体经济组织所有的情形，并不能改变其在资产归属上的垄断性。即除非法律有特别规定，其他主体不得作为资源性资产的归属主体。其次，资源具有稀缺性。尽管任何资源都是有限的，但由于资源性资产往往具有不可再生性和不可替代性，稀缺性表现得最为突出。因此，国家才在资源性资产的归属上采取国家垄断的方式。此外，在资源性资产的开发利用方面，法律往往也作了特别的规定，以确保其合理和有序地进行。资源性资产的稀缺性使资源性资产的开发、利用往往与社会和经济的可持续发展有关，与代际公平、代际资源和利益的分配有关，这也是对资源性资产法律规制的又一个重要原因。资源性国有资产的特性决定了其在国有资产中处于十分重要的地位。不应仅停留在资产归属的法律界定层面，而应进一步强化资产性管理，以充分发挥其作为资产的经济效益和社会效益。

随着现代科学技术的发展，对空间的利用越来越普及，空间权的归属问题也越来越引起了人们的重视。对于领空的所有和利用显然应该归属于国家。但人们也在关注与土地密切相关的空间归属与利用问题。鉴于与本书的关系不大，对此问题将不予以讨论。

对于国有资产其他学者还有不同的分类，如按国有资产所处地域的不同，将其分为境内国有资产和境外国有资产；按国有资产形成方式的不同，将其分为自然界固有的国有资产与人工创造的国有资产等。①

四、国有资产的功能分析

综观世界各国，无论是发达国家还是发展中国家，社会主义国家还是资本主义国家，不同时期都存在着或多或少一定量的国有资产。为什么各国都存在国有资产？这必须分析国有资产存在的功能才能解答，并且国有资产的功能分析是国有资产管理体制设计的逻辑起点，也是国有资产管理目标的决定性因素。

（一）国有资产存在的一般功能

国有资产除了具有资金和规模的优势外，更重要的是，它还拥有许多不可替代的功能。按照徐茂魁教授的论述主要表现在以下四个方面：②

第一，弥补市场缺陷的功能。在市场经济中，由于市场垄断、公

---

① 李松森：《国有资产管理》，经济科学出版社 2003 年版，第 5 页。
② 徐茂魁：《现代公司制度概论》，中国人民大学出版社 2000 年版，第 260 页。

共物品的供给、外部效应、信息不对称等因素的存在使市场调节资源配置失灵,达不到资源最优配置。这时,政府必须实行必要的经济政策,包括直接组建国有企业,以便对市场失灵加以矫正。例如,邮政、电信、煤气、自来水等公用事业和铁路、公路、航空码头等基础设施,具有明显的公共物品的特征。这些行业所需的投资大、回收慢,而它们的服务范围广、社会效益高,而私营企业则很少进入,因此只能由国有资产来进入,由政府的公用事业局或国有企业来经营。此外,对于煤炭、钢铁、石油、电力、化工等基础工业部门也需国有资产的进入。因为这些基础工业部门,对国民经济的发展和腾飞,起到十分重要的作用,并且这些基础工业部门具有一定的自然垄断的特点,最适合大规模经营。因此,当私人资本尚未积累到较大规模时,很难在基础工业部门进行大量投资,只能由国家投资兴办和经营。同时,由于这些部门容易出现垄断,需要政府进行公共管制,对它们的价格和产量进行限定,以利于其他部门的发展,而政府对国有资产的控制较私人资本相对容易,这也是各国政府积极向基础工业大量投资的又一重要原因。

第二,稳定宏观经济功能。古典西方经济学认为,市场机制本身可以使市场经常处于稳定状态。而20世纪30年代的经济危机,使这种结论受到严重挑战。现代西方宏观经济学认为,市场运行具有不稳定性,呈周期性运动,其主要症状是失业、衰退和通货膨胀。要实现宏观经济的稳定,达到充分就业和物价稳定,必须发挥政府的宏观经济调控作用。为了强化政府宏观经济政策的调控力度,许多国家在国民经济基础产业部门建立了一些国有企业,以保证国家宏观调控政策的贯彻实施。

第三,在经济增长和经济发展的主导功能。经济增长也即国民生产总产值的增长。经济增长的两条重要因素是:生产要素供给的增加和生产要素生产率的提高。要使生产要素供给增加及生产要素生产率提高,除制度因素外,关键在于技术进步。此结论已被美国两位经济学家索洛和丹尼森通过技术进步对美国经济长期增长贡献的研究所证实。要提高生产要素生产率,必须不断采用先进设备,促进技术发明和创新，提高劳动者的素质，使劳动者由低劳动生产率部门向高劳动生产率部门转移，也就是产业结构调整与升级。这些都同政府的经济政策和大力扶持密不可分。特别是第二次世界大战后，新技术革命的不断发展，使世界各国争夺科技制高点的斗争愈演愈烈，许多国家政府直接投资，大力发展高新技术产业；加大教育投入和职业培训，以提高劳动力素质。例如，美国在科学技术领域不断有所突破，一直处于世界领先地位，并导致一些新兴产业部门的崛起，改变了整个国家的产业结构。这与美国联邦政府在科学技术研究和教育等方面的大力投入是分不开的。经济比较落后的发展中国家不仅面临着经济增长的任务，还面临着改革经济体制和调整经济结构的经济发展的任务。在这一历史进程中，国有经济的主导作用更加重要。例如，国家把国有资产投入到关系国民经济发展的支柱产业、高科技产业和一些经济效益低但社会效益高而私人不愿投资的基础产业，因为这些产业是国民经济发展的战略部门、高风险部门和投资巨大部门。

第四，巩固经济制度的功能。国有资产的存在功能除以上经济因素外，还有政治因素——为统治阶级利益服务的阶级性。例如，我国作为发展中的社会主义国家，国有经济是社会主义政治制度和经济制度的基础，是对资本主义私有制和剥削关系的根本否定，国有经济要在国民经济中起到主导作用，就要发展和壮大国有经济。

当然，以上国有资产存在几个方面的功能，随着各国政治、经济、文化等客观条件的差异和变化，在不同的国家以及同一国家不同发展阶段和时期所起的侧重点是不同的。例如，在第二次世界大战后，英法等西方主要资本主义国家，面临着战后重建、恢复经济等一系列问题。当时它们的经济萧条，私人资本弱小、投资不足，经济发展的基础设施缺乏，面对经济、科技实力强大的美国缺乏竞争力，政府的投资（形成国有资产）显得非常必要，这时国有资产的功能主要在于调控宏观经济、建设基础设施、发展基础产业和保护本国经济竞争力。而现阶段在西方成熟的市场经济国家，国有资产的存在除保证其实现国家基本职能的需要外,最重要的功能是弥补市场失灵。

(二) 不同类别国有资产的功能差异

从以上分析可以看出,国有资产的总体功能是为了实现社会稳定、促进经济发展和维护社会制度。但不同类型的国有资产,在现实中的功能表现也是不一样的。①

第一,经营性国有资产,主要是以企业形态存在的国有资产,根据企业提供产品和服务的性质不同,可将其划分为竞争领域的国有资产、垄断领域的国有资产和过渡性质的国有资产三类。对经营性国有资产功能的定位主要取决于国有企业的功能和作用,三类资本投资形成的国有企业提供的产品和服务是有差别的,因而三类国有资产的社会功能定位也是有所差别的。以企业形态存在于竞争性领域的国有资产,其社会功能的发挥必须基于市场环境,必须完全受市场机制的调节;属于该类国有资产载体的国有企业,其经营必须与其他企业处在同一起跑线上公平竞争,必须通过向社会提供社会需要的产品和服务,实现资本报酬的最大化。因而其社会功能的定位就是向社会提供产品和服务的一般市场主体,在政策上政府应该给予其以国民待遇,不应该搞特殊和照顾。根据现代经济学的"市场失灵"理论,市场在某些领域,特别是在纯公共产品生产和一些具有自然垄断行业的产品提供上是无效的。这主要因为:一是提供产品的公共性和非营利性,公共产品具有非竞争性与排他性的特点;二是自然垄断行业投资的高风险性或因垄断造成的社会福利损失性。对于这类产品的生产也只能由国家来承担,弥补市场失灵,体现出垄断领域国有资产的社会利益性。由于社会科技的发展和社会生产力的进步,以及企业组织形式的不断创新,过去许多公共产品逐渐失去了非竞争和非排他的性质,许多高度垄断的自然行业也成为私人资本所钟爱的领域,例如,高速公路的出现,就打破了公路的公共产品性质;再如,电信行业的高利润也成为私人投资的热点。对于该类过渡性质的国有资产,其功

---

① 魏杰:《构建新的国有资产管理体制》,载《新长征》2003 年第 1 期。

能定位则介于两者之间，既具有为弥补市场缺陷的功能，也具有向市场提供普通产品和服务的功能。

第二，行政事业单位的国有资产，主要是满足行政事业单位履行其职责需要由国家投入的资产。该类国有资产的功能主要是保障和维持功能，保障功能就是通过国家投入形成开展行政和事业所必需的办公场所、办公设备、交通工具等物质条件，保证行政机关的正常运转和事业单位事业的顺利完成；维持功能就是通过后续资金投入，维持以上物质资料能正常地发挥其功能。当然，许多事业单位资产不仅具有保障功能，而且还可以具有经营性资产的功能，即作为资本同样可以带来利润。例如广播电视、出版、体育、卫生、文化等行业，在当前虽列入事业单位，但通过市场化改革，采取市场经营模式，同样也可以成为部分经营性的行业。对于此类国有资产的功能定位应与行政单位区别对待。

第三，资源性国有资产，特别是水、森林、草地、煤、石油、天然气、矿石等，是一国经济发展所必需的基础，是一个企业生产所必需的原料、燃料和场所等，因而其在一国经济发展中处于基础性的地位。考虑大部分资源的不可再生性和无规划的滥用会对环境造成危害，其功能应定位于社会的可持续发展上，即通过加强资源本身的管理，一方面要为经济发展提供基础保证，另一方面也要通过合理保护和开发，保证自然与人类社会的协调健康发展。三类国有资产不同的功能定位，必将影响其不同的管理方式，不同的管理方式则要求与其相适应的管理体制。

第二节　关于国有资产管理的理论简介

一、产权理论

产权不是一个自然的范畴，而是一个历史的范畴。西方经济学认为，产权的起源与资源的稀缺有关，界定产权和建立产权制度是人们之间最初始的合作，并且产权制度的建立和变迁又反过来影响达成人与人之间合作的交易费用。产权理论主要着力于产权、激励与经济行为关系的研究,探讨不同的产权结构对收益报酬制度及资源配置的影响,同时对权利在经济交易中的作用给予了突出的关注。科斯于1960年发表的《社会成本问题》第一次引进了现代意义上的产权概念,他从权力行使的角度对产权进行定义,强调在交易中人们获得的通常是行使某种事物的权利。阿尔钦将产权定义为"一种通过社会强制而实现的对某种经济物品的多种用途进行选择的权利",① 强调拥有这种权利的意义在于具有自由选择性,并强调其实现需要通过强制来保障。德姆塞茨在《关于产权的理论》中则把产权定义为"一种社会工具,其重要性就在于事实上它们能帮助一个人形成他与其他人进行交易时的合理预期"。"产权是界定人们如何收益或如何受损,因而谁必须向谁提供补偿以使他修证人们所采取的行动。"② 他将产权归结为一种协调人与人之间关系的社会工具。

产权,是指财产所有权和与财产所有权有关的财产权利,包括占有权、使用权、收益权和处分权。财产所有权是产权的核心和主要形式,其他形式的产权,都是由财产所有权派生的。产权的含义有四个层次:第一,产权是某个主体对某种经济物品,或某种稀缺资源,或某种可交易对象物的一种权力,即财产权,这种权利具有排他性。第二,产权是一组权力,至少包括对财产的所有权,以及由其引发的占有权、使用权、处置权、收益权等。这些权利可以统一于一个主体之中,也可分解而属于不同的主体。第三,产权是有主体的,而且主体具有相应的权利,可以称为利益主体。产权的利益主体既包括产权的归属主体,也包括产权的各种权利在分解条件下的承担者,如最终所有权主体及法人财产权主体等。第四,产权是被法律认可的行为性关系,即产权的重要问题是产权主体的行为,产权主体要通过行使财产

---

① [英]伊特韦尔等编:《新帕尔格雷夫经济学大辞典》(中译本),经济科学出版社1996年版,第1101页。
② [美]德姆塞茨·哈罗德:《所有权、控制与企业》(中译本),经济科学出版社1999年版,第129页。

权利和相关职能来实现自身的权力和利益。这种行为既体现产权主体的意志和相应的行为能力，同时也是产权主体获得利益的根据和保障。

产权理论认为，市场交换的实质不是物品或服务，而是各方的权利，市场交换主体必须对其交换对象有明晰的、唯一的、可自由转让的产权，才能使市场机制运转起来，实现资源的最优配置。产权清晰能较好体现产权排他性和自由转让性，但是产权理论并没有认为私有产权是唯一的产权制度安排（一般可以将产权划分为私人产权、公共产权和国有产权）。产权理论认为，重要的不在于产权最终归属，只要产权主体明确，产权边界清晰，就可以减少交易费用，都是有效率的产权制度安排。产权理论是西方经济学的重要组成部分，它所阐释的一些现象和规律是普遍适用的。按照产权理论的分析，公有产权（包括国有产权）的制度安排应该符合以下几个标准：一是产权主体必须明确，产权边界必须清晰，这就要求有明确的人或机构负责行使产权；二是产权必须能够自由流动，这就要求产权主体多元化，没有产权主体多元化，就无法进行产权交易，市场机制也无法有效运转；三是企业内部产权结构安排必须合理，这就要求完善主体多元化。

国有资产产权是与国有资产相联系的概念。只要是国有资产，肯定有国家的产权，而且肯定有国家的所有权。若国家没有所有权，就不能叫"国有资产"。需要明确的是：首先，"国有资产"的全部产权不一定都是国家的。国家可以保留所有权，其他产权分离给非国家的任何实体，这都是可以或可能的，这种分离并不改变国有资产的含义，也不改变国有资产国家所有的性质。其次，国有资产产权不一定都是所有权。国有资产的所有权无疑都是国家的，经营权可能不是国家的。而且，国家还可以拥有非国家所有资产的经营权。既然国家可以把其资产的经营权分离出来交给别的主体，那么别的主体也可能把资产的经营权分离出来交给国家去经营。可见，国有资产产权不一定是所有权，完全可能是所有权以外的产权。

二、交易费用理论

交易费用（Transaction Costs）是现代西方产权理论的基础，其产生的最为直接的理论渊源是科斯的经典论文——《企业的性质》。①科斯对新古典经济学家的零交易费用假设提出了质疑，认为交易也是一种稀缺性资源，从而将其纳入经济学分析。此后，将交易费用用于分析企业的形成和规模、产权安排和资源配置效率、产权制度的变迁与经济增长、制度创新等领域，交易费用理论逐渐形成。

1. 交易费用及其内涵

科斯虽然对交易费用的内容作了明确的界定，但是没有对"交易费用"本身下严格的定义。阿罗将"交易费用"定义为"经济制度的运行费用"。这一定义过于抽象，使人们无法把握交易费用包含什么。其他产权经济学家也只是从列举交易费用的角度来讨论交易费用，如交易费用（成本）包括事前为达成一项合同而发生的成本和事后监督和执行该项合同的成本。具体内容包括：（1）进行市场调查，获取各种和市场交易有关的信息所花费的成本；（2）在交易过程中进行讨价还价所需要的成本；（3）起草、讨论、确定交易合同的成本；（4）监督执行合同的成本，包括一方未遵守合同，给另一方造成经济损失而要求赔偿所需成本；（5）保护双方利益，防止第三方侵权所花费的成本。

2. 外部性、科斯定理和产权效率

20世纪50年代末60年代初，科斯运用交易成本对外部性问题进行研究，提出了产权界定和产权安排对资源配置的重要性。所谓外部性是指经济活动的当事人之间的行为在利益上一方对另一方或其他诸方所造成的损害（负的外部性或称外在不经济），或提供的收益（正的外部性或称外在经济），不能通过市场加以确定，也难以通过市场价格进行补偿或支付。产权经济学所关注的是如何消除负的外

---

① ［美］奥利弗·E. 威廉姆森、西德尼·G. 温特：《企业的性质：起源、演变和发展》，姚海鑫、邢源源译，商务印书馆2007年版。

部性。

1960年，科斯发表《社会成本问题》将这一思想进一步理论化并加以扩充，指出，"产权的明确界定是市场交易的前提。如果交易成本为零，新古典经济学说描述的市场机制是充分有效的，如果定价机制毫无成本，最终结果（产值最大化）是不受法律部门状况约束的，外部性不存在"。"一旦考虑进交易成本，合法权利的初始界定会对经济制度运行的效率产生影响，市场机制由于外部性而失灵。"①经济学家们曾对科斯的这一论断做过多种解析，其中经典解析的是1966年斯蒂格勒在其《价格理论》一书中将这一思想概括为科斯定理。而科斯也基本上认可了斯蒂格勒的"科斯定理"这一说法。"科斯定理"的基本内涵是：在交易成本为零、产权明晰及其重新分配不影响边际价值的情形之下，不论怎样的合法权利，其资源分配的效率将是同等的，亦不会存在所谓的外部化问题。科斯定理包括两个方面的内容：一是只要讨价还价无成本，信息是完全的、所有资源的产权是明确界定的，那么讨价还价将会发生直到交易不再可能对双方有利为止。也就是说，虽然某些权利的安排对取得经济效率是必不可少的，但是在不存在交易成本的情况下，那些权利的特定配置并不会影响市场效率。这个命题阐明了在零交易费用条件下，资源产权的初始界定可能通过市场交易达到配置的帕累托最优状态。优化资源配置，从宏观上说，就是把资源用到最需要的地方，为社会带来最大福利；从微观上说，就是资源掌握在最需要它能给拥有者带来最大福利的主体手里。如果资源产权的初始安排就能保证最优配置，那么产权交易就没有必要。一般说来，这种情况在现实中永远不可能实现。二是如果讨价还价是有成本的，不同产权的界定和分配，会带来不同的资源配置。即由于交易是有成本的，在不同的产权制度下，交易成本不同，对资源配置的效率会有不同的影响。在正交易费用的情况下，法律制度在决定资源如何利用方面起着极为重要的作用。也就是说，对

---

① [美]罗纳德·哈里·科斯：《企业、市场和法律》，上海三联书店1990年版，第83页。

产权的初始安排和重新安排的选择对资源的最优配置是重要的。因此，与其说科斯定理说明了零交易成本之下效率与产权无关，不如说其揭示了在交易成本的框架中，产权制度或制度安排方式对经济效率具有重要的影响，或者说，产权明晰是克服外部不经济的基础。①

三、委托代理理论

企业委托代理问题产生的根本原因在于企业所有权与经营权的分离。在现代股份制公司中，存在着众多的所有者（股东），通过选举将所有权委托给董事会形式，形成所有权代理。董事会通过契约将经营权交由经理人员，形成经营权代理。现代企业理论认为，股东（或其代理者董事会）与经营者之间存在着委托代理关系，在一定的条件下，经营者可能做出违背所有者利益的事情，这就是所谓的委托代理问题。

委托代理关系被定义成为一种契约关系，一个或一些人（委托人）授权另一个人（代理人）为实现委托人的利益而从事某些活动，其中包括授予代理人某些决策权力。委托代理关系产生的首要原因是资产所有权与经营权的分离。古典资本主义企业的主要特征是，拥有剩余索取权的资本所有者同时又是企业的经营者。随着交易范围的扩大及资本的不断积累，企业的规模也随之扩大，资本所有者完全独立控制企业经营活动的方式越来越受到所有者具有的精力、专业知识、时间、组织协调能力的局限的制约，不能在进行风险决策的同时又必须圆满地从事经营管理，只好委托专业人员代理，从而产生了委托代理关系。委托代理理论主要关注信息与激励问题，它要解决的核心问题是，所有者如何向代理者提供最优的激励机制。

对委托代理理论的研究，存在着两种不同的方法：一是实证代理理论，二是委托代理理论。前一种方法侧重分析签订合约和控制的制度因素，后一种方法则趋向于使用更为正式化的数学模型，以此来阐

---

① 严若森：《公共产品、外部化、科斯定律与国企改革》，载《经济界》2002年6月，第47—49页。

明各种特定模型所需要的准确的信息假定。实质上,这两种理论不过是两种区别明显的研究方法罢了,结果都是在致力于发展一种合约理论,旨在使受自我利益驱动的代理人能以委托人的最大利益为行为准则,使代理成本最小化。同时,两种理论相互促进、相互补充,共同构成了代理理论的完整框架。

1. 代理收益与代理成本

代理关系之所以能够在现代企业中出现和发展,首先在于这种制度能够为企业带来净收益——代理收益。代理收益是指由分工和专业化的发展所带来的比较收益和规模收益之和,它来自于"分工效果"和"规模效果"。分工效果是指持有不同条件禀赋(技能和偏好)的两个或两个以上经济主体通过分工而各自获得的超额效用(或福利),而规模效果是指经济主体随参与经济活动规模的增大而获得的边际效用的增加,超过其边际规模的增大。

代理成本是指代理人(雇员、经理人员及董事)的偷懒、不负责任和以种种手段从公司攫取财富的行为所带来的损失,以及为抑制这种行为所花费的费用。代理成本产生于行为主体的利己主义动机和委托人和代理人之间的信息不对称。在代理关系中,代理人的利己性和委托人与代理人之间的信息不对称同时存在时,就使代理关系产生了一种非协作、非效率,被称为"道德风险"和"逆向选择"。所谓道德风险,是指"代理人利用自己的信息优势,通过减少自己的要素投入或采取机会主义行为在为自己最大限度地增进效用时,做出的损害他人利益,降低组织效率的行为"。所谓逆向选择,是指"如果私有信息无法为他方验证,掌握私有信息的人就有可能隐瞒或者谎报真实情况,以获取自己的经济利益"。[①]

2. 激励与监督机制

在代理关系中,对代理人行为的激励和监督是十分必要的,这是使代理收益大于代理成本的必然选择。一方面,委托人永远无法确定代理人努力工作的程度是否与委托人的利益最大化目标相对应;另一

[①] 干春晖:《管理经济学》,立信会计出版社2004年版。

方面，公司未来盈利的多少是一个不确定的因素，委托人只能依据估算来确定公司的利润最大化目标，而此时代理人是否能证明代理人的最佳努力水平，也是不能得知的。这种不对称和不确定的存在，导致委托人对代理人经营职责和能力的关注，并产生了对代理人行为激励和监督的内在要求和高额报酬制度。国有资产管理必然存在着委托代理问题，国有资产的群体特性使得国有资产管理面临着两个基本矛盾：一是全体公民追求自身利益与以集体方式共同占有财产而追求团体利益之间的矛盾，这意味着国有资产的排他性程度很低，必然产生"搭便车"问题。① 二是全体公民集体行使权利的特定要求与这种行使方式费用过高之间的矛盾，这意味着集体行使权利隐含着高昂的交易费用。因此，国有资产管理能够实际发生并具有可操作性的唯一途径就是建立某种代理机制。现实中的国有资产管理是通过多层的委托代理关系来进行的，它不仅发生于全体公民与国家立法机构之间，而且进一步发生在国家立法机构与有关政府机构或专门的国有资产管理部门之间、国有资产管理部门与国有资产运营机构之间、中央政府与地方政府之间、政府内部综合部门与专业主管部门之间，以及主管部门或资产运营机构与国有企业之间。

第三节 国有资产管理体制概述

一、国有资产管理的含义

管理，是人们为达到某些目标而进行的有组织的活动，它使管理活动的目标与管理者的需要保持一致，促使目标与需要以最佳的方式得到实现。国有资产管理，作为国有资产的专项管理，是劳动者实现和保护所有权的基本经济活动。依据国有资产的概念规定，可以将国

---

① "搭便车"问题（Free Rider Problem）是一种发生在公共财物上的问题。指一些人需要某种公共财物，但事先宣称自己并不需要，在别人付出代价去取得后，他们就可不劳而获地享受成果，常指宏观经济学中的公共品的消费问题。"搭便车"行为妨碍市场的自动调节过程。

有资产管理界定为：国有资产管理是指劳动者以所有权为依据，为实现自身的利益和意志，依据产权关系，对国有资产占有、经营、使用的全过程进行组织、协调、监督和控制的一系列活动的总称。其内容的实质是所有权管理，即保护中华人民共和国境内和境外的全部国有资产的所有权，组织实施与体现所有权的监督管理权、投资和收益权、资产处置权。① 国有资产管理覆盖国有资产运营的各个环节、各个方面，主要体现在以下几个方面：

第一，国有资产的投资管理，是指国家根据国民经济发展战略目标，合理确定国有资产的投资规模、结构，提高投资效益，兴建独资、合资、股份制等各类国有企业，调控国民经济运行，实现国家宏观经济政策目标的管理活动。

第二，国有资产的经营管理，是指为实现国有资产的保值、增值，提高国有资产运行的经济效益、社会效益及生态效益而选择恰当的经营方式，考核评价经营者的业绩，取得最佳资产收益的管理活动。随着我国社会主义市场经济的发展，国有资产经营可以选择各种不同方式，如股份经营、委托经营、联合经营、承包经营、租赁经营等，以适应各类不同资产的性质、特点、行业分布，实现收益的最大化。

第三，国有资产的收益分配管理，是指国家作为资产所有者，依法取得资产收益并对收益进行分配、处置的管理活动。在生产经营中凭借资产的所有权，拥有企业实现的利润并进行合理分配，是国有产权在经济上的体现，也是国家的主要经济权益。需要注意的是，国家在依法取得国有资产收益并对其支配、处置时，要重视企业的长远发展及其自我积累、自我更新、自我发展能力的提高。

第四，国有资产的产权处分管理，是指国家根据国民经济运行的客观需要及国有经济的战略布局，对国有资产存量及时调整，对部分国有资产依法进行收购兼并、拍卖、出售，以优化资产结构，盘活资产存量，提高资产运行效率，防范国有资产流失的管理活动。它是国

---

① 刘玉平、温来成：《国有资产管理新论》，清华大学出版社 2004 年版。

家调控国民经济运行,实现国家宏观经济政策意图,维护国家权益的重要手段。

除以上四个方面外,还有国有资产的界定、评估、登记、审核、统计等国有资产管理的基础工作。国有资产的界定,是指对属于国家所有的资产依法明确其产权归属并由国有资产管理部门进行登记。国有资产评估,是指运用一定的科学方法对国有资产的真实价值及其收益进行评价估算。国有资产登记、审核、统计等管理工作,应按国家有关法规制度办理。

准确把握国有资产管理,可以从国有资产管理的主体、对象、内容、目标等几个方面入手:

第一,国有资产管理的主体。国有资产是全体劳动者个人所有、交由国家机构共同占有的资产。由国有资产的所有权归属决定,国有资产的管理主体是全体劳动者。全体劳动者对国有资产的管理权是由所有权的性质和所有权在产权体系中的核心地位决定的。所有权,是标志国有资产归属、主导国有产权关系、规范国有资产存在目的的权利。劳动者拥有国有资产,是为了满足自身的某种需要——"由于取得所有权而体现于外在物中",① 而劳动者根据自身需要利用国有资产的过程也就是对国有资产的管理过程。在这一过程中,国有资产的运动要涉及所有权、占有权、经营权、使用权等诸多权利,其中除所有权之外的其他权利都只是为有效实现所有权而形成的派生权利,是劳动者运用国有资产满足自身需要、实现自身目标的手段或者说必要中介,它们并非国有资产管理活动的主体,而是国有资产管理的对象。只有作为所有者的劳动者才拥有对国有资产的最终管理权。

对于国有资产的具体经营活动,国家行政机构也拥有一定的管理权,但这种管理权与国有资产所有者拥有的国有资产管理权是不一样的。国家机构行使的是行政管理权,它表现为工商行政管理、环境、卫生管理、税收等方面。首先,其管理活动涵盖全部社会资产,国有

---

① [德]黑格尔:《法哲学原理》,杨东柱、尹建军、王哲编译,北京出版社 2007 年版。

资产只是其中的一部分；其次，行政管理一般针对的是各种资产的经营和使用过程，以企业为主要管理层面，管理活动并不涉及国有资产的整个运动过程；再次，管理目标是有效维护经济秩序，而非通过国有资产的专项管理维护劳动者的所有者权益；最后，管理手段一般采取行政手段和宏观经济调节手段，而非所有者的产权管理手段。这些都使国家机构行使的行政管理权与劳动者行使的国有资产管理权具有较大区别。因此，从理论上讲，国家行政机构虽也具有管理权，却并非专门的国有资产管理主体。

第二，国有资产管理的对象。国有资产管理的对象也即国有资产管理活动的指向。如国有资产管理对象包括产权关系中除所有权主体以外的其他各项权利的行使主体，其中既包括从所有权中直接派生出的占有权的行使主体，也包括由占有权派生出的经营权和使用权的行使主体——由占有权派生形成的经营权和使用权构成所有权的间接派生权利。劳动者对国有资产的管理活动就是针对这些直接和间接派生权利的行使主体的。派生权利主体，虽然并不直接体现劳动者的意志，但其活动却是劳动者贯彻自身意志、实现自身利益的必要手段，是劳动者进行国有资产管理的重要内容。这就如同对一条生产流水线的管理，要保证生产有序、高效进行，必须对流水线上从事生产活动的各个经济主体进行管理，同样，劳动者要实现对国有资产的管理，也必须监控国有资产产权链条上的各派生权利主体，通过理顺权利主体之间的相互关系，有效监控派生权利主体的经济活动，最终实现劳动者的管理目标。

劳动者对各派生权利主体的管理必须依照产权关系进行，也就是说，劳动者作为管理者，实施管理活动要依据所有权、占有权、经营权、使用权之间的相互关系进行。这要求劳动者：首先，要依据权利的派生关系进行层级委托管理，也即劳动者作为所有者直接管理的是占有权的行使主体，即国家机构。对于经营者和使用者，劳动者不能直接行使管理权，而必须通过层级的委托代理，依靠国家机构对经营者、使用者的管理间接进行。其次，对各派生权利主体的管理要以各权利的权能内容为依据，既要禁止各派生权利主体超出权能外延行使权利,又要严格规范各派生权利主体相对独立的施权行为。

第三,国有资产管理的内容。国有资产管理主体对对象的管理必然要体现在一定的内容中,或者说,主体就是要通过对对象的管理实现对管理内容的有效监控。国有资产各派生权利主体行使权利的过程的联合,构成国有资产的管理内容,其从整体上看,也就是国有资产运动的全过程。国有资产管理内容具有全面性的特征。首先,国有资产管理要把所有的国有资产都纳入管理范围,不论是境内国有资产还是境外国有资产,价值形态是实物形态的国有资产还是非实物形态的国有资产,也不论国有资产存在于哪种产业、哪些行业,劳动者都要对其运动进行管理;其次,国有资产管理要贯穿于国有资产占有、经营、使用的全过程。劳动者作为管理者,必须直接监管并通过占有权机构间接管理国有资产投入、配置、存量经营、生产使用、收益分配、增量再投入这样一个循环往复运动的每一个环节,通过投资管理、收益管理、资产评估等具体的管理活动,有效监管各派生权利主体的施权行为,切实保障国有资产按照所有者的意志流动和增值。这里特别需要指出的是,对于企业内部的国有资产,劳动者作为所有者,必须将其运动纳入国有资产管理范围。这一点,对于产权构造中存在相对独立的经营权的国资管理而言尤为重要。国有资产所有者必须在尊重经营者合理权益的同时保证管理权利的完整性,不仅要对企业外国有资产的运动进行管理,而且要在企业内部落实对国有资产的管理权利。为此,必须通过在企业内建立有效的产权约束机制,确保国有资产管理职能进入企业,督促国有资产在生产使用过程中实现劳动者的管理目标。

第四,国有资产管理的目标。国有资产管理是以劳动者为主体展开的管理活动,主体,也即主导者,控制着国有经济的发展,并将自身意志贯彻于国有资产的运动过程,形成国有资产管理目标。由劳动者的利益和意志决定,国有资产的管理目标是:通过国有资产的长期保值增值,促进劳动者素质技能的提高和社会主体地位的巩固。其中,劳动者素质技能的提高和社会主体地位的巩固是最终目的,国有资产的保值增值是实现这一目的的手段。以劳动者自身利益为根据设定国有资产管理目标是符合管理活动的一般原则的。管理，就是使管理目标与管理者的需要保持一致的活动，劳动者作为国有资产的管理主体，自然要将维护和壮大自身权益贯彻于管理活动，确定为管理目标。在社会主义条件下，劳动者作为社会主体，其管理目标已与阶级社会中统治阶级垄断生产资料，控制、剥削劳动者的目标迥然相异，劳动者的管理活动不再服从于阶级统治目的，而是从自身自由发展的本质需要出发，力图通过对国有资产的管理落实和保障自身的社会主体地位，并进一步促进自身身体素质、技能素质和精神文化素质的全面发展。①

劳动者管理目标的实现有赖于国有资产的长期保值增值。只有在长期的增长中国有资产才能维持在社会总资产中的主导地位，也才能为劳动者的自由发展提供充足的物质基础。促进国有资产的长期保值增值需要注意以下几个方面：首先，国有资产的保值增值只是实现劳动者管理目标的手段，而非目标本身。片面追求增长指标，谋求经济效益，是资本私有制经济的特点，国有资产作为社会主义公有制的物质基础，虽然也要在运动中不断增长，但这一增长必须以维护和促进劳动者的所有者权益为前提，并要在促进劳动者素质技能的提高过程中实现。其次，由劳动者的利益决定，国有资产的增长必须具有长期性的特征。劳动者的自由发展是一个长期、均衡的过程，任何以损失劳动者的长期发展能力为代价的增长都是违背劳动者的根本利益的。在发展国有经济过程中，必须在注重国有资产数量扩张的同时，不断增加国有资产的技术含量、有效改善国有资产的布局结构，更为重要的是，国有经济的发展必须促进劳动者素质技能的提高——只有能够促进劳动者素质技能稳定提高的增长，才是有效率的增长。最后，国有资产的增长是一个总量上的增长，而非国有资产任何构成部分的绝对增长。例如，处于某些高科技行业中的国有资产以及关系国家安全行业中的国有资产，其对劳动者权益的增进与处于一般竞争行业中的

---

① 周自强、黄新春、薛献华：《国有资产管理》，南开大学出版社2005年版。

国有资产的作用方式显然不同,对这一部分国有资产,要突破成本—收益增长限制,根据劳动者的利益需要安排其结构布局,制定其发展战略。

理解国有资产管理,必须全面把握以上几方面内容,这是有效维护劳动者所有者权益的基本要求,也是构建合理有效的国有资产管理体制的前提和基础。

二、国有资产管理体制

国有资产管理体制,是指国家为了实现国有资产的有效管理而设置的一整套管理组织、管理机构及这些组织和机构的职能及其内部各个层次、各个环节之间责、权、利的划分,以及适应经济发展需要而建立的有关国有资产管理的种种制度和管理方法的总和。① 对于国有资产管理体制概念的理解,需要把握以下四个方面:

第一,国有资产管理体制是关于国有资产管理的基本制度体系。根据国民经济协调、快速、健康发展的客观要求和加强国有资产管理的需要,正确划分各级政府和各级、各类国有资产管理机构的职责权限,是国有资产管理体制的核心内容,也是完善国有资产管理体制的重要目标。组织机构的设置,为国有资产管理提供了基本的物质技术基础和手段,它使管理职责权限的划分得以落实。调控方式是国有资产管理体制的灵魂,它不仅为体制的运行输入动力,而且不断地矫正体制的运行方向,决定着体制运行的效率。可见,国有资产管理体制是由职责权限划分、组织机构设置和调控方式等方面的法律、法规和规章制度共同构成的有机整体。

第二,国有资产管理体制是国民经济管理体制的重要组成部分。国民经济管理体制的调控对象,是全社会的所有经济资源及其配置营运过程。而国有资产管理体制调控的对象,则是产权为国家所有的经济资源及其配置营运过程。国有经济资源是全社会经济资源中最重要、最基础的部分。所以,国有资产管理体制是国民经济管理体制的

---

① 成素英:《国有资产管理概论》,济南出版社2004年版。

有机组成部分。

第三,国有资产管理体制是国民经济管理过程中产权关系的具体表现形式。国有资产管理体制与整个国民经济管理体制一样,运行中需要规范和协调国民经济发展中涉及的复杂的社会经济关系,其中一些最基本的经济关系,如政府与企业之间的关系、企业内部所有者与经营者之间的关系、所有者内部各种监管主体之间的关系等,都必须经过国有资产管理体制的规范和协调,才能保证经济和社会的健康发展。这说明,国有资产管理体制是国民经济管理过程中产权关系的具体表现形式。

第四,国有资产管理体制是国家所有制的具体实现形式。从总体上看,国有资产管理体制是社会主义全民所有制生产关系的具体化,同时,它又直接与社会主义上层建筑相联系,是一个复杂的社会系统。实质上属于正确处理国有经济内部各种经济关系以及国有经济与非国有经济之间各种经济关系的问题,同时涉及国家、地方、政府、国有资产管理机构、各经济主管部门、中介机构、经营单位和职工之间关于国有资产管理中的责、权、利的协调和处理问题,本质上体现了国家作为国有资产终极所有者对国有资产营运全过程的组织、协调、监管的一系列活动。

三、国有资产管理体制的实现目标

国有资产管理体制一般通过法律、条例和规章制度等体现出来,它受到社会主义国家经济职能的制约,并与政府的组织机构直接相关。因此,从其形式来看,可以说是一个涉及上层建筑领域的问题。但是,从它要解决的根本问题来看,实质上又是一个正确处理社会主义全民所有制内部各种经济关系的问题。其中,尤其要处理好五个方面的经济关系:

第一,国家与国有企业的产权经济关系。主要是处理好国家终极所有权与企业法人财产权的关系,实现国有资产国家统一所有与企业自主经营相结合,使企业真正成为市场经济主体。

第二,国家内部国有资产产权管理职能部门与行政管理职能部门的经济关系。主要是解决好两种不同经济职能部门之间合理分工协作关系。

第三,国有资产产权管理部门体系中中央政府与地方政府的产权经济关系。主要是处理好中央集权与地方分权的关系,在兼顾国家和地方利益的基础上,做到既能发挥地方的主动精神,又能保证国家的统一领导。

第四,国有资产产权管理部门与产权运营机构的关系。主要是要使国有资产产权管理与产权运营职能适当分开,以实现国有资产系统内部的政企分开。

第五,企业法人内部的产权经济关系。主要是处理好法人财产权与经营权的关系,使两者形成一种既分离又结合的制约关系。

正因为国有资产管理体制既涉及上层建筑的若干方面,同时它又是社会主义全民所有制的具体实现形式,而且全民所有制经济在我国国民经济中居主导地位,因此,它的健全和完善对我国生产力的顺利发展具有特别重要的作用。能不能将社会主义制度的优越性充分发挥出来,这是一个关键的环节。

第二章 国有资产管理体制改革的一般分析

第一节 国有资产管理体制的制度变迁

"制度为历史所构建。不论其他因素会怎样影响其形式,制度是有惰性和韧性的。它们因此体现了历史进程及其转折点。历史是重要的……首先出现的事件(即使它在某种意义上说是偶然的)为后来发生的事件设定了条件。"① 所以,研究国有资产管理体制的历史变迁具有重要意义。在新中国发展的历史上,国有企业作为国民经济重要的微观基础,为我国的工业化进程作出了重要的历史贡献,而我国的国有资产运行机制是在高度集中的计划经济体制下形成并发展起来的,又在改革开放的历史进程中,随着市场经济的发展而逐步变迁和完善。

一、国有资产管理体制改革的历史回顾

在新中国成立之初,我国基本搬用"苏联模式"。这种模式的最大特点是高度集中,实行政企统一。国有资产属于国家所有,由政府分级管理。随着社会主义经济建设的不断发展和经济体制改革的不断深化,国有资产营运与监管体制也经历了统收统支、放权让利、利改

---

① [美]罗伯特·D. 帕特南:《使民主运转起来》,王列、赖海榕译,江西人民出版社2001年版。

税、承包经营责任制、转换企业经营机制、产权制度改革和统一所有分级行使所有权等漫长的改革过程。

（一）计划经济时期的国有资产管理体制

这一阶段是以"统收统支"为标志的高度集中的国有资产营运与监管体制。按照传统的经济理论及其计划经济体制的要求，我国建立了"国家所有、分级管理和计划管理"的国有资产监管体制。1956年，毛泽东在《论十大关系》中指出："国家和工厂、合作社的关系，工厂、合作社和生产者个人的关系，这两种关系都要处理好。为此，就不能只顾一头，必须兼顾国家、集体和个人三个方面，也就是过去常说的'军民兼顾'、'公私兼顾'。鉴于苏联和自己的经验，今后务必更好地解决这个问题。"根据毛泽东的这一思想，就有过四次大的国有资产管理体制的改革，即1956年、1958年和1961年以及"文化大革命"期间的改革。虽经过这四次大的改革和调整，但是由于计划经济思想的束缚，改革的成效不大。计划经济体制下的国有资产管理体制是指从新中国成立开始到1978年这段时间的国有资产管理体制。这一时期的国有资产管理体制是按照传统经济理论建立起来的，有如下特征：第一，国有经济几乎控制了所有行业和领域，企业主要由国家来办。第二，政府通过按产品类别设置的经济部门统一组成国有企业的经济活动，企业的人财物、供产销等经济活动都由政府通过指令性计划分配下达。第三，财物上实行统收统支。企业盈利全部上交，亏损由国家弥补。第四，投资采取无偿的办法由国家统一安排。[①] 现在看来，计划经济体制下的国有资产管理体制完全是适应计划经济的。

（二）改革开放中的国有资产管理体制

1978年党的十一届三中全会以来，在邓小平建设有中国特色社会主义理论的引导下，我国经济体制改革发生了深刻的变革，国有资产管理体制改革也取得了重大进展。从党的十一届三中全会开始到

---

① 屈茂辉：《中国国有资产法研究》，人民法院出版社2002年版，第37—38页。

2001年，国有资产管理体制改革可以划分为以下两个时期：

1. 国有资产管理体制改革的准备阶段（1978—1988年）

我国国有企业改革是从放权让利开始的。针对计划经济体制下国家对企业管得过死和职工报酬与企业经济效益脱节的弊端，经济体制改革最初采取了扩大企业经营自主权、强化对职工物质利益激励的措施。至1980年6月，全国已有20%即6600多家国有企业进行了放权让利试点；1983年和1984年又进行了两步"利改税"，试图以这种形式确定国家和企业的分配关系。党的十一届三中全会以后，国有企业改革开始向企业承包经营责任制转换，到1987年年底，国有工业企业承包面达到80%，同时在少部分企业进行了租赁制和股份制改革试点。放权让利式的改革虽然具有见效快的优点，但这种改革毕竟是浅层次的，未能触及企业制度这一根本性问题，不能实现企业经营机制的实质性转变。[1]

在国有企业改革过程中，不可避免地触及国有资产管理体制问题，人们开始意识到国有资产管理的重要性。1978年，国家为提高固定资产使用效率，解决资产闲置浪费与投资效率低下问题，对国营企业固定资产开始实行有偿调拨；1980年开始征收固定资产占用费；1982年，国家对国内合资建设项目体制作出规定，各方按投资比例分配利润和产品；1985年国家规定，企业主管部门要同经理签订长期目标责任制合同；1988年又明确规定了企业在承包经营、租赁经营中的权责关系。改革的实践推动了国有资产管理体制改革理论研究的深入。1986年起，理论和实际工作者开始对我国企业改革实践进行反思，逐渐认识到只着眼于企业放权让利改革是不够的，应当从根本上解决政企不分和企业经营机制转换问题。通过对政企不分的国有企业管理体制的深入分析，人们意识到政企不分的症结在于政资不分，即由同一行政机构既执行社会经济管理职能，又行使国有资产所有者的职能；认识到要搞活国有企业和实现政企分开，国家社会经济

---

[1] 汪海波：《中国国有企业改革的实践进程（1979—2003年）》，载《中国经济史研究》2005年第3期。

管理职能与国有资产所有者职能必须分离。理论和实践的探索为国有资产管理体制改革做了准备。1988年，国务院决定成立国家国有资产管理局。

2. 国有资产管理体制改革的探索阶段（1988—2001年）

根据党的十四届三中全会和五中全会决议有关国有资产管理体制的论述和国务院关于国家国有资产管理局"三定"方案的有关文件精神，这期间探索国有资产管理体制的基本思路是：第一，对国有资产实行国家统一所有，政府分级监管，企业自主经营的管理体制。第二，国家国有资产管理局是国务院专司国有资产管理的职能机构，地方各级人民政府根据国务院的规定设立国有资产管理部门，对地方管辖的国有资产依法实施行政管理。第三，国有资产管理部门与其他社会经济管理部门是对国有资产"专司"与分工监管的关系。第四，国有企业享有法人财产权，依法独立支配国家授予其管理（投资）的财产。政府不得直接支配企业法人财产，国家对企业经营活动承担有限责任。

按照上述国有资产管理体制改革的总体设想，1988年8月国务院成立国家国有资产管理局，以行使对中华人民共和国境内外全部国有资产的管理职能。1993年11月中共中央十四届三中全会作出《中共中央关于建立社会主义市场经济体制若干问题的决定》，明确对国有资产实行国家统一所有、政府分级监管、企业自主经营的体制。在政企分开之外，首次提出了政资分开的概念。1998年国家国有资产管理局被撤销并入财政部，机械、化工、内贸、煤炭等15个以主管行业的专业经济部门被改组为隶属于国家经贸委的"局"，并明确不再直接管理企业。2001年2月，国家经贸委下属9个国家局被撤销。

3. 十六大以后国有资产管理部门的设立阶段（自2001年至今）

2002年11月，党的十六大宣布，在坚持国家所有的前提下，在中央政府和地方分设国有资产管理机构，建立管资产和管人、管事相结合的国有资产管理体制。根据十届人大一次会议的决定，国务院专门下发了有关国务院机构改革的通知，设立了国务院国有资产监督管理委员会。新建的国有资产管理机构是受政府委托统一管理国有资产的特殊法定机构，代表政府专门行使国有资产出资人职责，以资本为纽带，理顺出资关系，进行产权管理。它不是政府行政机关的组成部分，不纳入政府序列，不是原来意义上的国资局。成立国资委就是要突破国有资产出资人机构和职责分离的体制障碍，解决出资人监督与国有资产管理相脱节的问题，进一步探索党管干部与出资人选择经营者相结合的途径，试行"两块牌子，一套人马"合署办公的做法。国资委委员由经济主管部门负责人及政府聘请的专家等担任，具体的人员构成、内设机构、工作职责、运行规则及相关制度由国务院制定。国资委成员对会议决定的重大事项进行决策，并承担相应的法律责任。

2003年5月《企业国有资产监督管理暂行条例》（以下简称《条例》）颁布。至此，国资委代表国家履行出资人职责的工作开始正式步入具体的实施阶段。《条例》的出台，无疑是推进国有资产管理体制改革的一项重大举措，它标志着国有资产监督管理法律制度进一步完善和走向成熟，在依法监督管理国有资产的进程中迈出了至关重要的一步。《条例》对于建立适应社会主义市场经济需要的国有资产监督管理体制，进一步搞好国有企业，推动国有经济布局和结构的战略性调整，发展和壮大国有经济以及实现国有资产保值增值具有极其重要的意义。

二、国有资产制度变迁的成果分析

国有资产管理制度的变迁在市场经济的进展过程中，的确取得了一定的成就，国有企业改革取得了实质性进展。第一，建立中国特色的国有资产监管体制。党的十六大确立的国有资产管理体制，其核心内容是"三统一、三结合、三分开"。三统一，是指权利、义务和责任相统一；三结合，是指管资产和管人、管事相结合；三分开，是指政企分开、政资分开、企业所有权和经营权分开。随着中央、省、市（地）三级国有资产监管机构相继组建，基本建立了国有资产监管的组织体系。国资委成立以来，制定了以《企业国有资产监督管理暂行条例》为核心的一系列规章制度，涵盖了国有企业改革改制、国有产权交易、国有经济布局结构调整、经营业绩考核、出资人财务监督等各个方面，《企业国有资产法》正式实施，基本形成了企业国有资产监管法律法规体系。针对国有企业存在的"有任命没有明确任期，有职务没有严格考核，薪酬同业绩不挂钩"等问题，国资委成立以后，开始建立业绩考核制度，与中央企业负责人签订经营业绩责任书，初步建立了"考核层层落实，责任层层传递，激励层层连接"的国有资产保值增值责任体系。第二，探索中国特色的公司治理模式。从2004年开始，在17家中央企业进行建立规范董事会的试点，引入外部董事制度，外部董事占董事会成员半数以上，在外部董事的配备上充分考虑企业科学决策的需要，有3家企业还进行了外部董事担任董事长的探索，同时，还把出资人的部分职权如重大投融资决策权等授给规范的董事会。国资委和中组部共同制定了董事会选聘高级管理人员工作的指导意见和董事会、董事评价办法，逐步由董事会选聘、考核经理人员，决定经理人员薪酬。从试点情况看，这种制度安排避免了董事与经理人员的高度重合，实现决策权与执行权的分权制衡。试点企业决策的科学性进一步提高，风险防范能力进一步增强，也促进了经营管理水平的提高。第三，明确做强做优国有经济的发展战略。国资委一成立，就着手研究中央企业布局结构调整工作。研究制定并由国务院办公厅转发了《关于推进国有资本调整和国有企业重组的指导意见》，研究出台了《中央企业布局和结构调整的指导意见》，促进国有资本进一步向关系国家安全和国民经济命脉的重要行业和关键领域集中。目前，中央企业80%以上的资产集中在石油石化、电力、国防、通信、运输、矿业、冶金、机械工业等行业和领域。经过几年的努力，一批企业通过强强联合进一步增强了综合实力，一批业务相关的企业通过完善产业链实现了协同互补效应，一批困难企业扭亏脱困焕发了新的生机，一批规模较小、竞争力较弱的企业有序退出。中央企业户数由196家调整减少到138家，布局结构趋于优化，运行质量显著提高，核心竞争力明显增强。

2002年至2007年，中央企业资产总额从7.13万亿元增长到14.92万亿元，年均增长15.9%；营业收入从3.36万亿元增长到

10.03万亿元，年均增长24.4%；利润总额从2405.5亿元增长到10055.7亿元，年均增长33.1%；上缴税金由2914.8亿元增长到8792.1亿元，年均增长24.7%；总资产报酬率从4.9%提高到8.6%，净资产收益率从4.3%提高到11.2%。中央企业规模和实力的变化情况：2003年至2007年，中央企业资产总额超过1000亿元的从17户增加到44户，营业收入超过1000亿元的从9户增加到27户，利润总额超过100亿元的从6户增加到19户。在2008年美国《财富》杂志公布的世界500强中，中央企业有19家，比2003年增加13家。中央企业在自主创新方面取得的成绩有：2006年、2007年和2008年国家科技进步特等奖全部由中央企业获得；2005年至2008年，中央企业共获国家科技进步一等奖27项、二等奖202项，分别占该奖项的52%、27.4%；在批准建设的国家重点实验室中，64%在中央企业；中央企业申请专利数量逐年增加，截至2007年年底，累计拥有有效专利45547项，其中有效发明专利15681项。[①]

分析我国的国有资产管理制度变迁过程可以得知，取得一定成效的原因在于国有资产管理制度沿着一个正确的方向演进。

第一，国有资产管理不断市场化。改革开放之前，市场的概念还鲜为人知，国有资产管理制度变迁是不断以建立和完善以遵循价值规律的社会资源配置体系为基础，以建成以市场为基础配置社会资源的市场经济体制为目标，不断地在国有资产管理制度变迁中纳入市场机制，进行市场化改革。制度环境上，基本取消商品市场计划配置，由市场决定商品的价格、流向和供求关系、企业贷款、融资方式。国有资产的微观运营上，经营者市场选择率，由1993年的3.4%上升到2001年的86.3%，年均提高49.82%；有决策自主权的企业比例由1993年的54.9%上升到2001年的89.4%，年均提高6.28%；在已改制的国有企业中，53.5%的企业采用贡献与业绩挂钩的激励方式，21.7%的企业采用年薪制；企业基本实施《企业财务通则》和《企业会计准则》；已具备较为完善的治理机制；至2001年，80%以上的

---

① 上述数据来源于2002年到2007年历年国有资产数据收集和分析。

国有企业基本落实了14项经营自主权。

第二，国有资产管理的法治化。从改革的历程来看，从放权让利、利改税、承包制、公司制探索，国有资产管理由最初的行政措施、政策指导和其他手段调整为主转变为以法律调整为主，"国家和企业、企业和企业、企业和个人等之间的关系，要法律方式来确定，他们之间的许多矛盾需要通过法律来解决"。① 政府在维护市场秩序方面，致力于创造一个有利于各市场主体平等竞争的市场环境，颁布实施了《经济合同法》、《技术合同法》、《商标法》、《产品质量法》、《会计法》、《审计法》、《价格法》等，在改善和加强国家宏观调控方面，制定了《预算法》，划分了中央和地方的预算管理权限。具体的国有资产管理法律法规有：1988年的《全民所有制工业企业法》，1991年11月16日《国有资产评估管理办法》（国务院令第91号），1992年7月3日《全民所有制工业企业转换经营机制条例》（国务院103号发布），1994年7月24日《国有企业财产监督管理条例》（国务院令第159号），1995年的《国有资产管理部门监事选派暂行规定》（国资企发［1995］第59号）、《财政部企业经济效益评价指标体系》（试行）（财工字［1995］7号），1996年1月25日《企业国有资产产权登记管理办法》（国务院令第192号），2000年3月15日《国有企业监事会暂行条例》（国务院令第283号），2001年4月28日《企业国有资本与财务管理暂行办法》（财企字［2001］325号），2003年5月27日《企业国有资产监督管理暂行条例》（国务院令第378号）等。从制度变迁过程中国家在政策法律方面的供给轨迹看，我国国有资产管理正逐步迈入法治化轨道。

第三，国有资产管理的分权化。回顾我国的国有资产管理制度变迁的历程，从行政化管理到企业化经营到公司制探索，制度变迁遵循一个基本的方向，制度演进的一个重要特征就是分权，一部分是政府间的分权，包括中央与地方之间的分权，从中央集权，到"抓大放小"，再到中央与地方之间国有资产管理权限的划分。在政府各部

---

① 《邓小平文选》，人民出版社1994年版，第147页。

门,也逐步实现把国有资产的控制权下放到更细的单位,从各部门协管到由国资局独管,充分发挥了地方各级政府及政府下级部门对国有资产管理的积极性和创造性,正如法国思想家托克维尔所指出的,"统辖集权"有利于保持国家统一和社会稳定,而"管理分权"则会激发国民主动性和社会进步,一个富有活力和凝聚力的国家必定是这两者的结合。① 国有资产管理的分权化还表现为政府与企业的分权,从放权让利到企业成为独立的法人,国有企业慢慢地从政府的附庸中走出,从而提高了国有资产的整体运营效率。

三、国有资产管理体制改革的博弈分析②

回顾国有资产管理体制改革的历史变迁,中央政府始终处于一个被动地对地方制度创新给予事后追认、许可或规范、否定的境地,中央要做的是对地方政府的制度创新给予适时的制度回应。地方政府则处于主动地、不时地给予中央政府制度冲击的位置。地方政府又具有制度供给者和制度需求者的双重身份,它是制度变迁过程中最活跃的主体。这是国有部门改革的制度变迁中不同博弈主体独特的行为方式,因而,改革决策的机制注定是复杂的和动态的,而不是简单静态的程序设定。

我们运用博弈论的思想来具体揭示制度变迁进程中各个博弈主体的行为及其效果。博弈在中央政府、地方政府和国有企业三方之间展开,博弈时期设为 t。在中央、地方、国有部门之间,信息不完全对称。地方和国有企业必须按照先期中央的政策规定来决定自己的战略

---

① 从权力结构解析的角度,法国思想家托克维尔(Tocqueville)通过区分统辖权和行政权,清楚地界定出权力集中或分散的领域。那些必须通过统一的国家形象来行使的权力或关系到全体国民利益的国家职能(例如外交、国防、法律及宏观调控)应该集中,意即统辖集权(Governmental Centralization)。只与某一部分国民利益有关的公共事务(例如地方治安和社区垃圾处理),则不必置于同一个权力机构的管理。朱玲:《关于转型时期集权与分权研究的评述》,载《财经问题研究》1996年第11期。

② 本部分写作得到陈勇博士的帮助。

选择，而中央只是在先一期的政策效用释放殆尽后，才会在下一期开始时制定新的政策安排。由于改革初期地方政府不具有对国有企业的财产最终处置权，则国有企业就具有相对地方政府的一定独立性，且由于同为中央政府管辖的单位，两者的信息是完全对称的。在进行博弈分析之前，基本理论前提是：

第一，博弈主体的有限理性。虽然改革的目标是市场化取向，但对市场经济和经济转轨知识的缺乏，使各主体不得不在"边干边学"中积累这些知识。而更为重要的是，行为结果本身具有不确定性，即使信息成本和执行成本都为零，各博弈主体仍无法预见其行为的全部结果。所以，只能以有限的理性指导他们的行为。但只有在预期的收益超过其预期成本时，博弈主体才会采取行动。

第二，制度变迁的供给不足。随着市场经济改革的推进，必然会引起新的收入流，相应的制度就被要求来保证这种新的收入流能够持续产生。作为制度变迁的供给者，中央政府由于意识形态的转变、社会科学知识的积累等原因，使得制度供给不得不有一个基本时滞。这个时滞决定着结构的调整还要为下一期的改革留下创新的空间，即改革目标的动态化、具体化、分阶段化。在这个动态化过程中，博弈主体将更多地使用"满意原则"，① 进行次优选择，从而不断推动改革。

地方政府和国有企业的目标函数分别为：

$$U_l = U(I_l, K_l, P, S, C)$$
$$U_e = U(I_e, K_e, P, S, C)$$

其中，I_l，I_e 分别为地方政府、国有企业所受的意识形态影响和制约。意识形态的作用在于降低制度变迁过程中的交易成本。在改革进程中，地方政府和国有部门由于对市场经济有切身体会，这是国家意识形态变化的推动力，其作用在于从微观上"消化"经济转型的成本。

K_l，K_e 分别为地方政府、国有企业所拥有的社会科学知识。社会

---

① 周振华：《中国制度创新的改革程序设定》，载《经济研究》1998 年第 12 期。

科学知识的缺乏，将会束缚制度安排的选择集合。地方政府和国有企业由于具有更大的灵活性，在不断的试错过程中积累了丰富的经验，中央政府在与地方政府和国有企业的博弈中"边干边学"，不断地积累社会科学知识，增强对市场经济的调控能力。

P 为非国有经济。作为市场经济的主体，它的发展壮大，越来越深刻地影响着地方和国有部门的目标选择，而逐渐成为不可控变量，即外生化。

S 为社会群体的利益预期。改革必然会对各个社会群体的利益重新分配。他们中有的受损，有的受益，或者有的先受损后受益，有的先受益后受损。预期受损的群体很容易联合起来，形成较大的改革阻力。改革目标的动态化，使得社会群体的利益预期难以稳定，受损群体不易联合，也就能够使改革成本达到动态最小。博弈主体的有限理性，造成 S 的不可控，因此，也将其视为外生变量。

C 为国家与国际社会的竞争和交流。改革过程同时也是不断融入世界的过程。与发达国家的差距，各国之间日趋激烈的竞争，对国际市场竞争规则的理解加深，都使得改革约束"硬化"，增强了改革的不可逆性。

中央政府的目标函数为：

$$U_c = U(U_l, U_e) = \lambda U_l + (1 - \lambda) U_e$$

其中，λ 为地方政府在中央政府目标函数中的权数，相应的 $(1-\lambda)$ 为国有经济在中央政府目标函数的权数，λ 在 $(0, 1)$ 之间变化。中央在经济和政治上依赖地方政府和国有部门，并从行政和财政上对二者进行控制。

从理论上对博弈行为的描述是：在 $(t-1)$ 期，地方政府和国有企业在中央政府 $(t-1)$ 期的目标函数约束和自身有限理性约束下，确定次优解 $Max U_{l(t-1)}$ 和 $Max U_{e(t-1)}$。由于两利益主体预期不同，两个次优解的差异也是越来越大。中央政府则根据 $Max U_{l(t-1)}$、$Max U_{e(t-1)}$ 确定 t 期的 λ 值，从而得到 t 期的次优解 $Max U_{c,t}$。因此，要使 U_c 尽可能大，条件是 λ 尽可能大。而 $(1-\lambda)$ 的趋向于零，则意味着市场经济的建立。

改革前的计划经济时期，地方政府和国有企业几乎没有什么自主权，只是在中央政府指令下完成各项任务。因此，三者之间的目标函数是高度一致的，U_l 与 U_e 趋近，则可以认为 U_e 与 λ 是无关的。改革开放初期，各博弈主体利益预期不明确，都不会先采取实质性行动。农村改革以家庭联产承包责任制为突破口，迅速增加了农民收入，对国有企业的改革起到巨大的示范效应。非国有部门经济 P 的变化，导致地方政府、国有企业各自开始追求利益的最大化，U_l 与 U_e 开始出现偏离。这种偏离表现为：地方政府为弥补自己的财政缺口，要求中央下放权力，扩大自己的财源；而国有企业由于是中央政府的主要财源，则要求中央政府给更多的激励，来摆脱自己的困境。这种偏离引起的制度需求，中央政府并没有马上给予满足。在总结农村改革经验、认识到市场经济的巨大效益后，中央在 1984 年提出"有计划的商品经济"的改革目标，对地方政府实行"财政分灶"，对国企实行"利改税"，使得两者的目标差异明显拉大。初尝市场经济"甜头"的地方政府有了财权后，积极鼓励非国有经济的发展，鼓励它们与国有经济展开竞争。地方的税源扩大，上缴的财政收入增加，λ 值逐渐增大。另外，国有企业则由于天生的缺陷（所有者不到位，政策性负担过重，技术落后，产品不满足市场需求等），表现出对市场经济的极不适应，效益不断恶化，不得不向中央政府要求政策支持，以求得生存。因此，国有企业出现两极分化，形成依赖政府的"惰性"。国有企业盈利能力的不断下降，使得中央政府更多的是从稳定社会的角度来支持它，从而 $(1-\lambda)$ 也就不断降低。然而，对地方的过度放权，使地方保护主义、"大而全"、"小而全"等现象越发严重。

国家作为"经济人"在其成本—收益核算范围之内，必然要追求资本收益最大化。只不过一个是直接收益（短期收益），一个是间接收益（长期收益）。短期内国家常常做出"杀鸡取卵"的事情。但是长期之内，国家可能为了获得垄断租金而提供有效率的产权制度，从而推动经济增长。随着中央面临外部经济环境的冲击越来越多，在改革中积累的经验越来越丰富，其社会科学知识处于不断增进的状态中。特别是农村改革的示范效应和城市企业改革带来的巨大收益，使改革者逐渐认同了改革本身,并认识到市场化是改革的最终趋向,改革能够使改革者获得"共容利益"。中央政府在 1987 年提出的"国家调节市场,市场调节企业"体现了中央政府在看到市场经济巨大作用的同时,也认识到政府在市场经济中的定位这一重大进步。随着中央与地方政府权力的逐步规范,市场经济的充分发展,GDP 迅速增大,地方政府增强了发展市场经济的决心,补充相关的知识。1992年,中央进一步提出要建立"有中国特色的社会主义市场经济",地方政府的作用因此更加扩大。具体表现为越来越多的地方领导进入中央高层。国有经济在整个国民经济中的份额不断下降。面对非国有经济的激烈竞争,国有经济开始走上从国民经济主体到国民经济主导逐步再到退出一般性竞争领域的转轨道路。自 1994 年以来,国有企业大规模的关、停、并、转,大批职工的下岗,只是这个转轨的序幕。十六大提出全面改革国有资产管理体制则是在此基础上更进了一步。在这一过程中,地方政府功不可没。当利益独立化的地方政府成为沟通权力中心的制度供给意愿与微观主体的制度创新需求的中间环节时,就有可能迫使中央进行制度创新的事后追认,从而使垄断租金最大化与保护有效率的产权结构之间达成一致,继续推进和深化改革。从改革的历程中可以看出,事实确实如此。地方政府更多的是以积极的冲击,通过发展市场经济的实践,来增加中央对市场经济的时候追认和认可;中央则在不断的试错过程积累了丰富的经验,在这个复杂的博弈中"边干边学",不断地积累社会科学知识,最终通过不断的制度供给回应增强了调控市场的能力。1996 年中国经济实现"软着陆"、1997—1998 年经历的金融风暴、2002 年关于国有资产管理"统一所有,分级行使所有权"的提出,都是中央政府社会科学知识不断丰富的表现,中央政府逐渐从一个短期收益偏好者转变为长期收益偏好者。地方政府的权力的扩大表明,中央和地方利益协调机制的初步建立,相应的 λ 不断提高,国家削减国有经济规模的决心和对经济的掌控能力不断增强,$(1-\lambda)$ 也就趋向于减小。

中国在推进市场化的进程中,特别是在以开放促进改革的背景之下,改革主体不断地学习和适应国外的通行规则、惯例及制度,"硬化"了改革约束,影响甚至改变原来的程序设定和路径。WTO的加入,更进一步推进了中国的整体改革,国有资产管理体制的改革,使得整体改革的不可逆性更加强化。同时,其他国家国有资产管理的成功经验也扩大了选择集合。我国经济体制改革的逻辑与现实次序是:国有企业体制—国有资产管理体制—政府经济管理体制。从这个逻辑与现实次序看,国有资产管理体制实际上是国有企业体制与政府经济管理体制的中介,其意义非同寻常。

国有资产管理体制的改革本身是一项庞大复杂的系统工程,牵涉到方方面面。理解国有资产管理体制的历史变迁这一进程,关键是把握联结博弈主体的两个影响点:一是国有资产管理体制的系统内部,即国内经济改革环境对其中博弈主体的影响,特别是博弈主体相互之间的作用。"凡有重大的改革,都有财政压力的背景","财政压力决定改革的起因和路径",[①] 这是理解中央政府事前默许事后追认,对地方政府的制度创新给予适时的制度回应的注意点。二是国有资产管理体制的系统外部,即国际经济环境对本系统,进而对其中博弈主体的影响。在原有国有企业存在"边界刚性"和外部环境不变的条件下,国有企业内生的改革动力微乎其微,更多的是在中央政府和地方政府目标不一致的情况下,地方政府和国有"串谋"改革。一旦企业外部环境改变(企业边界具有弹性),企业就会内生出改革的动力,并且极具扩散效应,从而为其他企业仿效,改革主体在这一过程中达成共识,强化了改革的不可逆性,同时,系统内外的各种因素相互影响、相互作用,处于动态的变化过程中,因此,国有资产管理体制改革也就处于一个动态博弈的过程中。

---

① 何帆:《为市场经济立宪——当代中国的财政问题》,今日中国出版社1998年版。

第二节 国有资产管理体制的现状分析

一、国有资产管理中的问题发掘

改革开放 30 多年来，经过全国人民的共同努力，我国国有经济规模不断扩张，国有资产总量呈持续稳定增长势头，但也应当看到，国有资产良性增长的基础并不牢固。当然，在世界范围内，许多国家都存在着国有资产的管理问题，而我国作为社会主义国家，国有资产在社会资产中占有相当大的比重，因此，问题就显得更加突出。同时，我国社会现在处于急剧变化发展过程当中，存在着纷繁复杂的各种社会关系之间的冲突，社会转型过程中存在着新旧思想、制度和事物以及不同利益之间的角力。这些原因使我国国有资产管理道路充满荆棘，出现了以下几方面亟待解决的问题：

第一，国有资产布局不合理。一是我国国有资产的产业分布领域过于分散。目前国有企业几乎分布于国民经济中所有的 20 个部类、95 个大类、396 个中类、913 个小类行业中，像服装加工、家具制造、饮食服务、理发室等适合小型企业发展的竞争性领域也办了不少的国有企业，国有企业资本金过度分散。据统计，我国经营性国有资产中约有 60% 以上分布在工业、房地产业、贸易饮食业；在工业领域内内部，国有资产又主要分布于一般加工工业。国有资产分布结构的不合理，削弱了国有经济资源的整体配置效益，造成在基础产业和战略性产业的国有投资明显不足，不利于国有经济在国民经济中基础支撑功能的有效发挥。二是国有经济集中度仍处于较低水平。国有中小型企业的数量在企业总量中所占的比重仍然较高；同工业发达国家的大型跨国公司相比，我国国有大型企业、企业集团的规模和实力还存在很大的差距，数量依然过少，大企业不大、小企业过多的局面仍未根本改变。2004 国有小型企业户数高达 11.3 万户，占全部国有企业户数的 83%。从中央企业来看，2003 的国有大型企业中，资产规模达到 1000 亿的仅有 7 家，绝大部分大型企业资产规模不足百亿。

第二，国有资产运营质量不高。近年来，相当数量的国有企业处于微利或亏损状态并形成了大量亏损挂账。2004年全国国有企业的盈利面为48%，盈利额为10429.4亿元，亏损额为3060.6亿元，虽然国有企业的盈利面较1999年的46.5%有所增加，但盈利仍主要集中在少数垄断性行业或大企业，其他多数行业的盈利水平没有提高。企业盈利状况不佳，致使企业经营积累能力减弱，经营性国有资产增长能力不足现象日趋突出。2004年全国国有企业资产总额比上年增长8.0%，增幅比2003年减少了2.8个百分点。

第三，国有资产地区分布不平衡。根据最新公布的地方国有资产数据，60%以上的地方国有资产总量分布在东部12个省区市，大约20%的地方国有资产分布在中部9个省份，西部10个省区只有10%的国有资产。从总体上看，东部地区的国有企业在投入、产出及经济效益等方面均占有优势，而中西部地区，特别是西部地区的国有企业相对处于弱势。

第四，国有资产对社会资本的控制能力仍需提高。随着我国多种所有制经济成分的共同发展，迫切需要国有经济实现从总量优势向质量优势转变，以较少量的国有资产带动和支配更多的社会资本。但从国有企业组织形式和资本结构来看，国有资产对社会资本的吸纳和控制能力亟待提高：一是多元投资主体的国有控股企业比例低。至2000年年底，我国多元投资主体的国有工商企业仅有3.2万户，而单一投资主体的国有独资企业（公司）占75.9%。2000年14.5万户国有独资企业（公司）实现利润332.8亿元，仅占国有工商企业实现利润的11.7%。2001年，虽然有70%的国有大型企业进行了公司制改组，但国有独资公司的数量仍占46.6%。二是在多元投资主体的国有股比重过大，在多元投资主体的控股企业中，国有股占总股本的平均比重仍高达60%以上，存在明显的"一股独大"现象，这既制约了国有企业经营机制的转变，也限制了国有经济控制力和支配力的提高。

第五，国有资产存在流失现象。我国国有资产流失严重是一个众所周知的事实，但是却没有相关机构对此进行过明确的统计，曾经有学者引用原国家国有资产管理局1995年的资料认为,当时的国有经营性和非经营性资产总额约35000亿元,从20世纪80年代到1995年,平均每年造成的流失高达500多亿元;国有信贷资产总额340000亿元,约流失3000多亿元。同时,据2004年召开的全国审计工作会议披露,2003年全国共审计13万多个单位,审计处理后上缴财政148.2亿元,减少财政拨款和补贴10.1亿元,归还原渠道资金90.7亿元。仅从中央预算执行审计来看,就移送案件83起,545人(次)受到党纪政纪处分或被追究刑事责任。近几年来,全国审计机关共审计84万多个单位,查出并处理违法违规金额超过8000亿元,追还1000多亿元被侵占挪用资金,从这些数字也可以想象我国国有资产流失的严重程度。例如,单在固定资产投资中,就存在重复建设、盲目投资导致大量投资所形成的生产能力未能产生合理的经济效益,甚至根本不产生经济效益等情形。另外,在工商性企业、金融性企业、行政事业单位等领域,均不同程度地存在国有资产流失的现象。

二、国有资产管理的体制弊端剖析

(一) 国有资产所有者的缺位

所有者主体缺位,是指按照我国现行管理体制和有关立法,在中央和地方两极,无法在法律上找到一个代表国家统一行使出资人的职责,代表国家行使所有权职能的法律主体。我国社会主义生产资料公有制采取国有实践形式,即国家代表全民拥有资产,按照现行体制,国家对国有企业资产的管理实行国家统一所有、政府分级管理、企业自主经营的体制。所谓统一所有,就是所有国有资产都由国务院统一行使所有权;所谓分级管理,就是具体的监督管理由各级政府实施,并对其监督管理的资产享有资产收益权、处分权和选派管理者等项权力。在迄今发表的各种文件中,在涉及国有资产管理时,都无一例外地强调了国家对国有资产的"统一所有",但在实践中,所有权职能的行使实际上是政出多门,多头管理,没有一个代表国家统一行使所有权职能的具体代表者,因此,统一所有成了一句空话,无法落到实处。我国全民所有制实际上是国有制，但长期以来，无论是在理论上，还是在立法上，究竟谁代表国家统一行使国有财产所有权，一直没有能够得到解决。

《宪法》第 2 条规定："中华人民共和国的一切权力属于人民。人民行使国家权力的机关是全国人民代表大会和地方各级人民代表大会。"《宪法》第 7 条规定："国有经济，即社会主义全民所有制经济，是国民经济中的主导力量。国家保障国有经济的巩固和发展。"从《宪法》条文中可知，国有资产属于我国全体人民所有。一般来说，根据"所有"一词在法律上的含义，其应是"所有权"下之"所有"，如我国《民法通则》第 71 条规定："财产所有权是指所有人依法对自己的财产享有占有、使用、收益和处分的权利。"因此，从逻辑分析的角度来看，国有资产本应由全体人民占有、使用、收益和处分。但这种由我国全体人民直接占有、使用、收益和处分国有资产不仅在理论上而且在事实上显然是不可能的。毕竟，所有权的主体应当是明确具体而特定的主体，而非抽象的集合体。在民法中，所有权人是可以通过他人来代表自己行使属于自己的所有权的，即由他人代表自己占有、使用、收益、处分自己的所有物，至于最终利益分配如何则非所问。但由谁来代表人民行使国有资产的所有权呢？回答这个问题时，一般人都喜欢作这样一个类推：如果属于全体人民的权力可以通过全国人民代表大会来行使，即由全国人民代表大会代表全体人民行使本属于人民自己的国家权力，那么全体人民对国有资产所享有的所有权也应该可以通过全国人民代表大会来行使。但事实上，这种推理是不成立的。其根本原因在于，权力与权利之间存在着本质的差别，即《宪法》规定的是由全国人民代表大会代表人民行使国家权力，而不是其他权力或权利，而所有权是权利而非权力，更不是一种国家权力。

虽然，根据宪法的规定，全国人民代表大会是代表人民行使国有资产所有权的最适当的代表。但事实上，全国人民代表大会的性质也决定了其不能代表人民行使国有资产的所有权。《宪法》明确规定，全国人民代表大会是我国的最高国家权力机关，行使国家立法权和执法监督权,并列明了其职权。作为以立法作为主要工作内容的全国人民代表大会而言,其并不适合从事具体的事务,占有、使用、收益、处分国有资产这样具体而繁杂的工作是其无力承担的。同样地,作为全国人民代表大会常设机关的全国人民代表大会常务委员会也不可能代表人民行使国有资产所有权。如果全国人民代表大会及其常务委员都不适宜代表人民行使国有资产所有权的话,那么还有谁更适合呢?似乎作为中央人民政府的国务院是最为恰当了,它既是最高国家权力机关即全国人民代表大会的执行机关,又是最高国家行政机关,其既能代表人民的意志,又适宜处理具体而繁重的工作。但是,由国务院代表人民行使国有资产的所有权,存在着政府的社会经济管理职能与国有资产所有权管理职能的冲突,即国务院是行政机关,其从事的乃是社会公共管理事务,在权利上具有垄断独占的地位,而代表人民行使国有资产所有权,在权利上则并不处于垄断独占的地位。作为由个体所组成的人民,其利益除了国有资产所有权之外,还包括许许多多的其他利益,这些利益与国有资产所有权之间可能存在利益上的冲突,甚至可以说,必然存在冲突,特别是这种利益被转换成了个体意义上的人的利益的时候。因此,如果由国务院代表人民行使国有资产所有权,则具体从事该工作的机构必定不能行使社会公共管理职能。

2003年5月27日起施行的《企业国有资产监督管理暂行条例》第7条第2款明确规定:"国有资产监督管理机构不行使政府的社会公共管理职能,政府其他机构、部门不履行企业国有资产出资人职责。"而且在国务院的序列之中,国务院国有资产监督管理委员会是属于国务院直属"特设"机构,而不是一般的直属机构。但国资委的成立并不等于我国国有资产管理体制就完全理顺了,机构的成立只是第一步。值得注意的是,党的十六大在报告中提出了"出资人"的概念,同时,《企业国有资产监督管理暂行条例》继续使用出资人这一概念,但却没有给这一概念以明确的定义。实际上,出资人的概念是从经营性资产角度提出来的,是借鉴《公司法》中的"出资者"概念而来的。使用"出资人"这一概念,其中存在着一个重要的概念转换,即意味着国有资产的出资人是"国家"而非"人民",同时,《企业国有资产监督管理暂行条例》第 4 条明确规定:"企业国有资产属于国家所有。"这是否意味着国有资产的所有者直接就是国家,而不是由国家代表人民行使所有权呢?是否可以将其理解为人民将国有资产的所有权让渡给了国家了呢?笔者以为是可以作这样的理解的。当然这仅仅是理论上的理解,而且作如此理解还存在着法律上的困境,即《企业国有资产监督管理暂行条例》的规定与《宪法》存在冲突。

(二) 所有权权能的缺失

国务院作为国有资产的代理人不可能直接代理经营国有企业,通过部委和各级政府层层委托代理以后,每个部门都认为自己是国有资产管理的代理人或者是实际上的所有者,所有权被各个部门分割,实际上已经架空了真正的所有者,无法形成各级代理之间的合理约束。在市场经济体制下,企业正常经营的必要条件是所有者对企业的控制,即使在现代企业制度所有权与经营权适当分离、所有者不直接干预企业日常经营决策的条件下,公司的所有者即股东仍然必须保持对企业的最终控制。这种最终控制权主要体现在:股东会对董事和监事聘任、收益分配以及其他重大事项作出决定的投票权,对董事会议定授权的决定权,对经营和财务信息的知情权等。正是通过这些权利的运用,所有者才能通过董事会对企业经营进行全过程的监控和对高层经理人员进行与所有者目标兼容的激励。

十四届三中全会以后,国家才明确国有企业改革不仅要解决政企不分,做到两权分离,而且要建立必要的所有权约束。建立必要的所有权约束,首先要明确国有资本所有权代表机构。但是目前国有全资企业和国有控股公司的情况却是资本所有者代表机构的职能分别由不同的政府行政机构行使。以国有大型企业为例,企业党委书记、董事长、总经理的人事任免由大企业工委负责,资本和收益分配由财政部负责,劳动工资受人事部和劳动部控制,国家经贸委由于负责企业的

"三改一加强"（改革、改造、改组和加强管理），① 实际上也行使所有者的部分职能。这样的管理体制带来的后果必然是：

第一，多个行政机构对企业发号施令，而任何一个机构都不对决策后果负责。所有权包括使用权、处置权、收益权、高层经理人员任命权等相互联系的权能，各项权能被不同的部门分割，实际上架空了所有权。而每个部门行使的那部分所有权能由于与所有者的其他权能割裂，变成了各个部门自己的权能，服从于本部门的目标。

第二，作为落实所有权约束的稽察特派员制度，实际执行的情况是下面实、上面虚。所谓下面实，是指具体的稽察审计任务实、工作量大、稽察企业数量不断增加；所谓上面虚，是指特派员公署与行使所有者权能的其他机构相互独立，处理日益增加的稽察报告比较困难。并且，随着国有企业股份化改造和多元化，由政府直接派出稽察特派员或监事会的做法，就会与公司法保护小股东利益的原则相冲突。

第三，目前仅由国家经贸委直接实施动态管理的重点企业就有520家，国务院直接领导这么多的国有企业，担子重，效率不高。发达市场经济国家对国有企业的控制虽各不相同，但无一例外地都由具体的机构统一行使国有资本所有者的职能。

从理论上讲，国有资产具有全国的统一性，所以国家完全可以采取统一计划，形成对资产的最合理布局、最充分利用。这也被认为是显示"全民所有制"优越性的根本依据。可是问题在于，所谓统一支配资产在实际中是很难存在的。在实际中，所谓全民所有的财产，是以国家为代表，而国家又将它分割给了"条条"或"块块"的政府机构进行支配；这些高层次的"条条"或"块块"再把它逐级下分给自己所属的"条条"、"块块"或企业。如此条中有块，块中有条，条块交叉并存，层层授权，层层代理，导致委托代理的环节特别多。据统计，多的达60多个环节。这样，说起来是具有统一所有权

---

① 殷雅平、许文：《"三改一加强"是搞好国有企业的现实选择》，载《工业技术经济》1997年第3期。

的财产,却被事实上分割到每一个纵横交错的"棋盘"式小格中,每个"小格"都拥有本"小格"资产的实际占用权,说起来都是统一所有的国有资产,事实上又具有了非常具体、零碎的隶属关系。

(三) 国有资产管理体制的扭曲

在这种所有权能割裂的状态下,国有资产管理体制运行中的各个环节发生扭曲,造成运行的低效率。[①]

第一,国家所有,多头管理,产权责任不清。企业国有资产笼统为国家所有,几乎任何政府部门都可以以国家所有者身份自居行使权能,但并没有一套可以追溯产权经营管理责任的体制。由于政府部门管理企业的权力几乎可以自己给自己增减,而且与要承担的责任严重不对称,一些部门往往倾向于通过设置过多的审批程序增加本部门权力。企业则可以利用信息不对称,在多部门中周旋,实现"自己"的目标。在部门和企业各得其所的同时并没有集中统一的机构负责任地关心国有资产的状况,当发现国有资产流失时,无法追究,任何机构和企业都可以找出理由推卸责任,最终只得不了了之。

第二,企业内所有者缺位,治理机制不健全,使内部人控制带有普遍性。由于所有权与经营权混为一谈,所有权没有明确的归属,政府在企业之外,由各部门分兵把口,行使国家所有者权力。当发现企业不活时,政府就向企业放权,在下放经营权的同时把所有权一并下放。在缺乏所有者激励与约束的情况下,企业的非正常行为屡屡发生。此时政府又倾向于收权,在上收所有权的同时,又将经营权也上收,企图通过过多的行政审批来矫正企业的不正常行为。其结果要么由于信息的严重不对称,经营者蒙蔽政府并非难事;要么因繁杂、漫长的审批过程进一步降低了效率,搞死了企业。

第三,改革开放以来,在传统国有资产管理体制范畴内,企业的经营权力在政府与企业之间上收了下放、下放了再上收,在这种怪圈中已经循环多次,但决定政企关系的国有资产管理体制改革却始终没

---

① 陈清泰:《建立国有资产管理、监督和运营体制》,载《经济社会体制比较》2001 年第 4 期。

有到位，企业内所有者缺位的问题始终没有解决，企业法人财产权不落实，政府承担着无限责任。企业的财产就是国家财产的一部分，并没有资本金和法人财产的概念。由于企业与政府财产边界不清，资产责任就不清，在缺乏产权激励和约束的情况下，企业吃国家"大锅饭"不可避免。国有企业往往比其他企业更敢于大胆借债、低水平重复投资，甚至借债炒股、炒房地产等。企业从国有银行的借贷，实际上是以国家担保为前提，企业负盈不负亏。企业亏损、出现不良债务直至发不出工资时，都由政府或通过国有银行承担无限责任。

第三节 改革国有资产管理体制的重要意义

国有资产管理体制改革，应当定位于"分级所有，分层管理"，即建立以国有企业出资人制度为核心的，由国有资产监督管理委员会—国有资本运营机构—实行现代企业制度的企业三层次管理主体构成的国有资产管理体制，这一改革具有重要的现实意义。

一、各级政府履行职能的需要

市场经济条件下，国有资产分布的领域包括政治领域、社会领域、经济建设领域和宏观经济调控四个领域。这四个领域也是各级政府履行政治职能、社会职能、经济建设职能和宏观经济调控职能所涉及的领域。由于公共产品的特殊性质，国有资产分布的领域具有必然性，因而，实行"分级所有，分层管理"的国有资产管理新体制也具有必然性。

第一，纯公共产品的提供分布于政治和社会领域。所谓公共产品，是指那些不具有消费排他性与竞争性的产品。[①] 从能够为人们带来利益的角度看，公共产品实际上是公共资产的表现形式。公共产品一般具有以下三个特点：（1）效用的不可分割性。（2）消费的非排

[①] 李松森：《国有经济结构调整的理论分析》，载《东北财经大学学报》2004年第4期。

他性。(3) 受益的不可阻止性。公共产品所具有的这些特征，使得公共产品的提供者很难向个别消费者收取合理的费用，从而使公共产品的提供者与个别消费者不可能按照市场经济的原则用商品交换的方式解决成本与收益问题。因此，市场不能对这些公共产品进行配置，只能由政府进行配置。例如，行政管理、国防、外交、司法、治安、消防、环境保护、公共照明、公共图书馆等公共产品和服务，必须由政府出资创办。而这一类资产通常称做非经营性资产，或行政事业单位占有使用的国有资产，是市场本身不能配置的资源。

第二，基础设施和基础工业等公共产品分布于经济建设和宏观经济调控领域。基础设施和基础工业，如邮政、通信、运输和水、电、煤气及能源部门，往往社会效益好，而企业的微观效益差。同时，由生产技术的性质决定，在这类产业部门内部不可避免地会产生垄断。这类国有企业一般具有以下特征：(1) 经营目标双重化。即企业在经营活动中需要同时考虑利润目标和社会目标。(2) 由一家或少数几家企业进行大规模生产，一般要比由许多个规模较小的企业同时进行生产更有效率，更能提高资源的利用率。(3) 资金需要量大，投资回收期长，收益低，但外部效应明显。(4) 作为其他一切生产部门从事生产经营的基础性条件，应适当超前发展。为了使基础产业能够适度超前发展，客观上要求政府进行配置，以实现特定的社会经济发展目标。这一类资产大部分为垄断性经营性资产，是市场配置不好的资源。

第三，竞争性产品分布于经济建设和宏观经济调控领域。竞争性产品是指那些由政府投资组织生产，市场竞争充分、以盈利为目标的产品。政府投资组织生产的竞争性产品主要集中在加工工业、建筑业、商业和服务业等。从长远发展看，随着社会主义市场经济的进一步发展，在市场经济的成长和成熟阶段，国有资本应逐步从竞争性行业退出，投入到纯公共产品和基础设施等准公共产品领域，这一类资产通常被称做经营性资产。在市场经济的初级阶段，由于其他资本还没有足够的能力生产和提供全部的竞争性产品，同时，出于经济建设和宏观经济调控的目的，一部分竞争性产品和劳务还需要政府投资组织生产。由于各级政府都要在其管辖范围内履行政治、社会、经济建设和宏观经济调控职能,因此从弥补市场缺陷、提供公共产品的角度看,各级政府都应当拥有完整的公共资产所有权、占有权、使用权、收益分配权和处置权、管理权等权能,这样才能保证各级政府正常地履行其职能。

二、明晰产权关系的需要

在市场经济条件下,商品货币关系渗透到所有权的实现过程之中,围绕所有权的投放、运营管理,由于追求效率、细化分工,生产力进一步具体表现为分工专业化,同样影响到所有权,从而在财产的配置运营过程中,使所有权与经营权相分离,出资人所有权与企业的法人财产权相分离,当人们把经济生活中各类生产要素的贡献与所有权的权能联系起来,就深化为现代产权理论。运用现代产权理论,可以帮助剖析国有资产管理体制的构造与特点。国家凭借政治主权、经济主权和生产资料所有权拥有国有资产的终极所有权,对国有财产行使所有、占有、处分、收益、使用的权利。由于国有资产不同于集体和私人资产,国有资产所有者在法律上具有全民性和社会性,因而在实际上也就具有产权主体的虚拟性质。目前,代表国家行使国有资产所有者职能的是政府的各个相关部门,未能完全担负起行使所有者权利的重任,因而并非是真正意义上的国有资产所有者职能管理机构。这样即使对各部门各地方所属国有企业进行制度改造,也不能从根本上理顺产权关系,政企不分现象无法得到根本解决。

由于产权管理主体多元化,政出多门而又互不协调,使得国有资产所有者主体长期处于"缺位"状态。① 从基本方向到具体政策管理,国有资产管理体制的许多重大问题,特别是产权关系不清楚的问题并未真正解决。党的十五届四中全会提出了"国家所有、分级管理、分工监督、授权经营"的国有资产管理体制十六字方针,推进

---

① 魏曙光:《国有资产管理体制中所有者缺位问题的思考》,载《北方经济》2004年第12期。

了国有资产体制改革。但由于授权内涵、授权的对象及相应所需条件等问题并未十分明确，十六字方针仍难真正到位。国有资产的所有权职能分散到各政府部门，企业在进行改革需要所有权行使机构批准或授权时，需要经多个政府部门批准同意，影响企业及时决策和效率。地方政府实际上控制地方国有企业，承担相应责任，但在法律上却无所有权，因此对地方国有企业改革的方案等问题，拥有实际控制权并承担责任的地方政府不能决策。国有资本实行"分级所有，分层管理"的体制，是实现国有资本产权有效约束的必然选择。在中央政府统一所有的模式下，中央政府经常对国有资产的管理权限进行无偿划拨，直接造成了对产权的侵害和不尊重，也造成了国有资产所有者缺位和"吃大锅饭"的状况。国有资本实行中央和地方政府分级所有，可以调动中央和地方政府的积极性，增强其责任心。分级所有能够促进责权利的细化，避免所有权的含混不清。产权更加明晰化的结果就是所有者的到位，所有权的约束显化和硬化。中央的资本所有权应当集中于规模较大的、具有战略意义的企业。对中小型企业所有权的下放，并不意味着中央控制力的削弱。实际上这些企业一直为地方所控制，地方拥有实际的产权，中央机关拥有名义上的所有权。在法律程序上确认地方的所有权，能够有效加强地方保护财产的意识，克服短期行为和不作为心理。国有资产分级所有改变了国有资产所有权的割裂状态，有助于明晰产权，实现责、权、利关系的对等，有利于塑造市场多元产权主体，从而大大提高其运营效率。

三、国有经济结构调整的需要

国有经济的调整客体是价值形态的国有资本，国有资产重组的实质是国有资本重组，国有经济的使用价值形态是房、机器和设备，而且国有企业又同时是国有经济的微观运行主体。所以，国有经济结构调整的基本框架是以产权关系为纽带的国有企业在一般竞争性领域的退出。现代企业制度的建立是国有资本存量结构调整和实现国有资产保值增值的微观条件。实践证明，社会再生产活动对生产要素资源的一次性配置，以及产权关系的一次性安排，都难以达到非常理想的状态。因此，对各类生产要素产权的配置安排需要创造一定的灵活性，让产权安排按一定规则实现重组。

现代企业产权制度强调产权的独立性，在市场经济条件下，由产权主体主动选择进入或退出方式，体现出产权配置的灵活性，以寻求产权关系的最佳组合，实现资源的优化配置。现代企业的公司制度组织形式和公司内部的管理结构，与市场经济的外部环境相统一，尽管各类产权有进入退出的变动，但公司仍然保持相对稳定的运营轨道。在这种进入退出的产权关系调整重组中，可寻找到产权组合的较理想状态。从经济理性假定出发，市场选择和市场评价以及产权的市场化流动重组，是实现社会再生产资源优化配置的重要途径。同时，产权主体由于利益约束而采取的主动"退出"行为，则是现代企业制度产权关系保持旺盛活力的重要原因之一。以产权本位、产权分工和产权市场化形成产权配置进入和退出的灵活性，为社会再生产资源配置优化选择了便利的条件和有效的途径。滞留在不断出现的产权主体主动选择进入和退出的行为中，产权关系才得到不断的调整和完善，从而奠定企业制度创新的产权基础。从产权主体的理性追求角度来看，产权关系的调整，是以资产运营的效绩改善为目的的，现代企业制度可以为资产配置实现优化提供保证。在此基础上，企业组织结构、组织形式等也可借助进入退出行为实现变革，不断积累经验，迈上新的台阶，市场竞争的优胜劣汰机制则将转化为现代企业产权关系配置上的进入和退出行为。同样，受竞争激励，在进入和退出的循环升级中，企业的技术、产品以及管理都能实现创新，而且最终集中反映在生产力的进步和发展上。企业作为产权关系载体和国有资本配置的组织对象，是国有资本存量调整和国有资产保值增值的工作重点。而现代企业制度的建立，则给存量调整和国有资产保值增值提供了有效的制度条件。

我国目前的国有资产管理体制是中央统一所有，各级政府分级管理。这种体制将所有权与管理权人为割裂为两个部分,产生了很多问题。在国有经济结构调整过程中,需要退出的国有资本要经过实际拥有所有权的中央部委批准,因为它才是所有者。我国国有资产数量众多,各个地区、各个行业的状况千差万别,这样仅仅由中央一家所有统一行使所有者的职能其实是不合理的,也是不可能实现的。著名学者吴敬琏把现行国有企业的治理方式形象称为"五龙治水":① 投资权由计划系统"点头",日常生产经营决策权由经贸委决定,高级经理人任命权归党委,收益权和财产登记由财政部门规定,而直接对上市公司的授权权益还有一个专门授权机构。目前仍有 18 万家国有企业产权由中央集中行使,它们改制都需经各中央部委统一,产权结构变动上每走一步都很不容易。如果中央只抓有重要战略意义的少数企业,这个数字不到 200 家,把将近 18 万国有企业放到省、专区一级,那么国有经济改革和地方经济振兴都将很快进行。

四、加强国有资产管理的需要

实行"分级所有,分层管理"体制,政府可以建立以国有企业出资人制度为核心的、由国有资产监督管理委员会、国有资本运营机构、实行现代企业制度的企业三层次管理主体构成的国有资产管理体系。通过该体系,一方面,各级政府都获得了一部分国有资产的完整所有权,有利于调动它们的积极性,因地制宜地进行国有资产的经营和管理,解决国有资产产权主体"虚位"和"缺位"的问题,从而改变目前国有资产管理机构只是资产统计和评价,无权真正管理资产的现状。另一方面,通过建立国有资本运营机构促成政府的行政权与国有资本所有权相互分离,即政资分开,国有资本进入市场,按保值增值目标要求投放配置,由此彻底改变对国有资本行政管理的局面。

---

① 《吴敬琏、林毅夫等共聚一堂 解读"小康指标"》,载 http://news.cnlist.com/CnlistNewsDetail.aspx?tablename=dtlmb&GUID={38B4990D-9FB9-11D7-965B-00A0C92674A3},2002/12/09。

各级资本运营公司的设置,不应以行业为基础进行细化,可以考虑将相关的几个行业进行合并,成立一家公司,这样可以促进产权流动,公司享有资产处置的权利。对企业来说,可以按照现代公司制度的要求,实行多元出资主体共同出资,国有资本与非国有资本共同出资,既可以发挥国有资本的调控导向作用,又可以通过非国有资本出资人参与生产经营决策,消除管理僵化、效益低下等弊端。出资人制度的建立,可以为企业法人财产权的独立和法人治理结构的建立提供条件,使企业真正进入市场,实行自主经营,自负盈亏。

五、建立现代企业制度的需要

国有企业必须进行现代企业制度[①]的创新。在国有企业中,国有资本的投放运营中同样存在着从所有制到经营过程的产权关系。传统体制下,忽略回避产权分界,宏观上亦缺乏对不同权能加以市场化评价的条件和标准。在社会主义市场经济大背景下,企业内部的产权关系链必须融入商品货币市场关系,因此就有了如何优化调整既已配置了的在国有企业内部的国有资本产权关系,让营运过程的每一个环节的产权和贡献技能"独立"起来加以评价,又能有机地联系聚合在一起的问题。

国有企业之所以运营效率不高,主要是因为其产权关系模糊,处置、占有、使用、经营、控制国有资本的每一"当事人"所应承担的责权利不甚明了,因此,国有企业必须进行现代企业制度的创新。实行"分级所有,分层管理"体制,各级政府作为国有资产实际上的所有者,就可以确立合理的国有资本委托关系。采取三级管理、二次授权的方式运作国有资本,即国有资产管理机构委托中介——国有资本运营机构进行国有资本运营;国有资本运营机构又委托企业从事

---

① 现代企业制度是指以市场经济为基础,以完善的企业法人制度为主体,以有限责任制度为核心,以公司企业为主要形式,以产权清晰、权责明确、政企分开、管理科学为条件的新型企业制度,其主要内容包括:企业法人制度、企业自负盈亏制度、出资者有限责任制度、科学的领导体制与组织管理制度。

具体的生产经营活动。这就构成了一个完整的产权管理体系。为了使这个体系能维持正常运转，必须保持委托链的连续性。实行"分级所有，分层管理"体制，各国有资产运营机构必须对上负责，向国有资本管理机构负责，而不是向上级行政机关和领导负责；不再是光管事不负责，或对资本增值负虚责，而是要以效绩为目标，由市场来评价经营者的业绩。国有资产管理机构可以冲破人事安排上的阻力，直接通过竞争与选拔相结合的方式，来完成主要的人事安排，再通过考试的方式，完成非主要人员的配备。对于资本运营机构人员的考核，以资本增值能力和资本盈利率作为考核的主要指标，激励方式基本以货币形式为主。①

资产运营公司和下级微观运营企业委托人主要采取市场化的选择方式和效益考核的方法，通过他们约束企业的行为。到了企业这一层，如果是国有独资公司，则由控股公司直接派出董事长和常务董事，并从社会上挑选部分人士担任非常务董事，批准工会组织提名的职工董事。监事的产生机制与此相同。在重大决策中产权代表拥有最后决定权。对于非国有独资公司，则根据股权结构选派董事。由于企业可能包括多家国有投资主体，因而国有资本的代表可能不止一家，在决策中会形成有效的相互制约。对于董事的考核和激励，应当完全以盈利水平为指标，加大激励的砝码，并向社会公布其业绩，形成社会舆论的监督和刺激。企业高层经营者等的产生，则完全按照公司法的规定加以解决。

以上整个国有资产的产权制度、产权体系、委托代表制度的科学合理的建立，是进行国有资产管理体制设计的产权基础，不具备这个条件，国有资产管理体制改革的深化就难以实现。在企业出资人制度的基础上，必然有建立完善企业法人治理结构的内在要求，改造传统体制下企业高层经营管理人员的遴选任命办法和职能分工关系，形成新型的股东大会—董事会—经理人员相互之间的制衡关系。围绕出资

---

① 王阳：《国有资产管理体制的改革与创新》，载《辽宁经济》2006年第1期。

人的要求,展开企业运营,努力实现资本保值增值。通过出资人与用资人的分工关系和法人治理结构内部的不同角色分工合作关系,促成资本经营和企业管理岗位的职业化,让人力资本进入市场,由此促成管理劳动分工专业化水平的提高,提高管理劳动的效率和资本运营的效率。在法人治理结构科学化的基础上,加强企业经营机制市场化建设,根据市场约束要求展开经营活动。对企业内部既有资源加以重组,调整产品结构,注重技术创新,努力降低成本,实现最大利润。企业生存目标的明确,必然要求企业在市场中重新加以定位,从市场环境、竞争对手、技术变迁、资源条件到产品成本、劳动力素质、组织创新、分配激励等多方面考虑,强化经营管理,创造竞争优势,保持生存和发展的活力。

第三章 外国国有资产管理体制的实践与借鉴

国有资产并不是社会主义国家所独有,而是世界各国普遍存在的一种经济现象。20世纪30年代以前,西方国家国有经济所占比重都很小,存在领域也非常有限。[①] 在"二战"后,为了弥补在某些领域的私人投资缺口,恢复或促进市场经济发展,加强政府对宏观经济运行的调控能力等,许多西方国家采取直接投资、没收和购买私人企业等手段大大发展了国有经济。据统计,到1972年意大利和英国的国有资产占本国资产总量的比重均高达33%,西德为30%,奥地利为35%,法国最低也达到了20%。[②] 可见,国有经济在西方各国同样发挥着其他经济形式不可替代的作用。如何提高经营性国有资产的运作效率,是世界各国普遍关注和广泛探索的问题。自20世纪50年代特别是70年代以来,国有资产管理制度创新形成了一股世界性潮流,一些国家经过改革形成了各具特色、卓有成效的国有资产管理模式。尽管各国制度不同,国情迥异,但同属国家所有的资产,以国有资产为主要经营对象的现代国有企业同属社会化大生产的产物,必然存在一般发展规律。因此,比较分析外国国有资产管理的典型模式,对于我国建立适应现代市场经济要求的国有资产管理体制具有重大借鉴意义。

[①] 周常三:《国外国有资产管理模式的分析及启示》,载《河北企业》2008年第5期。

[②] 毛程连:《西方财政思想史》,经济科学出版社2003年版。

第一节 外国国有资产管理体制概况

一、外国国有资产发展历程及分布状况

各国国有资产大都是各国政府为适应国际形式变化,满足国家经济发展战略的需要而建立的。"一战"期间,为了满足战争需要和摆脱经济危机,英国把铁路收归国有,投资兴办了几百个军火工厂。法国也将军火制造业、运输业、保险公司和粮食贸易等控制在政府手中。1927年,英国建立了具有垄断地位的规模巨大的国有化企业,控制了国内整个天然气行业。"二战"后期,处于遭受战争破坏后的西方国家经济状况极度脆弱,一些基础部门和基础工业企业的恢复需要大量投资,私人资本力量也十分薄弱,各国都面临巨大的就业压力。英国、法国、联邦德国、意大利等国家出于恢复国民经济的需要,相继对电力、煤炭、铁路运输等行业实行了国有化,并对纳粹德国及与其合作的企业实行了没收和接管,形成了一次国有化高潮。例如法国,将电力、煤炭、天然气、雷诺汽车公司、法兰西银行及其他银行和保险公司实行国有化,从而使国家在铁路、石油、化工、建筑、航空、通信等行业持有主要股份。

第二次世界大战以后,世界各国多次掀起国有化浪潮,到20世纪80年代初各国国有企业的平均比重达到最高峰,发达国家的国内生产总值、工业总产值和投资总额中,国有企业平均所占比重分别为10%、20%和20%左右;在发展中国家,国有企业在上述各项所占比重的平均值分别为13%、25%和35%。80年代以后,许多国家卷入非国有化和私有化浪潮,世界范围内国有企业的比重呈下降趋势。目前由于各国普遍认识到国有经济效益低下,国家财政补贴负担过重,再加上经济技术条件的变化,尤其是发达国家,新技术革命推动了新设备、新工艺的应用与扩散,使一些传统产业的重要性下降,规模经济的要求降低,从而纷纷减少国有经济的总体规模,严格控制其产业的布局。到80年代末期,工业化国家国有经济增加值占国内生

产总值的比重不足 10%,在美、英、法、德、日、意等西方发达国家中,法国国有经济占 GDP 的比重最高,1990 年为 10%,美国比重最低,不足 1%;发展中国家国有经济占 GDP 的平均比重 1990 年为 10.7%,其中低收入国家为 13.6%,均远远低于我国的现实水平。20 世纪 50 年代和 60 年代,政府干预的市场经济使西方国家经历了一段空前繁荣的时期。然而进入 70 年代以来,西方发达国家又面临着新的更加强烈的经济危机,先是通货膨胀加剧,随即出现了在物价总水平急剧上升的同时失业也大量增加的"滞胀"现象。国际市场竞争激烈,许多行业陷入困境,大量私人企业面临破产。为了调节和优化经济结构,挽救陷于困境的私人企业,缓解社会矛盾,英国、法国、意大利等国家又一次掀起国有化高潮,国有化的范围不仅仅限于受经济危机打击或私人无力经营的公用事业和基础设施行业,还包括了具有竞争力的新兴工业和在国民经济中占有战略地位的部门。如法国的新能源开发产业的国有化、英国对英格兰银行、国际计算机公司和整个石油产业的国有化等。70 年代末至 80 年代初,西方国家所新建的企业或特殊服务业,加上对以前私营公司的国有化改造,使西方大多数国家的国有经济有了极大的增长。根据国际货币基金组织 1984 年所公布的一项估计认为,在 1974 年至 1977 年间,国有企业(包括金融公司中的国有部分)在 77 国混合经济中所占投资总额的 13.4%,如果美国也算在内的话,则达到 16.5%。80 年代早期,在法国和意大利国有企业占全部固定资产投资近 50%,所雇佣职工占职工总数的 20% 以上。在 1975 年,日本国有企业大约有 90 万雇员,意大利的国有企业在 1981 年到 1982 年间雇员达到 130 万左右,同年英国的国有公司中有 160 万的雇员;在法国,1982 年 500 家国有企业中有大约 240 万雇员。这些国家的国有资本已经具有强大实力,在国民经济中占有重要地位。

各个国家由于社会性质不同、经济发展水平不同,国有经济在国民经济各个产业的分布状况是存在着明显差别的。即便是同一国家,在不同历史时期也存在有较大的差别。但是总体上有一个相同的特点,即国有经济在公共事业和基础设施部门都占有大于半数以上的比重，一般达到70%以上，有的甚至达到将近100%；其次，在国家主导产业和高科技产业中，国有经济也占有相当大的比重。从世界范围看，国有资本主要集中投资于关系到国计民生的重要产业，多集中于供水、供电、铁道、机场、公路、邮电通信和宇航、军工等公共基础设施部门以及关系国防安全的战略性产业，重点是邮电通信和铁路。例如在美国，政府完全控制了邮政业，该行业中国有资产达到100％，其他行业完全放开，国有资产完全不介入。国有资产集中度高，政策导向性强，有利于发挥国有资产的最大效益。

二、市场经济国家国有资产的作用

第一，缓和市场经济的内在矛盾，促进社会化大生产的发展。在自然垄断、外部性、公共产品等方面，市场配置是无效的。强大的基础设施和基础工业是科学技术和现代工业发展的基石和支撑，而这些方面投资大，回收期长，收益低，具有外部性和公共产品的性质。国有资产介入这些领域，可缓解个别资本追求利润与资本主义发展整体需要的矛盾，为私人资本主义的发展提供多方面的便利条件和支持。对于邮电、煤气、电力等具有自然垄断性质的行业，存在规模报酬递增现象。生产规模扩大后，企业能够采用更先进的技术、机器设备等生产要素；而小规模企业则无法利用这样的技术和生产要素。这些行业若由私人垄断，过度竞争，会造成高额利润和资源浪费，不利于社会经济的发展，实行国有化可以加强控制。

第二，国有资产有利于政府调节和控制国民经济的运行。市场经济中，政府发挥对国民经济的调控作用，保证市场机制的有效运行。国有企业是政府实行经济政策和国民经济调节的有力工具，是政府经济政策的执行者和传导者，对私有部门起示范和导向作用，有利于解决经济中的结构失衡，缓和供求矛盾，防止和对付资本主义经济危机。国有资产在经济结构调整中尤其发挥重要作用。例如，"二战"以后，英国为了淘汰落后的行业和设备，进行大规模的调整。通过国有化，发展高新技术产业，实行产品结构的调整。英国第一次国有化，改造了煤炭、冶金工业；第二次国有化使核电、微电子技术等行业上了一个台阶。既发展了风险大、投资大的高新技术产业部门，又带动了经济较为落后地区的合理发展，促进了生产力布局的平衡。

第三，发展国有经济可满足政府的政治需要，维护政权稳定。西方国家注重其在全球的政治、军事地位，强化国家机器的机密、安全、有效，对涉及国家政权稳定方面的行业，如国防工业、通信、造币等领域，加强管制。多数国家把铁路、航空运输等收归国有。在西方国家并不放弃以军事手段解决争端的条件下，这些国有军需企业为其扩张、备战服务；对内，国有企业有利于缓和劳资双方的矛盾，为社会提供新的就业机会，解决社会问题，稳定社会局势。

一般来说，各国政府对国有资产的管理是直接的，各国都有管理国有资产的政府机构，但管理体制各不相同。国有资产微观组织是国有制企业，根据各国的法律规定，它们主要由三大部分构成：一是非法人性质的公用事业以及从事基础设施建设的公共事业机构，如邮政部门、国家印刷厂、存款银行及与基础设施相关联的供水、供电、公路建设部门等。这种类型的国家所有制企业在美国和日本比较典型。二是属于工商业性质的公共事业机构以及国有企业。这种类型的国有企业在法国和英国比较突出。三是股份有限公司。在这类企业中，国家和私人垄断资本各掌握一定数量的股份，因此，该类企业也称为公私合营企业，在行政上和财务上具有独立性，是独立的法人，股份分别隶属于国家和私人垄断组织。这种类型的国有制企业发展得比较充分的是意大利。

三、国外国有资产管理的范围

国外国有资产包括经营性国有资产与非经营性国有资产两大类。综观世界主要国家的国有资产管理，其管理范围大致有以下两种情况：

第一，国有资产的管理范围主要包括土地、资源、行政事业资产、基础设施、社会公用事业等非经营性国有资产，属于这种情况的国家主要有美国、日本、挪威等。这些国家私有经济发达，国有资本对经济的介入程度较小。政府奉行的原则是：私人部门能做好的事情，政府就不要介入。只有对那些投资大、风险大、私人部门不愿投资的领域如基础设施、公共事业等，政府才出面投资。例如，美国国有经济占国民经济的比重不超过5%—10%，在工业中则不足1%。但在基础设施、公用事业和科学技术研究方面，国家则发挥着重要作用。美国邮政部门的100%和电力、铁路运输部门的25%是国有的。在科技研究方面，第二次世界大战后，美国政府对科研的财政拨款迅速增加。1954—1976年国家用于科研的投资占全国科研经费的66.7%，其中，对尖端科技研究的投资占80%—90%。

第二，国有资产的管理范围既包括非经营性国有资产，又包括经营性国有资产，并且经营性国有资产占整个国有资产的比重较大。这类国家的共同特点是，国有经济不仅涉足基础设施、公用事业，而且在制造业、加工业等生产领域也有大量的国家参与制企业或国有股份公司。因而，国有经济在这些国家的国民经济中占有重要地位。如西欧国家的国有企业几乎遍布国民经济的各个部门。在西欧国家国民经济的11个主要经济部门——采煤、石油、钢铁、汽车、造船、电力、煤气、铁路、航空、邮政、电信中，国有企业比重占50%以上的部门，20世纪80年代初英国为10个，法国为9个，意大利为8个，原联邦德国为7个。

第二节 不同类型国有资产管理体制及典型国家

一、集权型管理体制

（一）集权型管理体制的主要特征及形式

集权型管理体制是指国有资产使用权和国家的经济管理权合二为一，国有资产的经营使用严格在国家的管理之下运营的一种体制。实行这种体制的一般是市场经济发展较落后、处在国家政权初建时期、实行生产资料社会公有制和国家所有制的国家，以及生产资料国有化程度较高的国家。国家集国有资产的所有权和国民经济的管理权于一身。集权型管理体制的主要表现为：第一，国有企业成为国家行政机关的附属物，国家行政机关既是国有资产管理的直接责任者，又是国有资产的经营使用者，国有资产的所有权和经营权没有分离。第二，国有资产管理方法主要是以行政手段为主，排斥法律和经济手段。第三，国有资产从投入到产出，都靠国家指令性计划指挥，没有真正独立的国有资产营运过程存在。第四，国有企业所占用的资金、原材料都由国家的有关部门供给，国有企业产品的价格、财务和投资等权力都集中在国家的行政部门。这种国有资产管理体制对于各国建国初期的恢复和发展起过积极的作用，但这种方式随着社会经济的发展和国有资产存量的增大、国有企业的增加以及社会生产资料所有权结构的变化、产权关系的复杂化而逐渐显露出种种弊端。

（二）集权型管理体制的典型国家

集权型管理体制典型国家以前苏联为代表。前苏联的国有资产管理体制是一种高度集中的管理体制。国家对国有资产的管理是通过层层下达指令性指标，国有资产的投入、使用、经营、收益分配都由国家控制和管理。经营国有资产的国有企业没有自主权。企业生产所需原材料、燃料由国家提供，所需资金由国家拨款，企业盈利基本上悉数上缴。其特点直接表现为：第一，企业成为国家机关的附属品，国家行政机关是国有资产管理的主体和直接责任者。第二，管理方法以行政手段为主，排斥经济手段，国有资产的投资、价格和财务的管理权都集中在国家计划、价格和财政部门。第三，国有资产的营运靠国家指令性计划指挥调节，没有独立的国有资产营运过程存在。这种传统的高度集中的国有资产管理体制对于前苏联经济的恢复和发展起到了积极作用。但随着国有资产的发展壮大，商品经济的发展，市场机制的作用不断扩大，这种僵硬的、完全用行政方法管理的企业，缺乏应有自主权的体制的弊端暴露得越来越明显。[①]

---

① 蔡文春：《国外国有资产管理模式比较及其借鉴意义》，载《价值工程》2007年第1期。

二、分权型管理体制

（一）分权型管理体制的基本特征及表现形式

分权型国有资产管理体制是相对于集权型国有资产管理体制而言的。国有资产的所有权从国家经济管理权中分离出来，国有资产的经营使用权又同国有资产所有权相分离，国有企业是一个相对独立的经济实体，国家主要是通过市场，利用经济手段和法律手段对国有企业进行管理的一种体制。实行这种管理体制的，主要是商品经济比较发达、国有化程度较低的西方资本主义国家。

分权型国有资产管理体制的基本特征是国家采取分级分权的办法管理企业。具体表现为：第一，国家直接承担国有企业的主体性角色弱化，国家对国有资产的所有者职能与国家的经济管理职能相分离。国家对国有企业的管理主要是从经济管理的宏观出发，利用各种经济手段管理企业。两种职能分离后所相应成立的国有资产所有权代表机构，专门行使国有资产所有者职能。第二，国有资产的所有权与经营管理权相分离。国有资产的所有权管理主要是通过介于国有资产所有权代表机构与国有企业之间组织进行。国有资产所有者不从事日常具体国有企业经营，国有企业对占有、使用的国有资产没有最终的资产所有权。第三，国家对国有企业进行管理主要是通过经济、法律手段进行。国家主要通过银行利率、国家税收、制定法律等手段进行国有资产管理。第四，国有企业管理一般采取董事会和监事会这两种组织形式。国家对国有资产的所有权管理就是通过向董事会派驻董事和监事这条途径实现的。第五，国有企业的市场化程度很高。分权型管理体制下的国有企业成立时国家注入一定本金后，其后国有企业完全自主经营，企业生产所需原材料和各种能源完全在市场上组织，企业生产出来的产品也完全由企业自己负责销售。国家凭借其政治权力取得税收，以国有资产所有者身份参与企业的利润分配。分权型国有资产管理体制是当代资本主义国家广泛采取的一种体制，这种体制适应了生产资料私有制下的私人企业和国有企业的平等竞争，保护了私人资本的利益，最终是为调节整个资产阶级利益服务的。这种管理体制的最大优点是国有企业有充分的自主权,企业完全自主经营。这种体制也存在其一定的局限性。

(二) 分权型管理体制的典型国家

瑞典、挪威两国对国有企业采取了这种分权型的管理体制。在瑞典,内阁将管理责任下放给工业大臣,在工业部设立了一个国有企业处(第五处),由8个业务人员组成,管理拥有9万名员工的国有企业的所有权。挪威工业部也同样只有8名工作人员,负责管理拥有5万名员工的国有企业的所有权。在这两个国家里,国有企业主管机构的职责主要是:为每个企业制定包括宏观目标在内的章程,任免董事会成员,确立股息指标,确保董事会制订战略和财务计划的权利,审批年度财务报表和利润分配以及监督企业实绩。所有诸如跨年度计划、年度预算、投资、融资、人事政策等重大决策权都下放给企业的董事会。国有企业处不干预董事会的决策,不过问企业的财务和业务情况,不负责企业管理人员的挑选,不参与企业任何管理事务。第五处的工作人员只出任有限的几个企业的董事会董事。他们强调,作为董事会成员,应该以企业的利益为最高利益,而不是以所有权来压制董事会。只有当企业出现危机并需要国家给予资金支持的时候,国有企业处才会更多地参与决策。在国有企业与政府国有企业主管机构之间,瑞典在过去十几年间曾有一个综合性的控股公司,但这个公司最近已分解为一个只管中央企业的控股公司和几个专业性控股公司。例如,造船、钢铁、纺织、服装等行业建立的专业控股公司。这些控股公司均直接隶属于工业部。瑞典、挪威两国的大多数国有企业的组织形式是责任有限的股份公司。国有企业的主要负责人与他们在私人企业的同行一样,要对企业的发展和业务担负同样的责任,如任免高级管理人员、决定工资、制定价格、选择供应商、寻找贷款等。他们还要对企业的财务实绩负责。他们与私人企业面临着同样的市场力量,并在同样的环境中竞争。这种"分权"的管理体制给这两个国家的国有企业带来了较大的活力和较高的效益。

三、统分结合型管理体制

统分结合型管理体制是一种既不同于集权型管理体制和分权型管理体制,又不是集权型管理体制与分权型管理体制简单地混合相加的一种体制。统分结合型体制是国家对有些门类的国有企业采取相对统一管理,而对另一类国有企业又采取间接的分权式的管理。统分结合型管理体制按照各个国家的具体做法又可分为三种具体形式。

(一) 双重监督形式的基本特征及典型国家

这种管理形式就是中央财政部和有关主管部门相结合,并以财政部为主进行管理的一种管理体制。双重监督形式就是财政部代表国家对国有企业行使所有权,有关国有企业的中央主管部门负责对本部门系统内的国有企业实行纵向管理。双重监督体制下的中央财政部掌握着批准国有企业设立、主要资金供应、国有企业董事会和监事会成员的聘任、国有资产的安全和增值等重大权力。财政部对国有资产负有综合管理之责。双重监督形式下的中央国有企业主管部门也有一定的权责。具体表现在六个方面:第一,制定和实施有关经济立法和本部门宏观经济政策;第二,任免董事长或决定董事长人选提名;第三,直接派代表参加国有企业董事会,参与企业发展政策的制定;第四,与企业谈判签订计划合同;第五,向国有企业派送常驻代表和专门调查组;第六,对国有企业的经营活动进行审计、检查和监督。

德国、法国就采用这种管理体制。在德国,政府对国有企业的管理涉及十多个部,各主管部负责对本系统企业的纵向管理,财政部代表国家对国有企业行使所有权。财政部不仅在批准国有企业成立以及资金供给等重大决策上大权在握,更主要的是它通过监事会掌握企业的发展状况,并通过对监事会和董事会成员的聘任,保证国有资产的安全和增值。财政部还负责国有企业的一些具体管理事宜,企业经营方针和人事安排的准备工作。在法国,每个国有企业都有上级主管部门。中央管理国有企业的部门有工业贸易部、国防部、劳工部、农业部、运输部等。其中,经济和财政部拥有较大权利,在每个国有企业的董事会中都有经济和财政部的代表,经济和财政部是国有企业在财政方面的主管部门。

(二) 中央主管部门主管形式的特征及典型国家

这种体制就是中央各国有企业主管部门和中央财政部相结合,并以中央各主管部门为主管的国有资产管理体制。实行这种国有资产管理体制的国有企业都按其行业归属于中央某主管部门,中央主管部门在中央政府的有关政策和国家法律的指导下具体指导所属行业内的国有企业的生产经营活动。这种体制下的中央各主管部门对国有企业的管理和控制主要是通过任免企业董事会成员,决定企业经营总方向和财务控制实现的。国有企业的财务拨款主要由主管部门决定和监督,企业定期向主管部门报告情况。对于企业投资项目的审查和评估,则是由财政部和主管部共同确定。这种体制下的财政部对国有资产的管理只是通过财务指标进行控制。财务控制的主要内容有:对投资企业进行资产评估,限制企业外部借款,规定各种财务指标等。

英国就采用这种管理体制。在英国,国有企业主要是垄断性的行业大公司,这些公司由其相应的主管部门进行管理,如工业部主管英国钢铁公司,能源部主管英国石油公司,交通部主管陆空航运等。主管部门对国有企业的管理和控制主要表现在以下三个方面:一是任免公司董事会成员;二是决定企业的总方向;三是财务控制。国有企业的财务拨款主要由主管部门决定和监督,企业定期向这些部门汇报经营情况。对于企业投资项目的审查和评估,由财政部和主管部门共同把握。财政部对国有企业管理的措施主要是控制财务指标。[①]

(三) 专门机构综管资产所有权形式的基本特征及典型国家

这种国有资产管理体制的管理主体既不是中央财政部,也不是国有企业的主管部门,而是以国有资产所有者的身份对所有国有企业实行管理的专门机构。但其又不是直接管理国有企业,而是通过各控股公司分散地对国有企业进行管理。这种体制的国有资产综管机构的主要职能是:第一,负责制定国有企业经营发展的大政方针,确保各控

---

① 《意大利、英国的国资管理与改革》,载《上海国资》2000年第3期。

股公司的计划符合全国经提出意见,但无权过问控股公司的管理工作;第二,任免各控股公司的负责人;第三,转让和购买股份的审批。国有资产专门管理机构直接管理下的各控股公司负责督促下属国有企业执行上层的指示,并保护国有企业的利益。国有资产控股公司的控股又可分为直接控股、间接控股和参股控股三个层次。直接控股是控股公司直接控制下属国有企业的股份;间接控股是由分公司再占有其他企业的主要股份;参股控股是由分公司或分公司所控股的企业向其他企业参股。国有资产管理的专门机构通过控股公司对各个国有企业控制,一方面引导和控制了私有企业的经济活动,使非国有企业更好地执行国家的产业政策;另一方面又通过带动国有经济的发展,扩大了商品供应量,增加了就业机会,从而促进了整个国家经济的发展。

这种体制以意大利为典型。意大利国家管理国有企业的组织机构大致分为三个层次:上层是经济计划部际委员会和国家参与部,中层是各级控股公司,下层是运行的国有公司与企业。经济计划部际委员会的主要职能是:第一,负责制定政策,以确保控股公司的计划符合全国经济总目标的要求;第二,负责检查计划执行情况;第三,对控股公司向国家申请拨款提出意见,但无权过问控股公司的管理工作;第四,协调国家参与部和其他部门的工作。意大利的国家参与部是发达国家中唯一设立国家统一管理国有企业的专门部,该部的主要职责是:第一,控制、监督和协调国家控股公司的活动,负责将国家经济计划部际委员会的指示传达给各控股公司,要求各控股公司报送活动进展的报告和情况,以保证国家制定的社会经济目标的实施;第二,任命所属控股公司的领导人;第三,根据法律以及和财政部长协商,授予控股公司获得销售或转让国家股份的权利。控股公司负责管理国家拥有的股份,督促下属运行公司及企业执行上层指示,并保护其利益。控股公司经营范围非常广泛,涉及钢铁、水泥、工程、造船、碳氢化合物、化学、电话、无线电、海运、航空、公路和银行等关键性经济部门。

四、不同类型国有资产管理体制的启示

(一) 国有资产管理的发展趋势

概括起来,国外国有资产管理有下列特点和趋势,值得不同类别的国有资产管理过程中加以借鉴。①

第一,国有资产民营化改革趋势。转让或出售国家在国有企业中的股份,让民间来经营,是一个世界性趋势。随着国际竞争的加剧和国内私人经济的成熟发展以及市场管理法律的健全,不少西方国家放松了对市场的管制,一些原来由政府垄断的行业,如基础设施、公共服务等,现在也让私营部门去经营。

第二,捆绑经营国有资产的趋势。国有企业公司化是国外国有资产管理的另一个发展趋势,即将国有企业改组为股份有限公司和有限责任公司。国有企业实行公司制,投资者是多元的,企业资产已不完全属于政府,因此政府也无权直接干预,企业经营可以按照市场要求独立经营运作。通过规范公司治理结构,实现国有资产的保值和增值。

第三,灵活多样的管理模式。根据国有资产的不同类型采取不同的方式管理,如新加坡对国家投入到社会基础设施、社会服务领域的资产和投入到经营领域的资产,分别设置不同的机构,按国会制定的不同法规,分别进行不同的管理。再如法国,把国有企业分为垄断性和竞争性两类。根据国有资产的不同类型采取不同方式进行管理,在客观上取得了良好的结果。

第四,建立完备的国有资产管理的法律体系。国外许多国家在国有资产管理上都有比较完备的国有资产管理的法律体系,从国有资产管理和经营机构的设立到职责、权力的分工和行使,从国有资产的投资、管理到资产处置以及违反法律的处罚都有明确的法律规定,各管理主体、经营主体严格依法办事,违法必究,体现出国有资产管理法

---

① 陈蛇:《国有资产管理的国际比较及其启示》,载《软科学》2002年第5期。

制化、规范化的明显特点。

(二) 国外国有资产管理体制对我国的启示①

第一,集权与分权相结合。国有企业是建立现代企业制度的微观经济主体,在市场经济中,国家对国有资产的管理都是集权与分权的结合,体现在国有企业上,只是控制与放纵的程度不同。德国就是以市场为主导,分权程度较高,以间接管理为主。国家决策程度的高低还取决于经济发展水平和成熟程度以及市场发育程度。我国在市场机制不完善的情况下,国家计划配置资源的作用仍很重要,为解决某些短缺物资的需求、"瓶颈"部门的发展,有必要在组织上和制度上加强政府对生产要素的调控。

第二,产权高度社会化。世界各国对国有企业的私有化大致有两种情况:一是将部分国有企业转变为股份制企业,由国家控股或参股;二是对经营不好的国有企业进行出售或转让经营,促使企业扭亏为盈。这样做的目的主要在于激励竞争,提高企业盈利能力。德国在继 20 世纪 60 年代初和 80 年代初曾掀起的两次私有化高潮后,目前正在考虑进行第三次,原来完全由国家垄断的企业开始允许私人进入。我国要建立现代企业制度,要求产权要高度社会化,但不能简单地定为股份化。国有企业实行公司制是建立现代企业制度的有效途径,其中股份公司具有两权分离,董事会享有专署权限,对外实行有限责任的特点,对国有企业中具备条件的可改组为股份有限公司,这是企业经营管理的主要方式,但特别要注意维护国有股的利益。另外,从国有企业的盈利水平来看,目前有 52% 以上的企业处于亏损状态,不具备改造为股份制企业的条件,加之从加强国家宏观调控的要求考虑,将大部分国有企业改组为有限责任公司是一条更现实的道路。另外,生产某些特殊产品的企业或属于特定行业的企业可改组为国有独资公司,国有小型企业可考虑实行兼并、联合或出售,有的可改组为股份合作制。

---

① 《从国外经验看中国国有资产管理体制改革》,载 http://finance.sina.com.cn/roll/20040719/15308663t.shtml,2004 年 07 月 19 日。

第三，对国有资产进行分类管理。外国对企业的分类是按资本的形式或资本所负责任来划分的。我国的国有企业可按项目是否具有竞争性、行业是否有规模效益、基础投资额是否巨大等，大致可分为三类：一是作为特殊企业法人的国有控股公司；二是国家授权的特定的经营部门；三是政府根据社会公共公益事业的需要依法设立的国有独资企业。根据企业盈利目标与公益目标分开的原则，竞争类企业应按控股公司模式运作，国家对于非垄断性、非公益性企业实行利润量经营管理的基本原则，不对企业的经营管理进行行政干预，将市场机制引进企业，使企业在竞争的风浪中自求生存，但并不排斥政府对这些企业提出政治性的要求，如支持政府制定的产业政策。将企业推向市场不仅克服了保护落后的倾向，还可以减轻由于企业连年亏损而使政府背上沉重的财政补贴包袱。而对于垄断性、公益性企业（如铁路、邮政部门），以国家控制为主或由国家直接经营管理，甚至列入财政收支。

第四，设立管理国有企业的政府决策组织。建立控股公司，代行国家所有权。主要在于保持业务公司免受不必要的行政干预，利于所有权的专业化管理，调剂稀缺资源，形成规模经济优势等，但随着综合性控股公司规模的扩大，管理层次过多，易造成新官僚决策程序，成为截留国有企业的主权的关卡，由于过多掌握财权，易在附属公司之间形成"抽肥补缺"的做法。应设立两类专门主管机构：一类是作为所有者把持完全的所有权。例如德国统一后，原东德的国有企业，除大多数中小企业已私有化以外，大型企业基本上都掌握在国家托管局手中。另一类是主要作为监督和指导机构，掌握相对所有权。总的来说，专门管理机构的职责是负责国有企业改革进程，建立一个高效的董事会，协调政府各部门的政策，监督国有企业的经营状况。

第五，国有资产管理、运营应法制化。发达国家都很注重国有资产的法制化管理。以德国为例，德国的国有企业和其他形式的所有制企业都遵循公司法的规定运作。随着市场经济的发展，德国的公司法已多次修改和调整并日臻完善，它不仅体例完整且规定详尽，从公司分类到具体经营规范都有详细规定，加上完善的司法体系，使企业复杂的市场运作变得简单而规范。我国要使企业走向市场，如果没有一套很好的法律基础为依据，要保证平等竞争，是难以想象的。

第三节 转轨国家国有资产管理体制的改革

一、转轨国家国有资产管理体制改革的特点：以俄罗斯、波兰、捷克为例

近些年来，俄罗斯、波兰、捷克等国通过设立专门管理机构，明确出资人代表，国资管理法制化等，对剧烈变化和转轨时期的国有资产管理予以整顿和规范，从而结束了国有资产管理混乱无序、国有资产大量流失的状态，逐步形成了比较完整的国有资产管理体制，使有资产管理走上了规范化的道路。①

从计划经济向市场经济转轨，这三个国家实行的是私有化方式，与中国探索建立社会主义市场经济体制的过程有着本质的不同。三个国家虽然实行了私有化，但是仍然存在比重很大的国有企业与国有控股企业。以俄罗斯为例，自1992年俄罗斯政府向居民发放私有化证券开始，私有化已经进行了整整10年。从数量上看，目前俄罗斯的企业机构中，国有企业占11%，其余89%为各种形式的非国有企业，俄罗斯国有独资与控股企业数量仍占34%，一般是较大型的企业与国家垄断型企业，实际资产份额仍占到社会经营性资产的40%以上，从资产的总量上看，国家还是最大的资产所有者。波兰、捷克私有化速度比俄罗斯相对较快，但迄今国有企业仍占1/3左右。这三个国家国有资产管理主要有以下特点：

第一，设立专门的国有资产管理机构。这三个国家由政府代表国家管理国有资产，并设立了专门的管理机构。例如，俄罗斯设立了联

---

① 周放生：《俄罗斯、匈牙利国有资产管理体制之鉴》，载《上海国资》2004年第10期；王彤：《世界各国国有资产管理体制比较》，载《经济与管理研究》2006年第6期。

邦资产关系部与联邦资产基金会，共同管理国有资产。国家一级所属的土地、国有单一制企业、机构、不动产、国家股份公司及国有股份以及俄罗斯在国外的资产，均由财产关系部管理。地方和市级政府也都有相应的资产管理机构，管理相应的所属财产。资产基金会则负责出售总统和政府决定出售的国有资产，并任该资产出售前的国家股东，基金会还负责依法没收和查封有关财产及对它们的出售。波兰设立了国库部管理国有资产。捷克则设立直属于政府内阁的国有资产基金会管理国有资产。俄罗斯、波兰、捷克的国资管理机构具有以下特点：首先，国资管理部门与财政部门分设。其次，行使出资人职能的方式主要是选派国有资产出资人代表进入企业董事会。再次，职能明确，主要行使与国有资产相关的股东权利和财产权利，决定转让或出售相关企业的国有资产事宜，与其他政府部门的职能界限分开。最后，在中央与地方关系上，突出了国家作为统一所有者的体制，国资部门在地方设立派出机构，实行中央国资部门与地方的双重领导。

第二，不设立中间层次的资产经营公司。这些国家均未设立中间层次的资产经营公司，而由国资部门统辖国有资产。这些国家的国资管理人员认为，不设国有资产经营公司，等于割断了政府对企业的行政干预纽带；设立资产经营机构，则有可能弱化企业竞争力。此外，三国均没有通过设立控股公司授权经营把国有企业联合重组、规模做大的意向。

第三，加强国有资产转让出售过程的公开化、透明化、法制化。在私有化早期，俄罗斯等国管理混乱，造成大量国有资产流失。在20世纪90年代后期，三国对国有资产流失的教训进行了总结，均加强了国有资产转让出售过程中的公开化、透明化、法制化。私有化早期的无偿私有、发券私有、内部人受惠的混乱局面已经过去。俄罗斯新颁布的《私有化法》对出售国有资产的方式、程序、条件进一步作了明确的规定，并取消了向本企业职工优惠出售股份的条款。

第四，通过包括出售国有资产在内的"一揽子"改革措施，提高企业的竞争力。三国在私有化初期有一种倾向，认为只要国有企业一卖，实行私有化，企业就可以发展，很快赶上西方发达国家。经过剧烈的社会阵痛与经济大幅衰退，他们认识到"一卖了之"是不切实际的。现在这些国家虽然坚持私有化目标，但更加重视通过包括出售国有资产在内的"一揽子"改革，提高企业的竞争力。例如，波兰出售国有资产要与战略投资人签订企业经营发展的合同，并有公开、平等的严格程序，实行内外资公开招标。招标并不以出价为唯一标准，而是一个综合指标竞争的结果，包括企业未来投资、技术改造吸纳原企业职工等标准。企业出售以后，由国库部对合同规定条款的执行情况实行监督。

二、转轨国家国有资产管理体制改革的经验教训

尽管俄罗斯、波兰、捷克三国与我国在具体国情、改革道路、文化背景、意识形态方面有很大的不同，但就国有资产管理而言，它们的经验教训对主要有以下借鉴之处：

第一，自上而下成立国资管理部门是必要的。国资管理部门的主要职能是：紧密结合国有经济布局调整进行统筹规划，保障国有资产权益，防止国有资产流失，依法行使国有资产出资人的权利。为防止国资管理部门干预企业日常经营，可规定国资部门不能行使任何政府管理职能，必须与财政、经贸、劳动等部门的行政管理职能分开。

第二，国有企业内部必须有明确的国有资产出资人代表。国资管理部门行使的出资人权利，主要是通过派往企业的出资人代表实现的，不宜采用机构对企业直接管理的方式，出资人代表也应依法行使权利。

第三，慎重对待中间层次的国有资产经营公司。国有资产经营公司可以继续探索，但必须以确保政企分开与保障企业经营权限为前提，防止变相政企不分。资产经营公司不应作为完全意义上的企业，不宜作为大型企业发展，而应专司管理监督国有资产，通过布局调整提高国有资产效率。

第四，对国有企业兼并重组、改制、出售中涉及国有资产的问题，必须有明确的规定。事实上，这些年在国有企业改制兼并，出售过程中，由于操作随意造成国有资产流失的现象相当普遍。操作中涉

及的不良资产核销、职工福利提留、职工身份转换等问题,长期处于无序状态,政策弹性很大,这是必须下决心解决的大问题。应尽快出台《国有资产法》,使国有经济的战略调整、国有企业的改革重组建立在法制的轨道上。在法律出台前,可先出台有关专项条例加以规范。

第四节 我国国有资产管理体制的借鉴方略

国有资产经营同时承担有社会目标和经济目标的性质,使国有资产管理成为一个世界性的难题。无论是发达国家还是发展中国家,都在结合本国国情和发展道路的基础上,努力探索和选择自己的管理模式,并形成了一些带有共性的做法。这些宝贵的经验,值得在完善新型国有资产管理体制的过程中借鉴。

一、国有资产的战略性调整

国有资产战略性改组与调整,就是指通过国有资产的流动和重组,在适当收缩国有经济战线的前提下,改善国有资产的配置结构和国有企业的组织结构,集中力量加强国家必保的行业和企业,使国有经济在社会主义市场经济中更好地发挥作用。目前,国有企业重组实际上包含宏观和微观两个层次的内容:其一是宏观层次上的结构调整即收缩战线、加强重点、优化国有经济的布局和结构,使国有企业有计划、有步骤地从分散的中小企业向大型和特大型的企业集团集中,从低效率的劣势企业向高效率的优势企业集中,从一般性的竞争性领域向国家必须发挥作用的战略性领域集中;其二是微观层次上的存量资产通过合并、兼并、出售、租赁、破产等方式在产业内部和产业之间进行流动转移,重新组合,创建新企业等,目的主要是提高国有资本的运行质量和素质。这样,一方面,使那些具有特殊社会功能的国有企业更好地发挥自己的职能作用,保证整个国民经济的稳定、快速发展;另一方面,是使那些处于竞争性行业的国有企业提高效益。

对国有企业进行战略性改组的方式方法很多,应该根据不同类型的国有企业以及这些企业在国民经济中所处的不同的地位和作用分别采用不同的方式。对于前面提到的第一类即关系国家安全、国防、尖端技术的企业和国家专卖等特殊行业,不得出让国有资产,应该遵循客观经济规律,采用计划的方式,结合产业结构的调整,由政府组织专门人员制订规划,确定哪些企业应该加强,哪些企业应该合并,然后由国家投资或其他方式进行,并制定特殊法律保障生产和经营活动。除此之外的其他企业均通过资本市场上的股权转让或收购、兼并等活动,实现国有经济的改组。借鉴发达国家与前苏联、东欧国家国有企业改革与资产重组的经验教训和我国资产重组实践中存在的种种问题,在错综复杂的资产重组过程中,必须抓住以下两个重要环节:第一,加强国家在资产重组中的宏观调控;第二,重视对竞争性市场环境的培育,关键是发展资本市场。

二、构建国有资产管理体制的新框架

吸取世界各国管理国有企业的经验,对我国国有资产应遵循分类管理的办法,即根据企业功能的不同,把国有企业分为竞争性的国有企业和非竞争性的国有企业。对于非竞争性企业,主要是资源垄断行业和提供公共产品、公用产品的行业以及一些特殊行业,采取国家独资企业形式。政府应更多地介入公共企业的管理决策活动,以实现社会公共利益。对于竞争性国有企业的管理采取和民间企业所有者对资本管理的性质相同的管理办法,即国家以资本所有者身份,经营以资本收益为目标,根据利润最大化原则进行管理。对于竞争性行业中的中小企业一定要推向市场,国有资本可以参股,也可以不参股,实现民营化。对于一些适合地方所有的国有资产,中央与地方实行分级所有、分级管理。

新型国有资产管理体制应是在确定国家级国有资产责任主体基础上,在机构、投资、经营、分配方面相互促进、效率高的新体制。从机构的设置上可以划分为管理者职能、中介经营者职能和企业法人财产所有者职能;从产权关系上可以划分为国家所有者、国家委托的产权代表者、企业法人产权经营者;从投资体制上可以划分为国家资产总投资者、国家部分资产的授权委托投资者、国家资产投资的接受者;从收益分配上可划分为国家资产收益的总代表、国家资产收益的分代表、国家资产收益的企业法人实体。由此,笔者同意有些经济学家关于构建国有资产三个层次管理体制的观点,即国有资产管理委员会—国家资产经营公司—企业(包括全资企业、控股企业、参股企业)。三个层次的关系是以资产为纽带的纵向隶属关系。在上层实现了政府的社会经济管理职能与资产所有者职能的分开,在中层实现了国有资产管理与经营的分离,在下层实现了国有资产终极所有权与法人所有权的分开。

三、建立严格有效的监督机制

尽管西方国家对国有资产经营管理状况的监督方式不尽相同,但大都采用了议会监督、审计部门监督以及政府主管部门监督相结合的做法。同时,各国还各自拥有一些独特的经验,如法国政府向企业派驻稽查特派员的方式在当时独树一帜。尤其是新加坡的社会公众监督的方式非常有效,即除了政府作为所有者可以对国有企业随时进行检查之外,任何机构或个人,只需交纳很少的费用,都可以在注册局调阅任何一家企业的资料。

在我国,虽然国资委的成立使国有资产监督管理有了明确的法定主体,但健全的国有资产监督体系还未建立起来。首先,国有资产初始委托人的监督积极性和监督能力较弱。有别于普通的委托代理关系,我国国有企业的委托代理关系实际上是一种"代理人代理代理人"的关系,即代理人(国企经营者)代理代理人(国资委)的关系。在这种情况下,国有资产的终极所有者(全体公民)与代理人(国企经营者)之间形成了一条长长的代理链,导致作为国有资产终极所有者和初始委托人的公民无法对企业的经营迅速作出反应,也无法直接获得剩余索取权,不能直接从监督活动中受益。[①]加之"搭便

[①] 叶仁荪:《从委托—代理关系看国有企业制度配置的理性选择》,载《中国软科学》2000年第9期。

车"心理的普遍存在,公民缺乏监督、约束国企经营者的积极性。即便他们具有监督的积极性,但他们无法亲自决定代理人以及契约内容,监督能力相对较弱。其次,各级人民代表大会的监督作用还未充分发挥。虽然各级国资委作为国有资产管理的专司机构被置于政府体系内,但这并不能否认各级人大的监督权力。各级人大作为全体人民的代表,是立法和监督组织,有权力、也有义务对国有资产的经营管理活动进行监督。但目前我国新型国有资产管理体制在发挥各级人大的监督作用方面还很欠缺。此外,通过法律、行政、社会等途径对国有资产进行监督的体系还远未完善。

四、建立国有资产管理的法律体系

加强对国有资产管理的立法,形成统一的国有资产管理法律体系,是西方国家的共同特征。如意大利的《国家参与制法》,日本、韩国的《国有财产法》及《地方公营企业法》,新加坡对各法定机构的立法,奥地利工业控股公司的联邦法等,在国有资产管理的各个方面均有法律依据,甚至专门为某个国有企业立法,规范其设立、运行、管理和消亡等各个方面。而且立法的层次比较高,大多数是由国会通过。依法管理国有资产,不仅提高了管理的权威性,保持了管理的连续性,也明确划分了管理主体之间和管理主体与国有资产运行主体间的权利义务关系,确定了各自的职责边界和权利范围,使国有资产的运行具有稳定性。

我国的国有资产管理立法较为滞后,立法的系统性不强,层次也不高,缺乏应有的连续性和权威性。如果说我国以往的国有资产管理体制效率低下的重要原因之一是法制的缺失,那么这一情况目前仍未改观。目前,除了《企业国有资产法》、《企业国有资产监督管理条例》外,有关国有资产管理的其他法规都是一些部门行政法规,效力层次低,执行中难免会有局限。同时,立法的分散性加剧了部门间的利益争夺,导致立法的不统一,相互间难以协调甚至发生冲突。这一情况,不仅影响了国有资产管理的效率,也为国有资产的流失打开了方便之门。因此,为了保证国有资产的安全,保证改革的顺利进行,必须加快对国有资产管理相关法律的空白点和薄弱点的立法工作,做到有法可依。

第四章 国有资产管理体制改革的宏观分析

第一节 国有资产管理体制的积极探索

十五届四中全会在研究国有企业改革与发展若干重大问题时,提出了"积极探索国有资产管理的有效形式"这一问题,并允许和鼓励地方试点,探索建立国有资产管理的具体方式。此后,各地根据中央精神、结合本地实际,进行了积极有益的探索,出现了国有资产管理体制改革的各种实践,包括由上海、深圳最先试行的"沪深"模式,国内其他地区和1998年之前中央政府采取的"一体两翼"模式以及1998年国务院机构改革之后形成的"九八"模式。

一、沪深模式

上海、深圳两地积极推进国有资产管理体制的改革,初步形成了国有资产管理委员会、国有控股公司和国有控制、参股企业"三个层次"的国有资产管理体制。① 上海对国有资产管理确定三个层次的框架:第一层次是上海市国有资产管理委员,由市委、市政府主要领导同志负责;第二层次是国有资产运营机构,由控股公司和大企业集团(公司)构成;第三层次是市国有资产运营机构将其运营的国有

---

① 曹世华、周著青、陈志勇:《地方国有资产管理制度研究》,中国科学技术大学出版社2004年版,第108—121页。

资产,按不同份额分别投入到各种类型的企业后形成的国有独资企业、控股公司和参股公司,形成企业法人财产权。

深圳根据政企分开的原则,改革国有资产管理体制,逐步形成了"三层次"的管理模式。市国有资产管理委员会是第一层次,其成员由市体改办、财政局、国土局等部门组成。主要职能是贯彻执行国有资产管理的法律、法规,依法监督、确定国有控股公司的领导人选。市级国有控股公司是第二层次,代表国家对授权范围内的国有资产行使资产受益、重大决策、决策管理者三项权能,履行《公司法》和其他行政法规规定的义务,具体从事国有产权经营和资本运作,不行使行业和行政管理职能,负责国有资产保值增值,是体现出资者权利的特殊企业法人和授权投资机构。国有企业和国有参股和控股企业是第三层次,它们是独立的企业法人。

继上海、深圳之后,青岛、武汉、厦门等地也相继开始了类似的国有资产管理体制的改革,并取得了一定的经验。

二、"一体两翼"模式

在1998年前的国有资产管理体制,基本上都是"一体两翼"模式,即以财政部门为主体,国有资产管理局和税务局作为其"两翼"隶属于财政部门。这也是1991年国务院机构定编,将国家国有资产管理局由作为国务院直属变为财政部下属局的直接结果。"一体两翼"模式和"沪深"模式虽然都已经走出了传统的计划经济体制,但从市场经济的角度看,"一体两翼"模式带有明显的计划经济色彩,而"沪深"模型则更具有市场经济的特征。

但是,"沪深"模式也存在明显的不足,主要体现在:首先,在"沪深"模式中,国有资产实行三级授权经营制。在市场经济下,地方政府肯定是有权管理地方公营企业的,但却无权处置国有资产。这是一个原则性界限,贸然处置,是越权行为。沪深模式管理国有资产的不妥之处就在于这实质是地方政府越权处置国有资产。其次,由于国有控股公司的老板有控制权,但是没有剩余索取权,因此,他不是真正的风险承担者,不对经营的后果承担责任。最后,沪深模式也没有真正解决国有资产的保值增值。监督的有效性取决于两个因素——信息和积极性,而拥有信息量的多少,很大程度上取决于有多大的积极性去获取信息。对国有控股公司来说,首先它掌握的信息本来就很少,其次它又没有积极性去获取这些信息,这就可能导致一个后果,就是企业的盈利可能很高,但报告却是亏损。在国家与企业这个博弈中,国家处于下风,国家作为剩余索取者,却没有办法去获得这一剩余,也就没有办法保证国有资产增值。

三、"九八"模式

1998年国家国有资产管理局撤销以后,其相关职能并入财政部。由于国有资产来源于财政性资金,人们认为财政部能够有效地对国有资产实施管理。根据机构改革以后的部委"三定"方案,财政部管理国有资产的主要职能是制定有关法规,进行产权界定,产权登记资产统计,管理国有控股,解决国有产权纠纷,查处国有资产流失,编制国有资本金预算,制定国有资产保值增值考核指标,对国有资产经营效益进行评价等。同时,根据机构改革后的部门分工,人事部、组织部或大企业工委负责国有企业的人事权管理;资产及其财务由财政部管理;国有企业的宏观调控和资产处置权由经贸委员负责;投资权则由计委负责;劳动部负责审批企业工资总额。这样一来,国有资产所有者的职能被分散到几个部门行使,被形象地称为"五龙治水"。对于企业来讲,要想办成一件事,只能与上述多个部门打交道,并获得一致通过才行。相对独立的部门利益和狭隘的部门眼界,使各部门不可能总是完整地体现作为所有者的国务院的意志。这种所有权权能被不同部门分割的管理体制,使得管资产和管人、管事相脱节,例如组织人事部门不考核资产经营绩效,却负责经营者选择;综合经济部门等监管着国有资产运营,却不能选择经营者。同时,分割管理也必然导致部门间权责不分,尤其是国有资产保值增值、防止国有资产流失的职责无人承担。也就是说,在这一模式下,国有出资人人格化的问题没有得到解决,正是由于这个原因,国有资产管理体制的改革才显得必要和紧迫。

第二节 现行国有资产管理体制的基本模式

一、现行国有资产管理体制的构架

现行国有资产管理体制是按照权与政分开、政与企分开、投与营分开的思路而构建的,具体来说,是将资产统一所有者的权利与资产管理、监护职责分开,将资本经营行为与法人营运活动分开,进而相应地确立资产所有者、权益监护者、资本经营者和法人财产占有者四种主体,并对各主体的责权利进行明确的界定和规范。在该体制中,从财产关系来看,主要体现以下三种关系:一是委托与代理关系,这是由国有资产所有者委托政府机构对统一所有的国有资产实行分别监管而产生的;二是授权与经营的关系,这是由国有资本的监管者把资本的经营权授予经营主体而产生的;三是资本经营与生产经营的关系,这是在资本经营主体与法人财产主体的运作中所体现的。处于新型国有资产管理体制最上一层的是国资委,作为国务院和各级地方政府的特设机构,代表国家履行出资人职责,其主要职责为贯彻执行国有资产管理政策,并对下一级的国有资产经营公司实行监督与考核。处于第二个层次即中间层的是从事资本运作、价值形态管理的国有资产经营公司,它接受国资委的委托和领导,依据它在各企业中的国有股份,行使法人财产权利。它不再具有政府的地位,对国有企业的经营是通过资产纽带进行的,而不是通过行政命令。在国有资产经营公司下面,即处于第三层的是由其控股和参股的从事具体生产经营活动的企业。由国资委、国有资产经营公司和企业这三个层次,共同构成了新的国有资产管理体系。其结构如下图所示:

第四章 国有资产管理体制改革的宏观分析

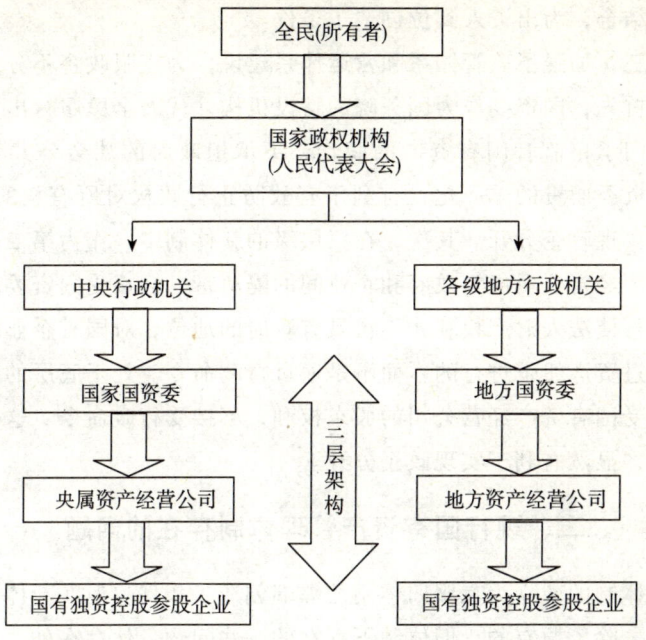

现行国有资产管理体制克服了传统旧体制的诸多弊端,具有以下特点:

第一,缩短了委托—代理链条,为明晰中央和地方的产权划分创造了条件。在传统旧体制下,地方政府虽然事实上拥有部分国有资产的控制权,但又不拥有与之相匹配的剩余索取权,即没有表现为国有资产的剩余索取权和控制权的对应或匹配,所以这不是最优或效率最大化的所有权安排。① 新体制在坚持中央所有的基础上扩大了地方的自主权,使得中央和地方之间的事权和财权更加清晰,同时也避免了旧体制下在中央和地方之间多出的代理链条。

第二,结束了"五龙治水",为出资人到位创造了条件。新体制中,将原有的多个行政部门行使的各种国有资产管理的职能整合起来,由国资委统一代表国家履行出资者职能,从而结束了在国资管理上政出多门、人人负责而又无人负责的局面,实现了管资产与管人、

---

① 张维迎:《企业理论与中国企业改革》,北京大学出版社 1999 年版。

管事的结合,为出资人到位创造了条件。

第三,加强了监管体系和营运体系建设,为克服政企不分创造了条件。首先,国资委作为国务院的特设机构,代表全民履行出资人职责,专门承担监管国有资产的职责,不承担政府的社会公共管理职能。国资委职责的单一化,有利于有效防止行政权对所有权的干扰,有利于实现政企分开。其次,在三层级的新体制中,作为第二层级的国有资产经营公司成为政府和企业间的隔离带。它接受国资委的委托和领导行使法人财产权利,不再具有政府的地位,对国有企业的经营也是通过资产纽带进行的,而不是通过行政命令。处于底层的国有企业只接受国有资产经营公司的股东权利,不接受行政命令。这样的体制设计,显然有利于实现政企分开。

二、现行国有资产管理体制存在的问题

新体制的建立为克服旧体制的弊端创造了条件。但在新体制的实践当中,除了原有的、旧体制下存在的一些问题依然存在外,原本寄希望于新体制解决的问题也没能得到很好的解决,具体表现在:

第一,出资人尚难以完全到位。根据《企业国有资产监督管理暂行条例》的规定,国资委作为国有资产的出资人代表,对企业中的国有资产依法行使所有者的资产收益、重大决策和选择管理者三项权力,不行使政府的公共管理职能;政府其他部门、机构不履行企业国有资产出资人职责。但由于历史和现实的原因,在实际运作中,国资委尚难以成为一个完整意义上的出资人。作为出资人,管理的主要方式是根据在企业中的资产比例,委派公司董事或董事长。董事或董事长按照公司章程,代表出资人履行职责,并承担相应的责任。但目前国资委监管的企业,其代表国有资产出资人的董事或董事长依然是组织任命,具有比较强的行政色彩。这种方式既无法保证最有经营能力的人成为董事或董事长,又无法使委派的董事或董事长对资产保值增值真正负责。管事权与管财权不明确、不完善使得国有资产经营与企业生产经营无法完全分离。所有者事权的重要组成部分重大事项决策权,尤其是重大投资决策权仍然要经各级发展改革部门审批,经财

产收益和处置受财政部门的审批。这种情况不利于国资委行使出资人权力和保障出资人利益,更重要的是出资人财产所有权与企业法人财产权无法实现彻底分离,又从另一层面回归到原来的政企不分状态,导致国有企业激励约束机制建设无法到位,国有资产经营的业绩评价流于形式。

第二,中央和地方政府的产权仍然不明晰。十六大报告提出:在继续坚持国家所有的前提下,建立中央政府和地方政府分别代表国家履行出资人职责、享受所有者权益的国有资产管理体制。可以看出,新体制下国家统一所有的大前提并没有改变,而改变的只是将"分级管理"改为"分级行使所有权",即法律不承认地方各级政府是地方国有资产的所有者,但地方政府拥有一定的实际所有权,可以通过公司制的改造、出让国有股权、收购、兼并等资本市场活动,获得国有资产的实际财产处置权。这种法律的国家所有权和实际的地方所有权之间的模糊化,一定程度上调动了地方政府的积极性,但长期以往这种"模糊产权"有可能导致中央与地方的不一致性。例如:(1)地方政府在运用国有资产进行投资时往往只考虑高收益,不考虑或很少考虑高风险,只一味争投资、铺摊子、上项目,忽略对老企业的技术改造等,而一旦投资项目出了问题,又把债务偿还、职工安置等责任推向上一级政府,这实际上助长了地方政府滥用国有资产的行为。(2)地方政府缺乏增值国有资产的积极性。如有可能出现地方国资委不顾国家宏观目标,把国有资产作为解决地方政府目标的工具、政府的"摇钱树"——地方政府从自身利益出发凭借行政权力要求国有企业出资承担地方政府的种种社会经济目标。

第三,政企分开仍未彻底解决。政府在企业经营层次上已经基本退出,但资本管理层次上完全没有退出。这是政府行政效率不高以及国有资产管理效率不高的深层次根源之一。企业经营层次上的政企分开,经过二十余年的改革,通过股份制改革已经基本实现。但是在资产管理层次上的政资分开改革的进展不大。当前实行的国有资产管理体制,理论上是政府授权国资委行使出资人职能,现实中国资委虽作为政府一个特设机构,但它与政府之间不是经济契约关系,而是行政授权关系。由于行政授权没有被根本打破，国资委实质上是一个行政机构，代表国家资产行使所有权职能的最后往往仍然是各级地方政府。政府又常常将其社会经济管理职能与国有资产所有者的职能混为一谈，既是所有者，又是经济管理者，在利用所有者身份对国有资产实施监督管理的同时，又往往利用行政手段，对国有企业的生产经营活动直接加以干预，最终是行政部门普遍行使所有者职能，而企业则成为行政机关的附属物。目前虽然对各部门各地方所属的国有资产进行了现代企业制度改造，但由于未能从根本上理顺产权关系，各部门和各地方政府在企业资产权益结构中占绝大多数股份，干预企业经营并不困难，政企不分、以政代企、以政办企的管理体制仍然大行其道，企业难以完全按照市场经济的要求独立运作，影响了国有资产效率的提高。

第四，条块分割，导致国有资产流通不畅、交易难。我国的国有资产管理体制是按照行政分权的格局建立起来的，各地方或部门不可避免地按照各自利益规划和使用国有资产，产生重复建设、重复生产、条块分割和地区封锁等弊端，生产要素得不到合理流动和有效配置，一方面，出现大量国有资产被闲置浪费，另一方面，一些产品有市场并具有较强资本实力的企业，难以通过跨地区、跨行业的兼并和重组，实现资本快速扩张，严重影响了整个国有经济的竞争力。

第五，国有资产管理办法过于单一，管理目标不明确。目前在国有资产管理上，单纯以竞争性国有企业的资产管理目标来衡量所有资产，没有针对不同类型国有资产进行差异化管理和建立不同的管理体系、评价体系，从而导致了不同类型的国资管理与其目标职能发生扭曲和错位，在制度的基本层面上为国有资产管理的低效率现象提供了容留的空间。

第六，国有资产监督体系效率不高。迄今为止，虽然国有资产监督管理委员会的成立使国有资产监管有了明确的法定主体，但我国完善的国有资产监督体系、良性运转的国有资产监督机制尚未真正建立起来，国有资产监督体系尚不完整，主要表现在以下几个方面：首先，国有资产缺乏系统有效的法律监督。我国尚未专门针对国有资产管理和监督立法，对国有资产的监督和管理主要依据国务院制定的《企业国有资产监督管理暂行条例》以及《公司法》、《证券法》和国务院制定的其他有关法规、规章。法律法规的不完善，使对国有资产的监督管理缺乏系统性和条理性。没有相关的国有资产管理法规来调整国有资产关系、规范国有资产运行，使国有资产的监管与经营缺少必要的依据。其次，信息披露制度不健全。委托代理中普遍存在的信息不对称，是建立现代企业制度的障碍之一。特别是我国市场经济体制初步建立，在许多方面还不完善，大量条块分割现象和市场不规范行为使我国产品、产权和证券等价格信号被扭曲。这些因素都加剧了信息不对称，从而增加了企业制度安排的运行成本，使两权分离条件下的所有者与经营者之间的激励愈发不相容。这也正是国有企业中存在严重"内部人控制"问题和造成出资人缺位的重要原因。最后，对市场约束不力。国有资产的监督体系应是多层次、全方位的，既要有内部监督，又要有外部监督；既要有法律监督，又要有证券市场和经理人市场的约束。从证券市场来看，中国的股市基本上是一个投机而非投资市场，价格与公司盈利脱节，必然使股市对经理人员经营业绩的监督与约束功能软化。从经理人市场来看，由于受传统观念的影响以及人事管理体制改革滞后，经理人市场还未真正建立起来，竞争机制尚未完全引入国有资产经营者之中，还不能全面地通过市场来配置至关重要的生产要素。

第七，国有资产的安全和增值仍有待解决。国资委的重要任务之一，就是通过国有资产的重组，改善国有资产质量，提高国有资本运营效率，合理调整国有经济布局。但从目前的体制设计来看，国资委既是国有资产的代理人，又是国有资产的委托人，需要对其行为进行监督。由于中央与地方国资委之间没有行政隶属关系，它们都是按照出资额依法平等行使出资人职责的特设机构，所以对地方国资委的监管主要依靠同级的人民代表大会进行，这就存在一个监管的时效性问题。因此，如何有效地实现对地方国资委事前、事中和事后的监督，防止国有资产的流失，确保国有资产的安全和增值，就成为新的国有资产管理体制所面临的一个重要问题。

第三节 国有资产管理体制改革的"委托代理链条"分析

一、国有资产管理体制"委托代理链条"的"有限收敛"

党的十六大报告提出:"继续调整国有经济的布局和结构,改革国有资产管理体制,是深化经济体制改革的重大任务。在坚持国家所有的前提下,充分发挥中央和地方两个积极性。国家要制定法律,建立中央政府和地方政府分别代表国家出资人职责,享有所有者权益、权利、义务和责任相统一,管资产和管人、管事相结合的国有资产管理体制。"这一精辟的论述,为我国构建新的国有资产管理体制指明了今后的方向。新的国有资产管理体制,有许多新的特点:(1)在行使所有权上,从"统一所有"到"分级所有",缩短了委托代理链条,有利于进一步调动地方的主动性、积极性,也在一定程度上解决了"所有者缺位"的问题;(2)在管理上,设置专司机构,将各政府部门的多头分散管理统一到一个部门,克服了以往"政出多门"、"五龙治水"的局面;(3)在经营上,将国有资产经营的内容转到资本经营上,有利于促进政企分开。

(一)传统国有资产管理体制下的委托代理链条收敛性的描述

实践证明,传统国有资产管理体制下,委托代理链条的收敛性较小,这主要取决于两个方面:

第一,在"统一所有,分级管理"的集中性国有资产管理体制下,国有资产的规模庞大,中央政府没有能力也不可能对其中的每一部分都拥有充分的信息。信息的不对称产生两个后果:一是在行使所有者权利的过程中,面对代理人损害委托人利益的可能性,委托人自身对于国有资产关怀的激励程度却因不具备建立对代理人的有效激励约束机制的能力而下降。二是中央政府所有者权利的行使要借助地方政府的力量,但是,对于由地方政府行使所有者管理权限的国有企业,地方政府却没有国有资产的最终剩余索取权和剩余控制权。地方政府管理权与收益权的非对称性,或者形成中央政府与地方政府之间的利益博弈,或者在地方政府无力争夺国有资产收益时,往往制造一些不利于国有企业参与市场竞争的障碍,本应该由地方政府承担的部分责任互相推诿,无形中又削弱了中央政府对于国有资产的终极关怀程度。事实上,由于信息不对称,地方政府已经在实际控制着一些国有资产的管理权限和大部分收益,中央政府已经无法实现对这部分国有资产的真正关怀。

第二,国有资产所有者缺位与越位问题严重。关于国有资产所有者缺位与越位问题的讨论由来已久。"五龙治水"的存在,使所有者越位与缺位问题有所变异,产生了两个方面的所有者越位与缺位问题:横向所有者越位与缺位、纵向所有者越位与缺位。横向所有者越位与缺位表现为:委托人内部各部门在行使各自所有权权能过程中,如果存在预期收益,相互之间会争相行使其权能,这时不可避免地出现交叉与过度使用其权能、再次造成政企不分的现象,相反,如果没有预期收益或出现经营失误,企业往往找不到相关所有者部门。这种问题产生的重要原因之一是由于所有权权能的分散性使各个部门均行使部分而非全部权能,从而只对国有资产经营效果承担部分责任,而不用承担全部责任,但在实际中,很难非常清晰地划分各自的责任和准确地量化分配到各机构。当不用承担责任时,也就失去了约束力,越位与缺位必然发生。纵向所有者越位与缺位即为委托人整体与代理人之间的所有者越位与缺位问题。设:

$S_{传}$——传统国有资产管理体制下委托代理链条的收敛度

θ_1——横向所有者越位与缺位度

θ_2——纵向所有者越位与缺位度

ρ——信息不对称度

则:$S_{传} = f(\theta_1, \theta_2, \rho)$

由此,S 的大小取决于 θ_1、θ_2、ρ,且 θ_1、θ_2、ρ 与 S 成反比。S 越小,则收敛度越大;反之,则收敛度越小。

(二) 新国有资产管理体制下的委托代理链条收敛性的描述

新体制下,由于第二层次委托代理关系内部链条的调整,国有资产管理实现了"两个转变",委托代理链条的收敛性随之发生了变化。

第一,由于在国有资产委托人内部,所有权权能的行使由分散转变为集中,横向所有者越位与缺位问题得到消除,θ_1 不再是 S 的决定因素,因此:

$$S = f(\theta_2, \rho)$$

第二,国有资产委托人由集中转变为分散,产生了两个后果:一是国有资产委托代理链条分解为两个不同领域的链条:中央政府所管辖国有资产领域的委托代理链条和地方政府所管辖国有资产领域的委托代理链条。为此,国有资产委托代理关系链条收敛度的计算也要分为两个:$S_{新中}$ 和 $S_{新地}$。$S_{新中}$——新体制下中央政府所管辖国有资产领域的委托代理链条收敛度;$S_{新地}$——新体制下地方政府所管辖国有资产领域的委托代理链条收敛度。

二是由于出现中央政府和地方政府两个委托人主体,信息不对称系数也分为两个:ρ_1 和 ρ_2。ρ_1——中央政府信息不对称度;ρ_2——地方政府信息不对称度。

从而:

$S_{新中} = f(\theta_{21}, \rho_1)$;

$S_{新地} = f(\theta_{22}, \rho_2)$。

θ_{21}——新体制下,委托人中央政府与代理人之间的纵向所有者缺位和越位度;

θ_{22}——新体制下,委托人地方政府与代理人之间的纵向所有者缺位和越位度。

中央政府作为国有资产委托人,其本身必然对于规模大大收缩的国有资产的信息不对称度得以缩小,即 $\rho_1 < \rho$。同时,由于划归地方政府的国有资产往往已经在实质上归属于地方政府,地方政府享有管理权和收益权,而且,这些国有资产具有相当的地域性,地方政府对于它们较为熟悉和了解,因此,$\rho_2 < \rho$。于是:$S_{新中} < S_{传}$;$S_{新地} < S_{传}$。可见,经过改革,国有资产委托代理新链条的收敛度得到了提高。

（三）国有资产委托代理链条根本性收敛的不可能性

尽管经过改革，S 的决定因素数目得以减少，同时，两个链条的信息不对称度均要小于传统体制下的信息不对称度。但是，S 的决定因素和每个链条的信息不对称毕竟没有得到根本消除。因此，国有资产委托代理链条的收敛性也不会实现根本性收敛。理由如下：

第一，"经济人"性质的存在使国有资产委托代理链条不可能得到根本性收敛。国有资产管理体制改革的利益相关者的"集体人"性质，使他们依旧关心国有资产的保值增值，努力实现国有资产收益的最大化。然而，市场经济的本质决定了这些利益相关者必然也是"经济人"。特别地，国有资产委托人——政府，是由作为具体个体的人来组成的，这些具体的人关心自身利益是合乎逻辑的，他们很难做到"全心全意"努力实现国有资产保值增值。正如亚当·斯密指出的："在钱财的处理上，合股公司的董事为他人尽力，而私人合伙的合伙人，则纯是为自己打算。所以，要想合股公司的董事们监视财物用途，像私人合伙的合伙人那样用意周到，那是很难做到的。"因此，对于一个"集体人"与"经济人"混合体，是不可能实现国有资产委托代理链条根本性收敛的。[①]

第二，中央政府和地方政府成为不同领域国有资产所有者代表，在一定程度上分化了信息不对称问题，使它们各自领域内的信息不对称度均小于原有"统一所有"体制下的信息不对称度，这样，中央政府和地方政府对于各自所有权领域国有资产的关怀能力得到提高，能力的提高则为关怀度的提升提供了基础。然而，委托人与代理人之间的信息不对称是永恒的，或许，这样或那样的条件会使这一假设放松，但是市场经济的不确定性永远不会使世界成为透明的。所以，这种关怀能力的提高是动态有限的，从而，关怀度的提升也必然是动态有限的。需要强调的是，以上仅为理论探讨，实践中，此次改革所实现的转变并不彻底。在国有资产委托人内部所有权权能行使的转变过

---

① 李江涛、杨磊：《国有资产管理的"两个转变"和委托代理链条的收敛性》，载《中国工业经济》2003年第5期。

程中,仅仅将"五龙治水"中的"三龙"合而为一,而且在重组过程中,使拥有"投资决策权"的"龙"的势力扩大,形成了当前局面——"三龙治水"。这样,S 的决定因素在事实上并没有减少,仍为三个:θ_1、θ_2、ρ,只是相对而言,θ_1 降低了一些而已。最终,现行国有资产委托代理链条收敛公式为:

$S_{新中} = f(\theta_{11}, \theta_{21}, \rho_1)$

$S_{新地} = f(\theta_{12}, \theta_{22}, \rho_2)$

$S_{新中} < S_{传}$

$S_{新地} < S_{传}$

$\theta_{11} < \theta_1$

$\theta_{12} < \theta_1$

θ_{11} ——现行体制下,委托人中央政府内部的横向所有者越位与缺位度;

θ_{12} ——现行体制下,委托人地方政府内部的横向所有者越位与缺位度。

总之,国有资产委托代理新链条收敛度的提高必然是"有限收敛"。在今后的改革深化过程中,必须认识到和立足于这一现实。

二、国有资产委托代理链条"有限收敛"的中间人

从理论上讲,国有资产的终极所有者是全国人民,国家代表所有者,并将国有资产委托给中央政府或地方政府经营,这一层次委托代理关系可以说是一种"政治型"的委托代理关系。各级政府再将国有资产委托给下属的国有资产管理委员会,这一层次委托代理关系可以说是一种"行政型"委托代理关系。各级国有资产管理委员会又把国有资产委托给各级国有资产经营公司,这一层次委托代理关系是既含有"行政性"又含有"经济性"。每一国有资产经营公司是一些国有独资、控股、参股法人公司的股东,并选派或任命自己的代表参与这些公司的董事会或监事会,懂事会把经营权委托给经理部门,这两层次委托代理关系基本是"经济性"。这样,自上而下或自下而上形成委托或代理关系。在这个很长的委托代理链中,初始委托人

(全国人民)和最终代理人(公司经理)又涉及许多中间代理委托人，他们具有双重身份，对上级是代理人，对下级又是委托人，为了论述的方便，不妨称"中间人"。现代经济学认为，委托人与代理人之间存在着信息不对称，掌握信息多的一方称为代理人，掌握信息少的一方称为委托人。由于委托人和代理人的目标函数不一致，相关信息两者又不对称，经济主体的利己动机普遍存在，因此，委托人有必要选择合适的代理人，合适的激励与约束机制来使代理人按照委托人的利益行事。而将剩余索取权和剩余控制权在委托人与代理人之间进行适当的分配，则是一种有效的办法。

第一，"中间人"缺乏有效的约束机制。在国有资产管理委托代理关系中，全民是初始委托人和最终所有者，但实际上他既不能在市场决策、签约，也不能决定收入分配，缺乏行为能力。实际上的初始委托人是从各级政府开始，而政府是由各级官员来运作的，所以政府官员代表各级政府行使委托代理人职能。他们只是实际所有者(各级政府)的代表，是具体的中间人(注：以后所谈"中间人"均指具体的中间人)，而非所有者本身，对国有资产的运营有控制权，而没相应的剩余索取权(该权利属于国家)。委托代理链中其他中间人也是如此。具有控制权的具体中间人应该是风险承担者，但因无剩余索取权，以及国有资产运营目标的多样性(有些是经营性资产，有些是非经营性资产)、代理性质的多样性、客观环境的随机性和未来的不确定性，很难评估其业绩，让其承担运营风险。中间人的收入、选拔、福利待遇改善等只能依据其社会管理的业绩，以及上级的个人偏好和主观判断。除此之外，现实中的人大多是"经济人"，而非"道德人"，他们有自己的利益最大化的动机，为谋私利，到处寻租，"中层合谋"共同截留或侵占本属国家的剩余，产生"道德风险"。风险和控制权的不协调，引致对"中间人"缺乏有效的约束。

第二，"中间人"缺乏有效的激励机制。中间人作为代理人，利用信息不对称的优势，有机会主义倾向。其代理结果的好坏，除受自己的能力和其他随机因素影响外，还与其努力程度相关，而其努力程度又和上级委托人的有效监督呈正相关。因无剩余索取权，其收入、职位提升等主要是由国家统一的干部人事管理制度来决定,与其经营绩效弱相关,所以会有偷懒、短期、保守、控制等行为,其有效提高代理业绩的努力程度不会很高。中间人作为委托人,其对下一级代理人的有效监督也缺乏动力。一般说来,对代理人的有效监督取决于以下两个因素:一是委托人掌握信息的多寡,二是委托人获得监督激励的大小。收集信息和有效监督是要付出努力和辛苦,产生负效用的。委托人为了自己的效用最大化,会权衡付出努力的辛苦与得失,因其不是最终的剩余索取和风险承担者,不可能像真正的股东那样对资产经营以及代理人的选择负责,所代替国家的只能是"廉价投票权"。

第三,"中间人"过多。虽然新的国有资产管理体制,减少了一层中央政府对地方政府的委托代理关系,但从初始委托人到最终代理人还需经过一个多级委托代理的过程,产生很多中间人。在此过程中,众多中间人缺乏约束与监督下一级中间人的动力。其下级中间人又利用信息优势,制造机会,谋取私利,从事损害委托人的利益。链条越长,中间人越多,造成的信息不对称越严重,发生危害初始委托人利益的概率越高,这就大大增加了国有资产管理成本。

第四节 国有资产管理体制改革的基础、原则与思路

一、国有资产管理体制改革的基础

(一) 国有资产管理体制改革的法律基础

我国国有资产管理体制改革是一项开拓性工作,无成熟经验可资借鉴,因此,我国国有资产管理体制的改革的法律基础是十分薄弱的,除了少许法律对国有资产有零星规定外,规范我国国有资产管理工作的法律尚付阙如。据从事国有资产管理方面法律起草工作多年的《国有资产法》起草工作组组长刘仪舜介绍,虽然我国《国有资产法》在1995年就开始起草,但该法的出台至少尚需时日。就我国现行法律体系来看,我国国有资产管理体制改革的法律基础主要是宪法

及其修正案、《企业国有资产法》、《全民所有制工业企业法》、《公司法》、《商业银行法》、《土地法》、《森林法》、《水法》、《矿产资源法》等。

我国宪法1993年修正案第5条将宪法第7条"国营经济是社会主义全民所有制经济，是国民经济中的主导力量。国家保障国营经济的巩固和发展"修改为"国有经济，即社会主义全民所有制经济，是国民经济中的主导力量。国家保障国有经济的巩固和发展"。宪法虽然规定了国有资产属全体人民所有，但却并没有明确国有资产的具体而实在的代表。尽管《宪法》规定"中华人民共和国的一切权力属于人民。人民行使国家权力的机关是全国人民代表大会和地方各级人民代表大会"，但它却并没有明确规定全国人民代表大会及其常委会是国有资产的代表。事实上，由于全国人民代表大会及其常委会主要是立法机关的性质所决定，不可能充任国有资产的代表。《企业国有资产法》、《全民所有制工业企业法》、《公司法》、《商业银行法》、《土地法》、《森林法》、《水法》和《矿产资源法》等法律主要规定不同单位占用的国有资产以及不同形式的国有资产的所有权属于国家。

除上述法律外，我国国有资产管理体制改革的重要法规主要包括《企业国有资产监督管理暂行条例》、《国有企业监事会暂行条例》、《国有资产评估管理办法》等。而行政规章和其他规范性文件则较多，有《关于贯彻落实全国再就业工作座谈会精神进一步做好主辅分离辅业改制工作的通知》、《关于规范上市公司与关联方资金往来及上市公司对外担保若干问题的通知》、《国有企业清产核资办法》、《中央企业清产核资工作方案》、《中央企业负责人经营业绩考核暂行办法》、《关于规范国有企业改制工作的意见》、《企业国有产权转让管理暂行办法》、《企业国有资产统计报告办法》、《中央企业财务决算报告管理办法》和《关于加强中央企业效能监察工作的意见》等。

（二）国有资产管理体制改革的政策基础

由于我国国有资产管理体制改革的法律基础薄弱，因此，我国国有资产管理体制改革主要是由相关的政策予以推进的，这些政策主要是指党的相关政策，因为政府的国有资产管理体制改革的政策在很大程度上形成了行政法规或者其他规范性文件，已经具有一定的法律效力，构成了改革的法律基础。相对于国有资产管理体制改革的法律基础而言，体制改革的政策基础的变动较大，正是由于政策的灵活多样，因此，更有利于推进我国国有资产管理体制改革这一开拓性工作。对我国国有资产管理体制改革具有重要意义的政策主要有以下四项：中共十四届三中全会通过的《中共中央关于建立社会主义市场经济体制若干问题的决定》、中共十四届五中全会提出的《中共中央关于制定国民经济和社会发展"九五"计划和2010年远景目标的建议》、中共十五届四中全会通过的《中共中央关于国有企业改革和发展若干重大问题的决定》和江泽民同志在中共十六大上所作的报告《全面建设小康社会，开创中国特色社会主义事业新局面》。

1993年11月，十四届三中全会通过了《中共中央关于建立社会主义市场经济体制若干问题的决定》，该《决定》指出："对国有资产实行国家统一所有、政府分级监管、企业自主经营的体制。按照政府的社会经济管理职能和国有资产所有者职能分开的原则，积极探索国有资产管理和经营的合理形式和途径。加强中央和省、自治区、直辖市两级政府专司国有资产管理的机构。当前国有资产管理不善和严重流失的情况，必须引起高度重视。有关部门对其分工监管的企业国有资产要负起监督职责，根据需要可派出监事会，对企业的国有资产保值增值实行监督。严禁将国有资产低价折股，低价出售，甚至无偿分给个人。要健全制度，从各方面堵塞漏洞，确保国有资产及其权益不受侵犯。"中共十四届五中全会通过的《中共中央关于制定国民经济和社会发展"九五"计划和2010年远景目标的建议》提出："搞好配套改革，重点是建立权责明确的国有资产管理、监督和营运体系，促进政企分开。"这个提法补充和发展了十四届三中全会提出的"国家统一所有、政府分级监管、企业自主经营的体制"。而十五届四中全会通过的《中共中央关于国有企业改革和发展若干重大问题的决定》在很大程度上勾画了我国国有资产管理体制的轮廓，其指出："要按照国家所有、分级管理、授权经营、分工监督的原则，逐步建立国有资产管理、监督、营运体系和机制,建立与健全严格的责任制度。国务院代表国家统一行使国有资产所有权,中央和地方政府分级管理国有资产,授权大型企业、企业集团和控股公司经营国有资产。要确保出资人到位。允许和鼓励地方试点,探索建立国有资产管理的具体方式。继续试行稽查特派员制度,同时要积极贯彻十五大精神,健全和规范监事会制度,过渡到从体制上、机制上加强对国有企业的监督,确保国有资产及其权益不受侵犯。"至此,我国国有资产管理体制逐渐明晰化了,学者将其概括为:国家所有、分级管理、授权经营和分工监督。[①]

党的十六大报告提出:"继续调整国有经济的布局和结构,改革国有资产管理体制,是深化经济体制改革的重大任务。在坚持国家所有的前提下,充分发挥中央和地方两个积极性。国家要制定法律法规,建立中央政府和地方政府分别代表国家履行出资人职责,享有所有者权益,权利、义务和责任相统一,管资产和管人、管事相结合的国有资产管理体制。关系国民经济命脉和国家安全的大型国有企业、基础设施和重要自然资源等,由中央政府代表国家履行出资人职责。其他国有资产由地方政府代表国家履行出资人职责。中央政府和省、市(地)两级地方政府设立国有资产管理机构。继续探索有效的国有资产经营体制和方式。各级政府要严格执行国有资产管理法律法规,坚持政企分开,实行所有权和经营权分离,使企业自主经营、自负盈亏,实现国有资产保值增值。"出资人到位的提法虽然在十五届四中全会中就提出了,但十六大则更为明确了出资人到位的要求,即"享有所有者权益,权利、义务和责任相统一,管资产和管人、管事相结合"。这一系列政策的实施不仅推动了我国国有资产的发展,而且也使我国国有资产管理体制发生了巨大的变化,甚至也可以说这些政策推动了我国政治体制的改革。

[①] 郑树生:《国家所有、分级管理、授权经营和分工监督》,载《党政干部文稿》2000年第10期。

二、国有资产管理体制改革的原则

同其他国家一样,我国国有资产管理的根本目标也是在增进社会效率前提下实现国有资产的保值增值,但由于历史性原因,我国国有资产的分布领域较广,不仅在纯公共品领域、准公共物品领域还有在竞争领域,为使管理更有效率,必须区别对待,根据不同性质的国有资产管理目标赋予不同的权重,采取权重目标管理:(1)对于纯公共品的提供,社会目标赋予更多的权重,社会目标优先,但同样要有市场意识,如成本观念、效率观念等;(2)对于准公共品的提供,把社会目标与经济目标根据产业的不同,重要意义的差异给予不同的权重。对于提供公共物品服务的国有资产的管理上,不宜采用片面的"保值增值"观来确定国有资产的管理目标;(3)对于竞争领域的国有资产要向经济目标看齐,并根据市场经济的完善程度逐步退出。为实现我国国有资产管理的基本目标,必须建立一种制度以确保国有资产基本目标的实现,建立这种国有资产管理制度必须依据以下原则。

(一) 国有资产管理体制改革应当符合我国基本国情

我国国有资产管理体制改革应根据我国国情制度,包括正式制度和非正式制度两种,正式制度和非正式制度都会对人们的行为形成某种约束。把法律、法规及企业的规章制度称为正式制度,国情、民情则是非正式制度,国情、民情,它不仅指通常所说的心理习惯方面的东西,而且包括人们拥有的各种见解和社会上流行的不同观点,以及人们的生活习惯所遵循的全部思想,① 托克维尔就申明了国情、民情的等非正式制度的重要性,指出美国民主制度得以建立,除了自然环境和法制的原因之外,还有一个重要的原因是民情。国情、民情等是影响制度变迁的非正式制度,是制度变迁的思想基础和理论前提,而且这些社会文化基础上形成的风俗习惯、观念意识与制度变迁的反差越大,变迁的阻力就越大。正式制度离不开民情,"最初制度形成的

---

① [法] 托克维尔:《论美国的民主》(上卷),董果良译,商务印书馆1991年版,第332页。

基础是风俗习惯",① 制度一定程度上是非正式制度模式化的结果,制度变迁常常从非正式制度变化开始,决定了行为模式的基本走向,正式制度的变迁也需非正式制度的跟进。国有资产管理制度变迁一定要从本国的国情、民情出发,没有唯一正确的普遍适用的道路可走,照搬照抄终将招致失败。正如墨西哥难以抄袭美国的民主制度一样,诺斯也说过,离开了非正式制度约束,即使"将成功的西方市场经济制度的政治经济规则搬到第三世界和东欧,就不再是取得良好实绩的充分条件"。国有资产管理体制改革,正处于整个社会制度变迁过程之中,从计划体制向市场体制过渡渐进改革之中,国有资产的广泛性和地区、产业之间的差异性决定了只能有普遍的原则,而不可能有统一的、具体的、单一的管理模式。同时要注意正式制度层面的改革和建设,还要注意职工观念、意识等非正式制度层面的转变。不可能依靠外在的行政力量来强制迅速转变非正式制度的观念、意识,只有积极去引导,使制度主体的行为观念,使民情更符合制度变迁的需要。

(二) 国有资产管理体制改革应当符合市场化发展

市场化是指企业要脱离原有的经营理念,摆脱行政化的思路,在市场经济的舞台,根据市场经济规律办事,使企业成为具有独立的财产和意志的法人人格:第一,外部环境上要完善市场经济体制,形成统一开放的大市场,确立价格的市场形成机制,使国有资产在市场经济的环境下运行,必须遵循公平合理的市场竞争规则、优胜劣汰,适应市场经济的开放性,适应国际竞争需要。第二,在政府行为上,应逐步取消国有企业亏损的财政补贴。统计资料表明,尽管亏损补贴的绝对值是不断下降的,2001年绝对值仍为300.04亿元,占GDP的比率为0.31%,所以应让企业自主经营。第三,资本市场上停止政府对国有企业资金的无偿划,加快利率市场化进程,使国有专业银行转变为国有独资商业银行,自负盈亏,取消政府以低息银行贷款形式

---

① [南] 斯韦托扎尔·平乔维齐:《产权经济学》,蒋琳琦译,经济科学出版社1999年版,第3页。

向国有企业提供的变相补贴,促使国有企业从市场上寻找生机,由企业根据本身的具体情况和市场要求作出筹资。第四,劳动力市场上,实现职工跨地区、行业、企业流动无障碍,实现国有企业的用工和工资决定可由劳资双方自愿谈判解决,完善社会保障体系。第五,实现国有资产的自由退出机制,让国有企业根据自己的经营状况和市场供求变化退出。确保国有资产在实现社会功能的基础上实现股权的多元化,让国有资产搭上私人资产的"便车"。第六,完善企业的微观运行机制,建立现代企业制度,进行公司化改造。

(三)我国国有资产管理体制改革应遵循法治规则

国有资产管理需要法律的引导、规范和保障,而我国的国有资产管理的法律滞后,执法不严,难以适应国有资产管理制度变迁的需要。新中国成立以来,我国仅有一部国有企业法,即《全民所有制工业企业法》,于20世纪80年代中期颁布和实施,该法虽确定了国有企业的主体地位,赋予了国有企业经营权,但远远满足不了国有资产管理制度改革的需要,现行的国有独资公司是在私法性质的《公司法》中契入公法性质。而在1988年成立的国有资产管理局,由于没有坚持依法设立、立法先行,走过了艰难的十年后,终于消亡。十六大报告关于国有资产管理体制改革的论述强调了"依法治产"的重要思想:一是在讲到国有资产管理体制建设之前,提出"国家要制定法律法规";二是在提出国有资产管理体制建设要求之后,又强调"各级政府要严格执行国有资产管理法律法规"。

如何"依法治产"?首先,要加快国有资产管理的"宪法"——《国有资产法》的研究起草和实施步伐,让国有资产管理有一个基准的法律依据,目前的《企业国有资产法》还不能承担起此重任。其次,在实践的基础上,不断完善《企业国有资产法》,制定和完善国有资产监督管理相关法律法规,如为配合《企业国有资产法》的公布施行,制定相应的企业负责人管理、企业重大事项管理、企业国有资产管理和企业国有资产监督等方面的配套规章、制度。再次,依照《企业国有资产法》及相关法规,自上而下建立健全权责明确、管理规范、上下协调、精简高效的中央和省、市(地)两级地方政府国有资产监督管理机构,合理划分各级国有资产管理机构的监管范围和产权隶属关系,进一步厘清中央政府和地方政府国有资产监督管理机构的职责权限。最后,依法建立一套科学严格的国有资产经营责任制度,在明确出资企业产权边界的基础上,建立健全出资人制度。

（四）国有资产管理体制改革必须政企分开

政企分开即政府从国有企业生产经营中退出,使国有企业建立起现代企业制度,成为真正的市场主体。政企分开是经营国有资产的前提,也是完善国有资产管理制度的关键,邓小平在改革的早期就提出要政企分开,"企业下放,政企分开,是经济体制改革,也是政治体制改革。"① 1988 年,政府设立了国家国有资产管理局,由国资局统一行使国有资产所有权管理职能。由于并没达到政企分开,在运转的10 年中,只是完成了国有资产的基础管理工作,即清产核资、产权界定、产权登记、资产评估、资产统计与评价及有关规章制度,并没有确立一个完善的国有资产管理制度。党的十五大报告再一次重申要政企分开并取得了一定的成效,但还未能达到满意的效果,在国有资产管理的实践中还存在政企不分的状况:国企领导人还有些是由政府行政任命,而不是通过竞争,缺乏内部动力与外部压力;银行还未商业化和独立化信贷还具有行政性质;区域封锁和地方保护主义还存在。这是由于计划经济体制向市场经济体制变迁的惯性,国有资产名誉上是国家所有,但部门或政府还享有一定的控制收益权,为政府干预提供了动力;而企业养成了对政府的依赖性,继续寻求政府的权利租金;职工由于一直在政府保障之下没有社会保障,倾向于依靠政府。政企分开有三层含义:国有资产所有者职能与社会经济管理者职能分开(即政资分开);国有资产监管主体与经营主体分开;出资者所有权与企业法人财产权分开。国有资产管理体制要真正实现这三个"分开",首先,转变政府职能,加快政府机构改革的步伐,政资分离,即政府作为社会管理者和资产所有者的双重身份必须分开。根据各地经验实行三层次的国有资产管理体制,即国有资产管理委员会——

---

① 《邓小平文选》(第三卷),人民出版社 1993 年版,第 192 页。

国有资产营运机构（国有资产经营公司或控股公司）—国有企业。这种三层次的国有资产管理体制的特点，就是通过成立国有资产营运机构，政府不再以政府行政管理者和国有资产所有者的双重身份进入企业，而是以一个普通投资者即资产所有者的角色参与企业，从而实现政企分开的决策和管理。其次，完善市场经济体制，让政府通过完善的市场调控手段来实现宏观经济目标。最后，培养企业及其员工的市场意识、自立意识和风险意识，在微观上形成市场思维，不再找"市长"，而是找市场。

三、国有资产管理体制改革的基本思路

国有资产是属于国家所有的一切财产和财产权利，它实行的是一种国家所有制，而国有资产的载体——国有企业是在市场经济中运行的。在处理国家所有制与市场经济矛盾的思路上，有两种极端，一种就是原有的国有资产行政管理模式，限制市场，因此扼杀了市场主体企业的积极性，阻碍了微观经营效率的增进；另一种就是私有化或债权化，排斥国家的作用、国有资产的宏观调控经济职能，放弃国家对国有资产的控制力。根据国外管理经验以及我国国有资产管理制度构建的原则，很显然，这两种极端模式都不能反映我国目前经济的本质，新的国有资产管理模式必须寻求国家所有制与市场经济的有机结合点。基于此，本书的基本思路有二：一是实现政府与市场的链接；二是实现宏观职能和微观目标的结合。

（一）国有资产管理要实现政府与市场的链接

国有资产是属于国家的财产和财产权利，不论是以往各个部门的分散管理还是国有资产管理局的集中管理，国有资产总是要委托国有资产管理部门去实施具体的管理监督行为，而不管把这种国有资产管理部门界定为何种性质，都是政府的延伸。政府与市场中的国有企业具有不同的性质和特点，如何顺利地让政府与市场相链接，实现职能过渡呢？

1. 政府的性质与特点

政府是在政治环境下运行的部门，是典型的行政部门。政治环境

是指那些直接或间接地作用于行政系统的政治条件，它一般包括社会政治制度、政治权利结构、政党制度、政治领导方式等。我国行政部门实行的公务员制，所谓公务员制度，就是对公务员的分类、考试、录用、考核、奖惩、培训、晋升、解职、退休、保障、待遇等指定系统的法律和规章，并依此对公务员进行管理的制度与体制。国有资产管理部门无论是怎样的性质，都要受制于政府，受政治制度的影响。而政治也会通过制约、决定行政制度来影响人事行政，实施有利于统治阶级实现阶级统治目标的选人、用人、育人和留人的人事行政制度。古德诺认为，政治是国家意志的表达。① 而我国是共产党领导下的社会主义国家，行政系统的行为必须符合党的路线、方针与政策，国有资产管理部门同样要服从党的统一领导和管理，其人员配置、管理模式必然会受到行政制度的影响，而行政制度的模式是"科层制"，19世纪德国古典思想家马克斯·韦伯认为，政府"科层制"主要是以下特点：按明确的职位与等级组织起来；官员大多数是任命的；官员拿固定工资；"晋升"是根据资历、成就或者两者兼有，晋升取决与上级的裁决。国资管理部门作为政府的延伸必然受政府"科层制"影响。

2. 市场及企业性质与特点

市场是依靠合同、契约方式来实现交易的。② 市场经济要求经济资源要素（资本、土地、劳动力等）按照市场供求、商品价值客观规律来实现最优配置以获得最佳经济效益，这就要求经济资源诸要素能够自由转移，按市场经济规律灵活地往经济效益高的地方流动，其最重要的一个功能就是竞争。"竞争机制是一架精巧的机构，通过一系列的价格和市场，发生无意识的协调作用。它也是一具传达讯息的机器，把千百万不同的个人的知识和行动会合起来。……没有人去设计它，它自然而然地演化出来，……经受了任何社会组织的最基本的

---

① ［美］古德诺：《政治与行政》，华夏出版社1987年版，第21页。
② 陈佳贵、黄速建等：《企业经济学》，经济科学出版社1998年版，第11页。

考验。它可以生存。"① 而市场主体——国有企业作为从事商品生产和交换并以盈利为目的的经济组织,必然要按照市场经济规律办事,并灵活地应对市场,自由地转让其资本及其所有权,土地及其所有权和劳动力及其使用权,以面对市场竞争。企业的显著特征是作为价格机制的替代物,② 是和约的集合,是基于协议的科层组织:企业上下级是法律保护下的契约规定的上下级,政府中的上下级则是宪法意义上的上下级关系;③ 主要是按职能进行组织的;通过市场机制进行选择管理者和职工;薪酬、升迁与绩效挂钩。

3. 二者的矛盾及连接方式

资产经营机构国有资产的有效管理是指在执行国家宏观职能的基础上实现国有资产的保值增值,而国资管理部门是个带政治性的组织机构,不是公民自然人,如果要成为国有企业投资人、所有者和企业产权主体,只能任命大批自然人来代表政府去行使国有产权,根据《党政领导干部选拔任用工作条例》,选拔党政领导干部的原则是党管干部原则,这就很容易影响到国有产权代表的选拔。同时"大多数官僚部门关键性特征是垄断的,没有迫使他们有效率生产的竞争压力"。④ 而我国国有资产的载体——国有企业,企业是永续经营的,具有竞争的外部环境,优胜劣汰,成本硬约束,政治环境与市场环境相冲突,政府与企业的运行机理相矛盾。根据很多国家国有资产管理的通行办法如意大利、新加坡及我国上海与深圳的改革经验,关键是在政府与市场之间设立一个缓冲地带——资产经营机构,利用国有资产经营公司运营国有资产,把在政治市场的国有资产委员会和在市场

---

① [美]萨缪尔森、诺德豪斯:《经济学》(上册)(第十二版),高鸿业等译,中国发展出版社1991年版,第414—415页。

② [美]罗纳德·哈里·科斯:《企业、市场和法律》,上海三联书店1990年版,第3页。

③ 盛洪:《分工与交易——一个一般理论及其对中国非专业化问题的应用分析》,上海三联书店2006年版,第131—140页。

④ [美]丹尼斯·缪勒:《公共选择理论》,杨春学等译,中国社会科学出版社1999年版,第309页。

中的国有企业连接起来,实现政府逐步向企业过渡。世界银行的研究报告表明,利用这种办法管理国有资产具有很多优点,如缓冲政治干预,有效协调决策,提供战略指导,完善财务纪律,获得合作的规模效益等。国有资产经营公司建立后,通过政府的授权承接政府对国有资产的一切控制权在市场经济中实现国有资产的资本运营,以往的一些机构予以撤销。这样就实现了人权、事权和财权的统一。国有资产经营公司的主要目标是开展产权经营与管理,以产权关系为纽带,通过资本控股、参股等手段对国有企业进行产权经营与管理,实现政府国有资产的监督管理职能与国有资产的营运职能分开。通过国有资产经营公司的过渡,国有资产管理部门、国有资产经营公司、国有企业之间就不再是简单的行政隶属关系,而是具有某种产权性质的经济法律关系。国有资产管理部门作为国有资产所有权代理机构,作为授权人和出资者,与国有资产经营公司之间的关系虽属政企关系,但该种关系包含着政府对国有具体股东的资金投入,主要是一种资本经营授权,形成具有经济管理因素的经济法律关系:国有资产经营公司作为其投资举办企业的出资人,与其出资企业之间是纯粹的资本关系,是股东与企业之间的关系,这种关系应当依公司法调整,通过公司章程具体约定相互之间的权利义务。

这样政治市场中的政府与在市场经济中直接从事生产经营的国有企业之间,已无直接的监管、运营关系,政府基于抽象的所有权对国有企业进行的监督检查(如国有企业监事会的检查),只是为了获取国有具体股东资本经营信息的需要而实施的国家经济监督,其监督后果不直接针对国有企业本身,其监督检查结果只作为评价国有具体股东资本运营绩效的依据。市场经济中的主体——国有独资、国有控股、国有参股企业,在市场竞争的环境下实现国有资产的企业化经营,作为市场主体从事生产经营活动,实现股东利益的最大化。

(二)国有资产管理要实现宏观和微观的结合

国有资产具有一定的社会职能,体现出国家对经济的影响力,而国有资产的载体是企业,具有企业本身的微观目标。如何把二者有效结合呢?

1. 国有资产的宏观功能

国有资产作为全民的资产，更多地表现为公共产品，以及关乎国计民生的资产，其目的是为全民的公共利益服务，追求其应有的社会效应，调节和平衡社会的功能，是国家调节社会经济生活的重要手段。世界各国国有企业发展的历史和现状表明，国有资产在实际运营过程中执行着不同的职能，并在不同时期、不同的经济形势下侧重点有所不同。国家（政府）把国有资产作为调控宏观经济的工具，政府凭借其政治权力，通过法律、行政、经济等手段对社会经济运行进行管理和调节。它的宏观职能主要表现在如下几个方面：第一，在经济衰退、就业压力较大时对经济波动的反周期作用，通过扩大国有资本投资，刺激有效需求，促进经济增长和就业。第二，平衡地区和部门发展，进行产业结构调整。第三，通过在科学研究和技术开发方面的大量投资，推动本国经济技术水平的提高，提高本国产品在国际市场上的竞争力。第四，缓解物价波动，如在物价上涨幅度较大时，通过控制国有企业产品的价格，控制物价总水平。第五，克服市场缺陷，如克服"外部性"导致的市场失灵，提供私人企业无力生产或不愿生产的公共品。

2. 企业的微观目标

根据主流经济学"经济人"的假设，应把"利润最大化"是企业的最主要目的，认为企业是属于企业所有者——股东的私有财产，企业只要努力为股东赚取利润就可以了，实现社会目标必然影响经济目标。美国经济学家密尔顿·弗里德曼就说过："在自由经济体系内，企业的唯一社会责任，就是利用其资源，在游戏规则之内，包括公开与自由竞争，不欺诈不诈骗，从事增加利润的各种活动。""几乎没有什么事情可以像企业主管接受社会责任观点，而非尽力去为股东赚钱这件事那样彻底破坏自由社会的根基。"从企业本身来看，企业作为经济组织，具有独立的经济利益，其使命在于为社会提供尽可能多的产品和服务，把注意力集中到经济活动，经济利益的独立性决定了企业追求自身利益过程中的排他性。从现代的角度来理解企业，企业又是运用资本进行生产经营的单位，是资本生存、增值和获取收益的载体，企业利益的独立性、排他性和资本的本质和属性决定了企业必然要追求自身利益的最大化。同时基于社会组织分工的基本原理，企业的经济目标的行使与社会功能的完成是源于不同的社会大系统的分工，各负其责才符合分工原则。一方面，企业人员本身缺乏解决社会问题的技能和经验；另一方面，企业参与社会活动会影响企业本身的专业化。而把社会目标置于企业的经营目标中，企业有可能"种了公家的地，荒了自家的田"，而实现社会目标也会使企业消耗资金以及其他的资源，影响企业资源投向经济活动。

3. 二者的矛盾及结合方式

分类管理国有企业是为了公众利益而兴办的，企业的经营目标也就不可能仅仅局限于利润最大化。事实上，世界各国兴办国有企业的目的，就是政府用来体现各种社会目标，有着私人企业无法替代的社会职能，承担着广泛的社会目标如宏观职能，如稳定物价、解决就业等，但作为市场竞争中的主体，企业有一般企业的经济目标如利润、产出、市场占有率等。国有资产的多重目标，使得企业难以集中精力，同时在经营不善时经常成为企业经营者卸责的理由，在核定企业及其员工的绩效也存在困难。于是，在国有企业的宏观职能与企业的微观绩效中的两难选择中，国有企业的社会目标与其利润目标常常发生矛盾。要协调这个矛盾，必须将二者有机结合，对国有资产进行区分对待，分类管理，分清哪类国有资产是社会目标为主，哪类国有资产是必须效率优先，并采取不同的治理模式。根据莫顿·米勒的观点，公司治理主要有两种模式：一种是由银行为主起主要作用的日本、德国模式，主银行是企业的主要股东，给予企业相当的自主权以主持决策，但同时它对整个公司的经营保持严密的监督；而另一种是股东起主要作用的英美模式，通过发达的股票市场对企业的运营起监督管理作用，股东"用脚投票"对企业的经营起约束作用。

我国的国有资产管理可以参照这两种模式。根据国有资产的重要性及性质的不同，对国有资产的载体——国有企业采取不同的治理模式，进行分类管理。对关系到国家经济命脉、国家安全的企业及纯公共产品如国防、公安系统、公共道路、上下水道和准公共产品如公立学校、公立医院、文化设施等，由于这类资产的社会目标在这类企业经营中占据绝对支配地位，即企业在经营活动中，盈利目标服从于社会福利最大化目标，应采取国有独资，治理模式相当于主银行制，国有资产管理委员会或资本经营公司履行相当于主银行的职能，对国有企业采取事前、事中、事后的监督与管理，事前是指由政府根据社会对这类公共产品的实际需求筹资创设，直接任命这类国有企业的负责人，对企业的项目、计划进行评估；事中是对企业的经营运作进行监督，政府应向企业负责人提出任期内应完成的目标，如企业收益目标、资源消耗指标、生产率及产出指标、产品和服务的质量、价格水平等，在这套指标体系的约束下进行最优经营方式选择，控制价格与确定财政补贴数额，对收入分配实行控制；事后是政府向企业派驻国家稽查员和主管部门代表，监督检查企业经营国有资产及指标的完成状况，对企业的经营效果进行评价，政府有权解聘无能或失职的企业负责人。对于垄断性国有企业，包括能源（如电力）工业和基本原材料（如重要矿产资源、钢材、石油化工材料等）工业以及与基础产业相联系的国有企业，主要包括交通运输、机场、港口、桥梁、通信、水利等设施和对国民经济具有很强带动作用的支柱产业，由于经营目标的双重化，应在经营中兼顾利润目标和社会目标：自然垄断，投资巨大，具有"不可分性"，建设周期及相应的投资回流的周期长，存量资本具有较强的凝固性，有正的外部性等特点，宜选择国有国控模式通过政府与市场共同进行监督管理，政府主要从社会目标出发，凭借所有者身份对企业的经营活动实行有效的所有权约束，对垄断企业实行直接或间接的控制，如通过限制垄断企业滥用市场支配力来提高资源配置效率，通过设置激励约束机制及必要的控制手段，促使企业不断提高技术效率、生产效率、配送效率及设备利用效率等。垄断企业在授权限度内自主支配经营权，根据市场经济规律，追求盈利最大化。

对于竞争性国有企业，其产品基本上具有同质性，同一产业中存在众多企业、企业间存在充分竞争，如加工工业、建筑业、商业和服务业。对于这类国有资产应完全市场化经营，通过市场进行管理，尽可能地改造成现代企业制度，吸收各类投资，产权主体多元化，使它们成为完全摆脱政府的行政干预、国家只承担有限责任的市场竞争主体和法人实体。也可以通过不同的经营机制转换，如实行承包制、租赁制或利用外资嫁接改造等形式实现政企分开、产权明晰。国有资产管理的目标是使国有企业与其他非国有企业一样以利润最大化为经营目标参与市场竞争，以法人资产承担责任，并随着市场经济体系的不断完善逐步在市场中套现退出。

第五章 国有资产管理体制改革的模式选择

第一节 国有资产管理体制改革的目标

国有资产管理体制的改革，是一项复杂的系统工程。它既包括国有资产管理机构的设置、国有企业的产权组织形式，也包括国有资产出资人职责的划分、国有资产所有者和管理者职责的划分等。因此，有必要明确国有资产管理体制改革的具体目标，以厘清改革的基本思路，指导对改革的内容进行系统的规划和设计。

国有资产管理体制改革的总目标，就是通过改革旧的国有资产管理体制，建立新的符合市场经济基本要求的国有资产管理体制。由于国有资产管理涉及方方面面，因此，对于国有资产管理体制的改革也会涉及与此有关的各要素。在一项系统工程中，很难穷尽各种需要考虑的要素，因此，只能作基本的概括。就国有资产管理体制改革而言，需要实现的主要目标有：

一、提高国有资产的运行效率

应该说，国有资产运行效率低下是我国国有资产管理中的一大主要问题。如目前较为突出的是国有企业普遍效益较差，不仅未能充分发挥其在国民经济中的主导作用，甚至影响了整个国民经济的绩效。因此，改革国有资产管理体制，一个首要的目标就是要提高国有资产管理水平，提高国有资产运行的绩效。但是，所要注意的是，提高国有资产运行的效率，与实现国有企业的盈利不能简单地等同。从国有资产的分类及其发布领域来看，不同类型或者不同领域的国有资产性质不同，其所担负的功能不同，其绩效标准也不一样。按照一般的理论，对于公共领域中的国有资产的管理，即为了满足社会的公共需要而存在的国有资产的管理，其主要目标是使这些国有资产发挥最大的效用，以确保司法、行政、国防、环境保护等国家职能的实现。显然，对于这类国有资产，不存在盈利的问题，且往往还是被逐渐消耗的过程。这显然与国有企业类国有资产的管理有重要区别。而且，即便在国有企业领域，直接从事生产经营活动的国有资产，即企业型的国有资产也存在营利性国有资产与非营利性国有资产。营利性国有资产主要是指从事竞争性领域的生产的国有企业；非营利性国有资产则是指从事非竞争性行业的生产的国有企业。尽管随着我国经济体制改革的不断深入和政府角色地位的不断回归，即从逐利活动的参加者与市场规则的制定者和裁判者，向市场规则的制定者和裁判者角色的回归，从而使得我国国有资产正逐渐地从竞争性领域退出。但就目前的情况看，我国国有资产仍然在一定程度上存在于竞争性领域。对于这两类企业而言，其绩效评价标准也不一样。对于竞争性领域的国有企业，由于其直接以盈利为目的，因此，其绩效评价标准与一般性企业的绩效评价应无二致，即应以利润作为其绩效评价标准；而对于非竞争性领域的国有企业，如关系到国家安全的国防企业，就不能以竞争性企业的利润标准来考核其经营水平，还有如关系到人们日常生活的自然垄断行业也是如此，如天然气或者煤气、自来水、电力等。由于非竞争性领域的国有企业所从事行业的特殊性，其资产担负的社会功能相对突出，即便如自然垄断行业凭借其垄断优势赚取了额外的利润，也将对整个社会经济带来负面的影响。因此，对于提高国有资产运行效率的问题，不能简单地理解为国有企业的盈利或者利润的提高。

正是因为国有资产在功能和分布领域上的特点，使得国有资产运营的绩效不能仅以盈利为标准，而应强调其运营的效率。通过提高国有资产运营的效率，实现不同类型和分布于不同领域的国有资产所担负的功能。因此，对于有的学者将国有资产体制改革的目标分为政治目标和社会目标，笔者不敢苟同。李松森认为，国有资产管理经营的总体目标可以归纳为政治目标、社会目标、经济建设目标和宏观经济调控目标。所谓政治目标，就是国有资产的管理经营要实现为国家履行组织职能提供物质基础和促进社会主义生产关系不断完善的预期目的。一方面，国有资产为国家履行政治职能提供物质基础以满足国家机器正常运转的物质需要。具体表现为：加强行政事业单位国有资产投入的管理，可以为国家履行政治职能提供物质保障；加强行政事业单位国有资产的管理，可以促进行政事业单位合理使用国有资产，充分发挥行政事业单位国有资产的作用，避免损失和浪费；加强资源性国有资产的管理和经营，可以维护国家经济主权的利益。另一方面，促进社会主义生产关系不断完善，是指国有资产的管理经营始终要有利于生产关系的变革。具体表现为：加强国有资产管理和经营，有助于建立现代企业制度，巩固国营经济在国民经济中的主导地位，符合社会化大生产的要求，能够推进社会生产力的进一步发展；加强国有资产管理和经营，有助于提高国有企业的经济效益，增加财政收入，完善国家与企业、职工的关系；加强国有资产的管理和经营，有助于壮大国营经济实力，通过明晰产权关系，维护国有资产所有者的合法权益，巩固社会主义公有制。所谓社会目标，是指国有资产的管理经营要达到促进社会进步和社会安定的预期目的。笔者认为，在促进社会进步方面，加强国有资产在社会事业领域的投入管理，有助于提高国民素质，改善人们的社会生活环境，提高人们的社会生活质量；加强行政事业单位国有资产管理，有助于优化社会事业结构，促进社会事业发展，避免浪费，提高国有资产的社会效益。在促进社会安定方面，国有经济的发展可以创造更多的社会财富，从而为社会保障事业的发展提供更多的资金，保证国民有平等的生存权利和基本的生存条件；国有资本金的投入以及国有企业的发展壮大，可以为社会成员提供更多的就业机会；资源性国有资产的开发利用，也会容纳更多的劳动力，从而有助于社会安定。笔者认为，其分析不无道理，而且也符合我国的客观现实。

但是，不能把国有资产管理改革的目标与国有资产的作用甚至是国有资产的间接作用相混淆。的确，国有资产管理经营得好，可以为国家履行政治职能提供物质基础，但是，国有资产管理经营得好与坏，并不能当然地与国家政治职能的履行挂钩。至少不能说国有资产管理经营得好，国家的政治职能就当然地履行得好。应该说，国家政治职能的履行，其影响要素远不止其物质基础的好与坏。因此，对国有资产管理体制的改革，能够做到的就是尽可能地提高效率，使国有资产能够为国家履行其政治职能提供充分的物质保障。笔者认为，国有资产的管理经营，虽然与国家政治职能的实现有一定的联系，但是，不能将此政治目标作为国有资产管理改革的目标。按照马克思主义的观点，政治服务于经济，经济是一切政治的基础，经济要决定政治，但是，经济有其相对的独立性，有其客观规律。如果基于经济与政治的联系而突出政治，就会淡化经济的作用与经济规律，从而不利于经济的发展和效率的提高。与此同时，国有资产管理水平的提高，包括管理体制的改革和营运制度的改革，都可以促进社会主义生产关系的不断完善，但是，国有资产管理体制的改革，应突出的是国有资产管理效率的提高，如果达成了此目标，这些作用都成了其应有之义。但如果将其直接作为国有资产管理体制改革所要达成的目标，就会模糊政治与经济的界限，淡化作为经济建设一部分的国有资产的管理，从而不利于国有资产管理效率的提高。对于国有资产管理经营的社会目标，基于同样的道理，笔者也认为不应该是国有资产管理的目标。对于李松森所分析的政治目标与社会目标，都可以通过国有资产管理效率的提高，为国家机器的运行提供坚实的物质基础，并通过国家机器的良性运作而得以达成。

所要说明的是，国有资产管理体制的改革目标之一是提高国有资产管理的效率，但这并不排除不同类型和分布于不同领域的国有资产管理的具体目标又有所差异。这在下文中将具体分析不同类型和分布于不同领域的国有资产管理的具体目标。

二、改善和调整国有经济布局和结构

国有资产管理体制的改革,也应该把促使国有资产的合理配置,使国有经济布局和结构合理作为其目标。国有资产管理体制的改革,涉及中央和地方政府的资产配置问题,而如何达成资产配置的合理,应是国有资产管理体制改革的目标。在国有资产管理体制改革中,还涉及国有经济的布局和结构问题,如何界定国有经济的参与领域和参与程度,也是必须予以解决的问题。而这些问题的解决,有赖于建立一套完善的国有资产管理体制,对国有资产有一个统一的规划和部署。这个目标的实现,不仅与提高国有资产管理的效率有关,而且也是国家或者政府所担负的社会责任的应有之义。

三、改善和增强国家对经济的宏观调控能力

国家担负着对经济进行宏观调控的责任,亦即所言的政府对经济的干预责任。在市场经济条件下,市场尽管是配置资源的最佳手段,但是,这并不意味着市场对资源的配置始终是有效率的,市场始终是理性的,而恰恰相反,由于市场的不理性,即"市场失灵",使得市场对资源的配置往往会出现不经济和无效率或者低效率的情形,加之作为经济组织者的政府也不是绝对理性的,即也存在"政府失灵"的情形,故国家对于经济的干预就成了现代市场经济的一大特色。因此,以国家干预为基本内容的经济法应运而生,也成了现代法制的重要内容之一。也正是基于此,有的人认为现代经济是混合经济。从这个意义上来讲,也并不是没有道理。而国家要对经济进行干预,除国有资产直接参与经济活动,进入市场以达到对市场的控制即微观控制之外,国家对经济的干预更多的是通过宏观调控的方式对整个社会经济进行控制,以克服市场的缺陷和政府失灵的问题。这就要求国家要具有与之相适应的对经济的宏观调控能力。因此,改善和提高国家对经济的宏观调控能力,应成为国有资产管理经营的目标之一。

四、建立和完善社会主义市场经济体制

社会主义市场经济体制在我国还处于不断建立和完善的过程中，因此，我们的一切行动都必须紧紧围绕市场经济体制在我国的建立和完善来进行。就国有资产管理而言，与市场经济体制的建立和完善具有密切的关系。首先，在市场经济下，虽然市场是配置资源的基本手段，但市场局限的不可避免，使得国家对经济的介入也成为必需，因此，在市场经济体制下，国家或者政府在经济活动中的地位变得非常的重要。可以说国家是市场经济的引导者和管理者。而国家对市场的引导和管理，离不开国有资产这个前提条件，不仅国家机关的运作及职能发挥离不开国有资产的支撑，而且国家或者政府对市场的引导及市场偏离的矫正，还往往通过国家或者政府直接地参与市场，这样更离不开国有资产即国有企业的存在。因此，国有资产的良好运作，可以为国家或者政府发挥对市场的作用提供物质基础和条件。其次，国有资产的管理在追求效率的同时，也应遵循市场经济的基本规律，在市场经济的体制下来运作。也就是说，虽然国家或者政府是市场经济的引导者和管理者，而且其引导行为中还不排除通过直接参与市场的方式来实现，因此，政府既是市场的参与者又是市场的管理者。在这种情况下，国家或者政府应该在具体的行为中清醒地认识自己所扮演的角色，二者绝不能混同，否则将导致政府对经济的不当干预，甚至破坏市场。因此，对于国有资产的管理经营，必须做到有利于建立和完善社会主义市场经济。是故，对于国有资产的管理经营，可以分为几个层面来看：首先，国家对其资产的获得应遵循市场经济规律，按市场规律办事，不能仅凭其政治地位和强权而随意获取。其次，对于经营性国有资产的经营管理，应将国有企业作为一般市场主体对待，除基于自然垄断而获得的利润外，不能在市场中牟取超市场的政治地位和额外利益。再次，对于非经营性国有资产的管理经营，也应围绕有利于市场经济体制的建立和完善，有利于促进市场经济的发展而配置、管理和经营，但所要指出的是，市场经济体制的建立和完善涉及社会生活的方方面面，而不仅仅是一个简单的经济问题。因此，并不

意味着只对政府的经济部门有关。最后,对于资源性国有资产的管理经营,尤其是对资源性国有资产的配置,应遵循市场经济的规律,建立按市场配置资源的体制,这也将有助于整个市场经济体制的建立和完善。

第二节 经营性国有资产管理模式的选择

一、经营性国有资产的功能分析

国家生产资料所有权是国家主权在经济上的体现,即国家的经济主权的构成部分。国家生产资料所有权,包括国家对开发利用的自然资源和国家投资形成的生产资料的所有权。国家凭借其生产资料所有权履行宏观经济调控和经济建设职能。

正如上文的分析,经营性国有资产是国家投入市场领域从事生产、流通、经营服务等活动,以实现国家为社会提供公共产品服务以及盈利为目的,依法经营使用,所有权属于国家的资产。从此界定中可以看出,经营性国有资产所担负的功能有两项:一是确保为社会提供公共产品;二是以盈利为目的,即实现国有资产的保值和增值。

第一,为社会提供公共产品。按照公共产品理论,由于某些产品或者服务存在非竞争性与非排他性,并因此导致尽管社会极为需要这些产品和服务,但市场却几乎无法提供,所以对于这些产品和服务的提供,国家的介入是唯一的选择。[1] 应该说国家和政府都担负了为社会提供公共产品的责任。国家除了为社会提供如法律制度和国家以其所有的国有资产直接参与社会经济活动,为社会提供公共产品之外,还通过对政府的委托授权,由政府为社会提供大量的公共产品。因此,可以说国家和政府都担负了为社会提供公共产品的责任。由于公共产品的非竞争性和非排他性等特性,也决定了只有国家和政府才能

---

[1] 毛程连:《公共产品理论与国有资产管理的绩效评价》,载《财经研究》2002年5期。

担当此责任。

第二，以盈利为目的，实现经营性国有资产的保值和增值。经营性国有资产的保值和增值，是国有资产得以保存和继续发挥作用的前提条件。因此，在经营性国有资产的管理经营过程中，仍然要在兼顾其为社会提供公共产品服务的同时，以盈利为目的。如果以经营性国有资产所担负的社会责任即其为社会提供公共产品服务而否认其盈利性，将导致国有资产的流失甚至导致其为社会提供公共产品功能的丧失。

对于经营性国有资产所担负的上述两项功能，应该说既有联系也有区别。从一般意义上看，为社会提供公共产品服务与其盈利性目的有冲突。但是，在具体处理上应该注意，二者是相互联系的。首先，为社会提供公共产品服务的功能，实际上为国家经营性国有资产的活动范围划定了界限，即仅公共产品才由国家和政府来提供。对于私人产品的生产和提供，虽然国家和政府也能提供，但是，鉴于国家和政府既是市场规则的制定者，又是市场的管理者，如果允许其参与市场进行竞争，无疑将打破竞争的环境和秩序，最终破坏和消灭竞争。更何况人们对市场是配置资源的最佳手段已有充分的认识，因此，经营性国有资产没有必要进入该领域。而且，作为一个理性的政府，还应该充分地尊重市场对资源的配置功能，并且为市场独立进行资源配置创造条件，扫清障碍。其次，经营性国有资产的盈利性应该说是有限制的。一方面，作为经营性国有资产不能因为盈利的目的而超越其为社会提供公共产品服务的范畴，即不得跨越为社会提供公共产品的领域而凭借国家和政府的权力优势去牟取利益；另一方面，经营性国有资产也不能为了盈利而放弃为社会提供公共产品服务的功能，否则，将使其丧失国有资产的应有功能，妨碍国家职能的发挥，甚至威胁整个社会经济的良好秩序，威胁国家的存亡。因此，笔者认为，经营性国有资产所具有的两项功能不可偏废。

二、经营性国有资产的管理目标

我们对经营性国有资产的功能进行了界定，那么，其管理经营目标就不难确定。从原则上讲，管理经营目标应是确保其功能的达成和实现。因此，管理经营目标也可以从其两方面的功能出发进行分析。

首先，从其为社会提供公共产品功能出发，要求经营性国有资产在经营范围上严格遵循其功能要求，不跨越其边界进入竞争性领域。就我国目前经营性国有资产的分布来看，还未很好地贯彻和体现这种功能要求，其所担负的为社会提供公共产品的目标也就未能充分实现。对此问题，已有学者提出了自己的看法，张文军、王少敏认为，应该集中国有经济的力量于基础性产业和非竞争性产业，主要包括：（1）社会公用基础设施，如邮政、通信、交通、港口、大型水利工程等；（2）基础产业，如煤炭、电力、石油、钢铁、化工原料等；（3）支柱产业，如机械、电子、汽车、建筑业等；（4）高新技术产业；（5）调控国民经济的产业，如金融业等。笔者认为，张文军等人对这个问题提供了思路，但其观点也存在一些问题。张文军等人仍将国家或者政府对经济的作用局限于用经营性国有资产参与经济活动这种方式，从而对经营性国有资产参与经济活动的范围界定得过于宽泛。社会公用基础设施，由于其是为社会提供的公共产品，不具有竞争性，故应记入非竞争性的行业当中，而且在其中还要注意的是，即便是在这些产业中，也不是所有的部分都不具有竞争性，都必须由经营性国有资产来参与。如通信业而言，其网络建设不具有竞争性，但网络的经营却可以引入竞争机制，由私人资本进入经营。随着经济体制改革的不断深入，我国在这方面的实践也会不断增加，经验也会不断积累。而对于其他的基础产业、支柱产业、金融产业等，则可以通过改进的宏观经济调控手段和措施，加强宏观调控能力，实现对国民经济的宏观调控。这样，将大大缩小经营性国有资产参与经济活动的范围，减少经营性国有资产的管理成本和经营风险，也减少了权力过分的寻租行为，防止腐败的发生，同时，还为私人资本腾出了发展的空间。因此，笔者认为，对于经营性国有资产的配置，即其行业和领域的分布，在现有的基础上进行体制改革，通过资产重组等方式，使经营性国有资产逐渐退出竞争性领域，或者适当地少量保有，还私人资本一个更为广阔和自由的活动空间，是我国经营性国有资产管理体制改革的一个目标。

其次,从经营性国有资产的另一功能即实现经营性国有资产的保值与增值来看,经营性国有资产的管理和经营应以盈利为目的,而且尽管其分布的领域和行业较为特殊,但是,经营性国有资产一旦进入市场,就应该按照市场的规律办事,就应该与其他市场主体一样,平等地接受市场的检验和承受来自市场的风险,而不是依靠国家或者政府的权力,牟取超市场的利益,因此,经营性国有资产要实现盈利目的,也必须按照现代企业来规范和管理。所以可以说,经营性国有资产的管理经营的另一个目标就是将国有资产的所有者的权力以及政府的权力与经营性国有资产的管理经营区别开,防止权力与经营利益交织,避免权力的腐败和市场秩序被破坏。

三、经营性国有资产管理模式的选择

(一) 经营性国有资产管理现状与问题分析

我国从 20 世纪 80 年代就开始了对经营性国有资产管理体制的改革。可以说新中国成立以来一直沿用的管理体制,已不适应改革开放和经济体制改革的现实要求。尝试对国有资产的管理体制改革,尤其是经营性国有资产的改革一直是改革的重点和难点,即主要是经营性国有资产成立的国有控股股份公司的产权关系明晰化和政企分开的问题。因为这是国有控股公司进行市场化运作的前提条件。而就我国二十多年的改革实践来看,我国已逐渐改变了过去那种以国家计划来配置资源的方式,基本转变为以市场来配置资源,所取得的成绩是举世瞩目的。但是,在经济体制改革这个过程中,至今尚未解决的问题就是企业和政府的关系问题以及如何建立新型的国有资产管理体系的问题。就企业和政府的关系问题,我国从改革一开始就十分注重这个问题。可以将其大体分为三个阶段。首先,是从 1978 年开始到 1984 年,针对政府对企业干预过多导致企业缺乏必要的经营自主权,由于大锅饭使得职工没有参与企业经营的积极性的状况,我国开始了放权让利的改革,采取的措施是企业完成本年度国家计划任务后,可以按一定比例从企业的利润总额中提取企业基金,用来给职工发奖金,提高职工的福利和扩大再生产,并同时扩大企业的自主计划权、自主销售权、自主定价权、自主技术改造权和劳动人事权。放权让利改革,虽然给了企业较大的自主权,使企业基本能够自主经营,也提高了企业职工福利待遇,在一定程度上调动了职工的积极性,但是,放权让利的改革仅仅是触及了问题的表皮或者说问题的一方面,而未从根本上改变企业和政府的关系。其次,从1987年到1992年,为进一步改革企业与政府的关系,在全国广泛推行了企业承包经营制。其特点主要表现为:(1)实现了所有权与经营权的适当分离;(2)较好地兼顾了国家、企业和职工的个人利益;(3)在一定程度上实现了计划与市场的结合,为社会主义市场经济体制改革提供了经验。最后,为了从根本上解决企业和政府的关系,并解决企业经营机制的合理化,以适应社会主义市场经济体制的要求,自党的十四大提出建立社会主义市场经济体制,以及十四届三中全会作出《中共中央关于建立社会主义市场经济体制改革若干问题的决定》,明确国有企业改革的目标是建立现代企业制度。而现代企业制度的基本特征,就是"产权明晰、权责明确、政企分开、管理科学"。其核心问题,仍然是政府和企业的关系问题。

由此可见,我国的国有资产管理体制改革以及与之相应的国有企业的改革,都紧紧围绕国有企业与政府的关系而展开,而且,仍然是现在进行改革的难点。按照党的十四届三中全会所提供的思路,应该"按照政府的社会经济管理职能和国有资产所有者职能分离的原则,积极探索国有资产管理和经营的合理形式和途径。加强中央和省、自治区、直辖市两级政府专司国有资产管理的机构"。因此,中央从1993年开始,加大了政府机构改革的步伐,陆续撤销了一些行政管理机构,而代之以行政性公司来管理其原来下属的企业。而且各地也积极拓展思路,进行改革试点。针对各地试点的情况,有的学者将其概括为:"沪深"模式、"一体两翼"模式和"九八"模式。① 这几

---

① 韩小明、王宝库、王鹏:《国有资产管理体制改革模式的选择》,载《国有资产研究》1999年第5期。

种模式都试图努力改善企业和政府的关系,摆脱过去管理体制的束缚,而闯出一条新路。但是各种模式都各有利弊,在此不作过多的评价。只需要明确一个问题,就是在企业尤其是国有控股企业与政府的关系上,现有的方案始终没能解决这个一直困扰的问题。

(二)经营性国有资产管理模式选择的理论依据

任何一种选择,都有其理论和实践上的依据。经营性国有资产管理模式的选择也不例外。在此,以下两个理论可以作为经营性国有资产管理模式进行选择的理论依据。一是国家与政府的理论;二是现代企业制度理论。

首先,从国家与政府的关系理论来看,国家是人民主权的外在形式,国家的权力实际就是人民的主权,但人民主权必须有一个适当的代理人来把它结合在一起,并使它按照公意的指示来活动,他可以充当国家与主权者之间的联系,"这就是国家之中所以要有政府的理由;政府和主权者往往被人混淆,其实政府只不过是主权者的执行人。""政府就是在臣民与主权者之间所建立的一个中间体,以便两者得以互相适合,它负责执行法律并维持社会的以及政治的自由。"①按照卢梭的观点,国家和政府之间是委托代理关系,政府必须服从于人民主权,而人民主权就是国家。而在这一委托代理关系中,政府的评价也是一个重要的问题。按照洛克的观点,"政府的存废以它是否维护了人民主权为标准,维护了人民主权的就是一个好的政府,反之就是需要重新塑造的政府。"政府权力行使的主要目的"就是保护人民的生命、财产和自由"。"只要政府滥用了权力,人民就可以收回政府的权力,建立新的政府。"② 从国家与政府关系的上述论述来看,二者之间的委托代理关系明确,不能将二者混为一谈。国有资产是归属于人民名义上国家所有的财产。国家是否将其资产交由政府管理有

---

① [法]卢梭:《社会契约论》,何兆武译,商务印书馆1982年版,第76页。

② 辛向阳:《政府理论第一篇——解读洛克〈政府论〉(下篇)》,山东人民出版社2003年版,第120页。

决定权。在此所要分析和讨论的是，是否有必要将经营性国有资产委托或者交由政府来管理经营的问题。对于经营性国有资产的特性与功能在前面都已作过分析，在此基础上，鉴于我国政府在经营性国有资产管理经营实践中存在的政企不分，既造成了国有企业的效率低下，也影响了政府的形象，破坏了市场秩序，笔者认为，由政府来管理经营经营性国有资产不是明智的选择。党的十四届三中全会也明确提出："按照政府的社会经济管理职能和国有资产所有者职能分开的原则，积极探索国有资产管理和经营的合理形式和途径。"这应当说为我们指出了改革经营性国有资产管理体制的新思路。而就我国近几年的改革实践来看，都没有走出原来的老路，而是沿用过去的思维方式和行为模式，在原来的框架内敲敲打打，未能从根本上解决经营性国有资产管理经营上的政企不分的问题。因此，比较好的思路是鉴于政府与国家的关系和政府的主要职能，将经营性国有资产直接由国家建立专门的机构来管理经营，而不是在政府机构中去寻找出路，更鉴于政府既是市场经济的管理者又是市场规则的制定者，其不便再以市场参与者的身份从事对经营性国有资产的管理和经营活动。因此，也是还政府一个清白。

  其次，从现代企业制度理论来看，要适应市场经济的要求，必须建立现代企业。市场经济是平等性的竞争的经济。要求每一个参与竞争的市场主体都功能自主地作出决策，并自主地享有自主的权利，以及独立地承担责任。反映到对企业或者市场主体的要求上，即企业或者市场主体必须"产权明确、权责明确、政企分开、管理科学"。就国有企业来看，所谓产权明确，就是将企业的国有资产与政府的资产划清界线，充分尊重企业的自主权，政府不能平调国有企业的财产；所谓权责明确，一方面，就是企业对自己的经营行为负责，对自己的经营决策所产生的一起后果负责，不能向政府要特殊政策，也不能借助政府的权力牟取超市场的经济利益，另一方面，政府也要做一个理性的政府，不能打破市场规则，向企业尤其是国有企业要利益，也不得以国有企业的监护人的身份来越权处理企业的事情，应充分尊重企业的经营自主权和决策自主权，尊重国有企业作为一个独立的市场主体所享有的经营利益的权力,不能向企业摊派和抽调,更不能与企业相勾结,进行钱权交易,搞权力寻租;政企分开,是更为明确地规范政府和国有企业的关系的要求;而管理科学,则更是必须建立在企业自主独立的基础之上,并进行科学的企业治理结构设计,以满足国有企业实现经营性目标的要求。

因此,可以说,经营性国有企业和政府的关系问题,是在进行国有企业经营管理体制改革时所面临的非常重要和必须解决的问题。现在所做的各种尝试都未能很好地解决这一问题,其关键的原因在于没有在国有企业和政府之间建立一个"隔离带",没有把二者分开,政府既是"运动员"又是"裁判员",现有试点的几种模式,都没有使国有资产管理机构在地位上超脱于政府,而恰恰隶属于国务院或者各级各地政府。在这样的框架下,要彻底实现政企分开是不现实的,也是不可能的。

(三) 经营性国有资产管理模式的选择

为实现国有企业管理经营的目标,就必须提高国有企业的管理经营效率。而我国目前的情况是国有企业的效率普遍低下。如前所述,问题的关键是如何规范政府与企业的关系。我国目前在企业和政府的关系上,政府作为国有资产的所有者代行企业的经营管理权,还享有组织社会生活的行政权、宏观管理权,使得政府集双重职能于一身。政府因职责交叉,互相干扰而顾此失彼,而企业则常常牺牲自身的正当经济利益,服从于政府的行业发展目标和经济发展目标。因此,对经营性国有资产的管理经营必须克服这种现象,而且从根本上摆正政府与企业的关系,为经营性国有资产的经营目标的实现提供切实的保障。而就我国目前试点的改革模式来看,尽管都在不同层面和不同程度对政府与企业的关系进行了调整,但却不同程度地存在一定的问题。而且,由于"一体两翼"模式具有明显的过渡性,故已逐渐演化为为其余两种模式所取代。对于"沪深"模式和"九八"模式,可作如下分析。

首先,就沪深模式来看,沪深模式是20世纪90年代深圳率先实行的包括国有资产管理委员会、国有资产经营公司、国有资产控股或参股企业"三个层次"的国有资产管理体制。国资委的设立,实现了政府代理国有资产所有权职能的机构与社会经济管理职能机构的分离,而国有资产经营公司的设立,实现了国有资产营运职能与国有资产的监管职能的分离,且实现了出资者所有权与企业法人财产权相分离的现代企业制度的产权规范,又在政企分开的基础上,建立了科学的国有资产出资人制度和产权代表制度,解决了国有资产控股或参股企业中出资人缺位的问题。但是,这种形式上的完满,并不能从根本上解决问题。有学者对沪深模式也进行了理性的评价。第一,沪深模式中的国有资产管理委员会仍然是一种带有过渡性的形式,其并未完全改变现行的政府机构中多部门行使国有资产所有权的状况,其在政府机构改革中尚未被明确定位;第二,国有资产经营公司由原来的政府管理机构翻版而来,使得其并未完全摆脱自身的行政色彩。

其次,"九八"模式是伴随1998年我国国务院机构改革将国有资产管理局撤并而形成的一种被认为是较为符合市场经济要求的一种国有资产监管、运营体制。其突出的特点是将国有资产的出资者所有权分由不同的政府部门行使,取消专司国有资产管理职能的机构,由作为社会经济管理部门的财政部(地方财政厅局)兼司国有资本金基础管理职能,以同样作为社会经济管理部门的经贸委行使对国有企业的监管职能,由人事部和大型企业工委负责国有企业主要领导的任免与考核,由新设立的稽查特派员公署派出稽查特派员,负责对国有企业的财务检查和监督。这种由政府社会经济管理机构对国有资产所有权实行分权代理,并通过政府直接管理企业来实现国有资产管理的方式,将经营性国有资产与非经营性国有资产的管理分开,使得对国有资产的管理更符合对不同国有资产类型的管理需要,但这种管理模式也存在一些问题,如仍然未能克服政府既是市场规则的主要制定者又是市场行为的裁判者和市场参与者,这种政府多重身份的重合,使得其权力配置与利益分配有违公平与合理,还有一些职能部门权力的配置,部分与作为现代企业的国有企业的治理结构的重合与分工问题,这样的模糊处理或者权力配置方式,将不利于国有企业建立现代企业制度,甚至不利于国有企业治理结构的完善,也可能导致监管和治理成本的增加。

基于上述分析,在借鉴现有做法经验的基础上,笔者提出如下具体设想:设立相对独立于政府的国有资产管理机构,对不同类型的国有资产建立相应的具体管理机部门,包括专门的经营性国有资产管理部门。在国有资产管理机构体系中,要达成权力配置的合理和权力的有效控制机制。国有资产管理机构还应承担国有资产出资人的权责,国有企业作为独立的经济实体,力求达成治理结构的科学和合理,确保经营性国有资产的功能和目标得以实现。

第三节 非经营性国有资产管理模式的选择

一、非经营性国有资产的功能分析

对于非经营性国有资产,在前文中对其已做好界定。就其分布而言,主要指分布于国家机关、行政事业单位和社会团体占有、使用的国有资产。将国有资产配置到这些机关和单位,其主要目的是给这些机关和单位提供履行其职责的必需经费以及为其提供必要的运转条件,以确保其正常地履行其职责和开展正常的活动。因此,非经营性国有资产实际上发挥的是为国家机关、行政事业单位履行其职责和开展正常活动提供保障的功能。就此而言,经营性国有资产的功能与之具有明显的区别。由此,也将导致非经营性国有资产在管理目标和管理模式上的不同。

二、非经营性国有资产的管理目标

由于非经营性国有资产在功能上与经营性国有资产不同,其管理目标当然也不一样。从非经营性国有资产的配置部门和单位以及其所担负的功能来看,对非经营性国有资产的管理目标,是通过对非经营性国有资产的配置和使用管理,以确保国家机关、行政事业单位和社会团体能够正常地履行其职责,即政治、社会经济组织和管理职能等。因此,从非经营性国有资产的功能出发,其管理目标的确立也应围绕这一功能的良好发挥来确立。为此，笔者认为，非经营性国有资产的管理目标是，实现非经营性国有资产的使用效益最大化。具体而言，因为非经营性国有资产可以区分为两种形态，即现金与实物，而在实物中又有易损耗物与不易损耗物之分，所以也可以将非经营性国有资产区分为流动资产、长期投资、固定资产、无形资产和其他资产。故应针对非经营性国有资产的不同形态，确立不同的具体目标。对于现金形态的非经营性国有资产和实物形态的易损耗物，应确保其流向合理，使用得当；而对于不易损耗物形态的非经营性国有资产，则应确保合理使用，以减少其损耗为目标；对于长期投资或者固定资产应促使其使用效益提高为目标；对于无形资产，则应以维护、保持和提升其资产价值为目标。

三、非经营性国有资产管理模式的选择

（一）非经营性国有资产管理现状与问题分析

非经营性国有资产的管理，无论是从管理实践来看还是从相关理论研究来看，都比较薄弱。由于我国改革开放以来，一直以经济建设为中心，以经济体制改革为重点，故对于非经营性国有资产管理不够重视，理论研究也不多。就我国非经营性国有资产管理实践来看，存在一些突出的问题，主要有：（1）没有专门的经营管理机构，缺乏管理主体、经营主体和责任主体。对于非经营性国有资产的管理，我国实现的是所有权与使用权相分离的原则，实行国家统一所有，政府分级管理，单位占有、使用的管理体制。（2）各单位在占有、使用非经营性国有资产的过程中，往往不按规定建账，财务处理不规范，账实不符，家底不清。（3）不按规定程序随意处置固定资产，使国家对固定资产的管理规定流于形式，甚至导致国有资产的流失。（4）非经营性国有资产转经营性国有资产不按规范操作，不按审批程序办事，自行将非经营性国有资产转为经营性国有资产，或者将国有资产划转其二级单位或者其下属的集体所有制单位作为创收。这样直接导致了国有资产及其收益的流失。（5）单位内部对国有资产管理不严，资产添置透明度差，给国有资产的流失埋下了隐患。

对于存在的上述现象，有的学者①将其原因归纳如下：（1）在现行非经营性国有资产管理体制下，由于没有设立专门的经营管理机构，缺乏统一的经营主体、管理主体和责任主体，使得实际占有、使用非经营性国有资产的单位，成了实际上的资产所有人，自然就会导致这些单位对非经营性国有资产的乱使用，而致国有资产流失；（2）国有资产的长期无偿使用，不评估，不流动，不核算，不提折扣，不考虑损耗或者增值的情况，造成严重的账实不符，使有关管理机构的管理失去意义；（3）由于对国有资产的无偿使用，使得各单位都争资金争财产，而且账实不符，又加剧了这种不平衡，从而导致资产闲置，使用效益低下，甚至资产流失；（4）产权过度分散，产权主体多元化，削弱了财政资金支持发展的力度及财政的调控能力，影响了财政功能的正常发挥；（5）由于非经营性国有资产的无偿使用和账实不符导致的对资源配置上的失控，加之对非经营性国有资产的使用又缺乏相应的绩效评价机制，使得非经营性国有资产的使用效益低下，浪费和腐败严重。

针对上述情况，我们应对非经营性国有资产的管理进行更深入的研究。

（二）非经营性国有资产管理模式选择的理论分析

非经营性国有资产的功能与经营性国有资产的功能有明显的区别，其仅在于满足国家机关、行政事业单位和社会团体正常运转所需和必要的履行职能的需要经费。而从其管理目标来看，也与经营性国有资产的保值与增值有重大的区别。非经营性国有资产以资产管理和使用的高效益为目标，因而其使用管理体制必须满足这一要求。这就要求：首先，非经营性国有资产的配置要是最佳的，即配置到最能发挥其作用和功能的单位和部门；其次，非经营性国有资产的使用要是最经济、最有效率的；最后，要尽力降低非经营性国有资产的使用成本，尽力减少非经营性国有资产在使用过程中的浪费。对于这些要

---

① 伍启茂、谢峰：《对行政事业单位国有资产管理体制改革的思考》，载《发展》2003年第10期。

求，必须在非经营性国有资产的使用管理体制建设中予以充分考虑。

（三）非经营性国有资产管理模式选择

非经营性国有资产管理目标的选择，受到非经营性国有资产的功能和管理目标的限制。在对非经营性国有资产功能模式的选择上，必须建立一套与经营性国有资产管理模式完全不同的框架体系。如前所述，经营性国有资产的管理模式以提高非经营性国有资产的使用效益为根本目标。为此，虽然不以非经营性国有资产的增值和保值为其管理目标，但是，这并不意味着对非经营性国有资产的管理不讲效益。因此，成本和收益理论仍然是考察非经营性国有资产管理模式好与坏的重要标杆。只是这种成本与效益的关系，不是同经营性国有资产管理模式中所建立的标准一致，而是基于各单位所配置的非经营性国有资产是否合理，是否恰好满足了该单位履行职责所需。而且还要注意的一点是，非经营性国有资产的配置主要讲的是为国家机关、行政事业单位和社会团体的运转所配置的资金和物资，但实际上还有一些行政单位，还基于特殊的职责要求而配置其履行职责所需的资金，如一些社会保障部门等，其资金的使用则纯粹是以履行其职责而消耗或者付出，对于这部分资金的使用，当然没有成本与产出的问题，对其的管理更多的是配置是否合理的问题。

因此，可以说，对非经营性国有资产的管理，主要涉及的就是非经营性国有资产的配置合理性、使用的合理性问题，而必须注意的一点就是，无论是资源的配置还是使用的管理，都应该是一个动态的过程。而这恰好是目前对非经营性国有资产的管理做得不太好的地方。从前述的我国目前非经营性国有资产使用管理所存在的问题来看，缺乏权威性的统一管理机构是一个十分突出的问题。尽管从非经营性国有资产的使用者来看，既包括国家机关和行政机关，也包括事业单位和社会团体，但是，各单位对资金及其他物资的需求与使用却并不一样，而且"一刀切"的资源配置方式也不能很好地适应各单位为履行职责所产生的财产的动态变化及其需要，对于配置给这些单位的非经营性国有资产，其使用也是动态的过程，不能缺乏监督与管理，而且对于单位，尤其是有些事业单位，还存在将非经营性国有资产转为经营性国有资产的问题，对于此行为的管理和规范，应该也是不能忽视的一个主要问题，从前述非经营性国有资产管理现状的分析可见，在非经营性国有资产转为经营性国有资产的过程中，由于管理上的问题，出现了国有资产浪费和流失的问题。因此，对于非经营性国有资产的管理，应建立在对非经营性国有资产的性质、功能和目标有清醒认识的基础上。

第四节　资源性国有资产管理模式的选择

一、资源性国有资产的功能分析

对于资源性国有资产的管理，应该是国有资产管理中的一个重要问题。资源性国有资产，尤其是稀缺性和不可再生性的存在，加之往往还负载国家主权等因素，使得其在各国的政治、经济活动中处于重要的地位。国家的根本大法——《宪法》也对其作出规定，而从财产法的角度，更是构成了物权法最为重要和基本的内容。就土地而言，它既是负载国家的主权，也是国家存在的基础和条件，更是一个国家、一个民族存在和发展延续的基础条件。所以，对资源性国有资产的管理问题，应该予以高度重视。对资源性国有资产，前面已作了界定，它是指依照法律规定其所有权归属于国家的各种自然资源，包括我国《宪法》规定的、除其他法律规定属于集体所有的矿藏、水流、森林、山岭、草原、荒地、滩涂等自然资源，以及除法律规定属于集体所有的农村和城市郊区的土地之外的土地，因对其的开发可以带来经济价值，所以被界定为资源性国有资产。对其功能，可以具体归纳如下：

第一，负载国家主权，包括国家经济主权，使整个国家和民族得以存续和发展。任何国家的存在，民族的存续和发展，都必须建立在对土地资源的依赖上。就土地而言，它本身就是一笔庞大的资源，同时，它也是其他自然资源的附着基础。因此，可以说土地构成了自然资源的重要内容。同时，土地的分界是划定国家边界的依据。因此，对土地资源，包括其他自然资源的管理，除具有经济意义之外，还具有政治意义和社会意义。

第二，为社会经济的发展提供基础性资源条件。对作为自然资源的资源性国有资产进行管理，除具有上述的突出的政治意义与社会意义之外，其经济意义也是十分突出的。换句话说，资源性国有资产担负有重要的经济功能。土地为人类提供了修造建筑物和其他附属物的条件，为人类提供了生活和其他活动场所；水资源，为人类提供了起码的生存条件，并为人类提供其他生活物资创造了条件；矿藏资源为人类提供了可供利用的各种资源，使得人类的生存和发展有了最重要的条件，等等，都使得自然资源在人类的生存和发展过程中居于不可缺少的重要地位。为人类的经济建设活动提供了最基本的物质条件，而且也正是因为如此，其作为资产的经济价值才得以凸显。从这个意义上说，资源性国有资产的配置和管理就成为一项重要的任务。

第三，社会可持续发展实现的功能。社会的可持续发展问题，在现今社会被人们广泛关注，相应的理论研究和制度建设正如火如荼地进行。可持续发展问题，不仅涉及一个时期、一个社会整个经济的发展平衡问题，而且也涉及一个社会的经济发展延续和代际之间资源配置的公平和合理的问题。自然资源的开发和利用，必须充分地考虑这些问题。而对自然资源的开发和利用，主要就是对资源性国有资产的开发和利用，也正是我们所关注的资源性国有资产的管理问题。既然资源性国有资产在社会经济发展过程中具有这样显赫的地位，国家、民族的存亡和发展，代际利益分配的公平和合理，都与资源性国有资产的配置和管理息息相关，那么，资源性国有资产担负有社会和经济的可持续发展功能就毫无疑问了。因此，对资源性国有资产的管理，必须站在可持续发展的高度，严肃认真地对待。

二、资源性国有资产的管理目标

资源性国有资产所担负的功能，为资源性国有资产的管理提出了不同于经营性国有资产管理的要求。因此，在对资源性国有资产的管理确立目标的时候，必须从资源性国有资产所担负的功能出发，建立

科学合理的管理体制。对资源性国有资产管理目标的确立,笔者认为应包含以下内容:

第一,资源性国有资产具有十分重要的政治、经济和社会意义,但其作用的发挥,必须以资源性国有资产的合理配置和充分利用为条件。因此,也可以说,资源性国有资产的管理目标之一,就是确保资源性国有资产在横向配置上的合理性和科学性。要将资源配置在最能发挥其作用和最有价值的地方和部门。所要注意的是,在市场经济条件下,资源的配置往往由市场来完成,也就是所说的,市场对资源的配置是最有效的。但是,在资源性国有资产的配置上,由于资源性国有资产所担负的政治功能和社会功能或者说其具有的政治意义和社会意义,使得对资源性国有资产的配置,不能纯粹以市场为依据。

第二,资源性国有资产担负着代际利益分配公平和合理的功能,所以,在资源性国有资产的配置上,除了实现其在横向配置上的合理和科学,还必须做到在代际之间的资源性国有资产的配置的公平和合理,即解决代际之间对资源性资产利益享有上的公平。这一目标的确立,能够使我们站在更高的角度和立场来进行资源性国有资产的配置,公平合理地解决代际之间的利益分配问题,以保持或者维续国家和民族的发展,而不是为了眼前的利益而忽视或者损害后代人的利益。在可持续发展问题备受关注的现代社会,在资源性国有资产的配置上确立这样的目标,也是我们的使命和责任。

三、资源性国有资产管理模式的选择

(一)资源性国有资产管理现状与问题分析

对于资源性国有资产的管理,我国已制定了一系列的相应法律和法规。应该说我国对资源性国有资产的管理是比较重视的。我国的资源性国有资产在我国经济建设中发挥了十分重要的作用。但是,在资源性国有资产管理问题上,由于我国社会主义建设实践时间较为短暂,缺乏这方面的经验,以及一直缺乏市场经济的体制背景,加之对国有资产管理体制的理论研究和体制创新也不够,给现有的国有资产管理,尤其是资源性国有资产的管理造成很多问题。可以将其归纳为：

第一，在资源性国有资产的配置方式上，市场化程度低。长期以来，国家由于经济发展的急迫需要，对自然资源的勘探、开发和利用比较重视，但无论是从观念上还是从制度上，对自然资源的商品属性和规划管理都不够，导致对自然资源的资本属性的忽视和对自然资源的过度开发利用，进而对环境造成破坏，危害到整个社会经济的可持续发展。在我国，一方面，长期不把自然资源作为资本对待，自然资源的权属转让受到很大的限制，甚至有的根本就不能流转，这就极大地阻碍了经济的发展。另一方面，由于生产力水平的限制，使得人们为了生活不得不过度地向自然界索取，导致资源的过度开发，甚至滥开发。因而在资源性资产的管理上，既要看到其自然资源的特性，也要看到其作为资本的属性，充分发挥其效益。

第二，资源性产品价格过低。① 资源性产业是国家的基础产业，国家应该在人员、技术及资金上给予一定的扶持，以确保其地位和发展。而就我国的实际情况来看，对资源性资产的价格仅考虑了其勘探、开发和运营成本，而未考虑自然资源作为资本的属性。这一方面使得作为资源所有者的国家减少了资本性收益，制约了国家在对资源进行开发的同时对资源进行保护所需要的财力，也使得整个社会对资源性产品的需求偏离市场而畸形发展，造成对资源的浪费；另一方面，使得资源产品的直接生产者的自我积累能力难以提升，直接威胁其生存和发展。这也是我国目前很多资源性企业发展举步维艰的一个重要原因。

第三，由于资源性国有资产管理体制上的缺陷，导致对资源性国有资产监管不力，从而造成资源性国有资产开发利用上的混乱和资源的严重浪费。我国长期以来实行的资源性国有资产的分部门管理，使得批准权限分头行使，缺乏对资源性国有资产的统一规划和开发管理，也使得各部门各地方争权力争资源的现象发生。因此，也可以

---

① 邵秉仁：《创建国有资产管理新体制》，中国财政经济出版社 2003 年版，第 41—42 页。

说，由于我国在资源性国有资产管理体制上的缺陷，导致了以下后果：一方面是资源的开发过滥。由于资源性国有资产的多头管理，使得对资源性国有资产的开发和利用缺乏统一的规划和具体的步骤安排，而各部门各地方为了自身的利益或者本地方的利益，往往滥行使其管理批准权限，使得某些资源的开发一哄而上，更为突出的是缺乏对资源性国有资产的综合利用，导致资源的浪费。另一方面是资源的开发过度。由于资源性国有资产的多头管理，使得资源开发利用无论是在宏观规划管理上，还是在具体的开发步骤上，都不能满足资源性国有资产即自然资源的稀缺性和不可再生性的要求，从而使得自然资源的开发过滥。这不仅不利于资源的合理开发和综合利用，不利于我国经济的可持续发展，而且，也破坏了代际之间的资源配置的公平，破坏了代际之间的利益均衡关系。

（二）资源性国有资产管理模式选择的基础理论分析

如何选择资源性国有资产的管理模式，是必须面对的问题。而在管理模式的选择与建立过程中，应当从自然资源的特性出发，基于其稀缺性和不可再生性，强化对资源性国有资产的管理。这种强化管理，要求管理机构具有权威性，管理措施具有正当性，管理方法具有合理性。从前述我国资源性国有资产管理的现状考察看，目前在这些方面都或多或少地存在问题。而且，在资源性国有资产的特性考察中，还必须关注其在社会经济的可持续发展和代际利益分配方面的功能，强化其管理措施的公平与合理，甚至还不得不考虑的另一个因素就是与可持续发展和代际利益有关的另一个问题——政府利益的问题，目前我国存在各地各级政府为追求各地区、各部门经济的发展而滥用审批权，导致资源的开发过度和过滥现象，这也让我们看到了各级政府和政府各部门在资源开发利用上的利益关系，如果处理得不好，将影响到社会经济建设的可持续发展和代际利益的分配问题。因此，应加强这方面的理论研究和措施选择，建立真正能够既能规范各市场主体的资源开发行为，又能规范政府的审批资源开发利用行为的统一、权威的资源性国有资产管理机构。

(三) 资源性国有资产管理模式的选择

如前所述，资源性国有资产管理的现状及其存在的问题，需要对其管理模式进行更多的探讨和改革。在对资源性国有资产的管理模式进行选择时，必须考虑以下要求：首先，我国资源性国有资产管理所存在的多头管理及其资源开发利用的浪费等现状，决定了必须对现行的资源性国有资产分头管理模式进行改革，建立一个权威的、统一的资源性国有资产管理机构，而且在制度设计上，还必须基于维护社会经济的可持续发展和代际利益公平的需要，以克服政府的局限，解决代际公平的问题。这就要求资源性国有资产的合理机构具有较大的权力和较高的权威，尤其对于政府短期行为局限的克服，要有充分的能力和条件。其次，设立统一、权威的资源性国有资产管理机构，与非经营性国有资产的管理机构分立，各司其职，各负其责。资源性国有资产管理机构与经营性国有资产管理机构在地位与权威上有大体相同的要求，二者可以适当地联合办公，或者建立一个统一的国有资产管理机构，下设不同的管理部门。其目的在于使国有资产管理机构在权威和地位上能够与政府之间形成制衡关系，防止政府为自己的利益而滥实施资源开发利用行为，谋求社会经济的可持续发展和代际利益公平。而且就我国的目前发展状况来看，政府由于担负社会经济建设的组织和管理工作，其压力也较大，由此也导致了其较大的利益驱动的内张力，存在一些利用其在资源性国有资产管理中的特殊权力损害其他主体利益的行为。如政府滥用国家所赋予的土地征用权力，存在不同程度地侵害农民利益甚至剥夺农民利益的问题。

第六章　我国国有资产绩效[①]测评体系研究

国有独资或国有控股企业（以下简称国有企业）绩效评价工作是我国经济管理领域的一项持之以恒的研究课题，也是社会主义市场经济体制条件下对国有企业实施所有人管理的一项不断进行的实践活动。一直以来，国家财政部试图用一些指标对国有企业进行评价，但并不理想。其主要原因在于国家财政部的评价指标基本上是财务指标。对国有企业实施财务指标评估，便于量化，但过于狭窄且注重短期利益，不利于国有企业的长远发展，也不利于国有企业管理制度的现代化建设。企业绩效评价，有狭义和广义之别，狭义的概念是指所有人为了强制企业经营者实现所有人的战略目标，运用特定的指标和标准，采用科学的方法，对企业经营过程及其结果进行的价值判断。广义的概念是指企业利害关系人为了实现其目的，运用科学的方法和标准，对企业经营过程及其结果进行的价值判断。绩效评价不仅是委托人对代理人实施目标激励的有效方法，也是委托人决定代理人激励强度的主要依据，还是影响公司价值取向和企业文化建设的重要因素。纵观近几年中国国有企业绩效评价实践，国内有关部门和研究机构虽然对绩效评价工作进行了积极的探索，但中国国有企业的绩效评价体系仍然尚未健全，特别是对国有独资或国有控股企业的绩效评价

[①]　本部分内容参考了郑国洪：《中国国有资产绩效评价体系问题研究》，载《理论与改革》2005年3月的主要论述。

仍然缺乏科学、系统和可操作性的评价体系。

第一节 国内外企业效绩管理的理论介绍

一、西方企业效绩管理介绍

企业效绩（Corporate Performance），简单地讲，是指企业的各种生产、经营和管理活动所取得的成绩。对企业成绩的考核方式取决于不同的判断标准、价值取向和分析办法等因素，而这些因素又是企业管理的一部分；换句话说，企业管理决定了企业效绩管理。企业管理随着企业的产生而产生，从英国最早的工厂诞生到当今欧美的跨国公司已经有了上百年的历史，管理学也已经成为当今西方最发达和最活跃的学科体系之一。企业，这种以股东财富最大化为目标的组织，首先发源于西方以私有制经济为主体的国家，由于企业管理决定了效绩管理，所以效绩管理与企业管理思想的发展步伐是基本一致的。以企业管理思想史为主要脉络，结合企业效绩管理的具体模式，可以将西方企业效绩管理分为三个阶段：

第一个阶段：19世纪末20世纪初到第二次世界大战结束。早在13世纪的意大利，人们就发明了复式记账法，对企业的经营成果进行客观、准确和系统的测量，到了18世纪，经济学泰斗亚当·斯密提出了对组织的控制和业绩的管理，这些思想虽然可以看做是对效绩的测量，但由于当时还没有出现真正意义上的企业组织，所以还不能作为企业效绩考核的一个正式演进过程。直到19世纪英国爆发大规模的工业革命，工厂如雨后春笋般地产生、所有权和控制权逐渐分离时，才有了真正的企业效绩考核，即对经营过程的控制和成果的计量。这一时期在管理学史中的代表思想，有以泰勒为代表的科学管理、以法约尔为代表的组织管理和以韦伯为代表的行政集权管理等，其中，法约尔对管理的定义是计划、组织、指挥、协调和控制，他认为，控制就是要证实企业的各项工作是否已经和计划相符。所以，这个阶段对企业效绩的测量目的和方法都相对单一，主要是通过会计计量帮助企业实现控制职能,可以称之为"效绩考核"(Performance Rating)阶段。

第二个阶段:第二次世界大战结束到20世纪80年代末。这一阶段,世界经济日益融合,科学技术革命飞速发展,市场经济体制在全球大多数国家确立,企业规模越来越大,对管理的需求更加迫切,从而诞生了现代管理理论丛林,包括管理过程学派、经验学派、人群行为学派、社会系统学派、决策学派和数理学派等,在这些学派的影响下,企业效绩的好坏不是单纯地用几个财务指标来衡量,而是采用一些综合指标进行评价,例如,1950年杰克逊·马丁德尔提出了一套较完整的管理评价指标体系,主要包括公司的社会贡献、组织结构、对股东的服务、研究与发展、董事会业绩分析、公司财务政策、公司生产效率、对经理人的评价等。80年代,有学者根据权变理论提出的"权变业绩计量"体系,也是将生存能力、应变能力纳入效绩考核。可见,这一时期的企业效绩既有定量分析,又有定性分析,可以称之为"效绩评价"(Performance Evaluation)阶段。

第三个阶段:20世纪90年代至今。进入90年代,在全球化和信息化浪潮的推动下,质量管理、战略管理、企业文化、竞争优势、企业再造等概念蓬勃兴起,这些思想各有特点,但应该说,都是对管理过程,以及内部管理与外部环境的一个整合。这一时期,《哈佛商业评论》连续发表了一些关于评价企业效绩的文章,其作者包括管理学大师德鲁克等人。他们对于企业效绩不再局限于简单的考核或评价,而是进行价值管理,提出了平衡计分法,这种方法将财务和一些非财务指标有机结合起来,对企业进行系统管理,不仅达到控制的目的,而且实现指导的功能,有人形象地比喻道:"好的冰球手滑到冰球的位置;伟大的冰球手则滑到冰球将要到达的位置。"总之,这段时期形成了系统和全面的"绩效管理"(Performance Management)。

从以上发展轨迹可以看出:作为企业管理的一部分,企业绩效从简单地用会计指标进行判断到用综合指标进行分析,再到与企业管理全过程的融合,这种发展过程不是简单的新陈代谢、新旧更替的过程,而是从简单到综合、从静态到动态的过程。西方企业绩效管理的主体是个体所有者和投资人。西方多数国家的企业是建筑在私有制经济基础上的，所以企业绩效管理体系都是从私有资本所有者和股权多元化后的个体投资人的角度设计的，企业效绩的好坏直接决定了所有者和投资人的利益的多少。当代西方新的管理思想不断涌现，企业绩效管理成为一个重要的研究领域，以企业战略和股东价值为中心而设计的绩效管理模式层出不穷，如：整合绩效管理，以价值为基础的绩效管理（VBM），以及平衡计分卡等，其中最有影响力的是平衡计分测评法（Balanced Score Card）。

哈佛商学院的罗伯特·卡普兰和大卫·诺顿在20世纪90年代后期经过与绩效测评方面处于领先地位的12家公司进行的为期一年的项目研究，发明了"平衡计分测评法"。这种方法包含了财务测评指标，以揭示企业已经采取的行动所产生的结果，这些指标强调简洁和科学，哈佛大学的西蒙教授甚至认为"诊断指标的数量应以人们能记住为宜，建议数量是7个"；同时，采用涉及顾客满意度、内部程序及组织的学习和提高能力的三套绩效测评指标来补充财务测评指标，而这三方面的活动又成为未来的财务效绩的推动器。

整合绩效管理是英国加里·阿什沃思提出的方法，该方法通过五个关键的管理过程将战略、衡量标准、组织和结构、过程和管理、技术、技巧和能力、奖励和认可、文化和沟通等方面有效地整合在一起，创造一个有机结合的管理系统。另外值得注意的是，在当代西方效绩管理的过程中，引入了"价值"的理念，强调创造的价值，而不是会计账目上的税后利润，例如：EVA 就是这样一个指标，叫做经济增加值，公式：

$EVA = NOPAT$（税后净利润）$- WACC$（加权平均资本成本）

$WACC = [S/(S+B)] \times r + [B/(S+B)] \times r \times (1-T)$

$S =$ 权益资本

$B =$ 债务资本

$T =$ 企业所得税

第一个 r 指权益资本成本；第二个 r 指借款资本利率

可见，当代西方主要企业绩效管理已经摆脱简单利用财务报表的数据的短期控制行为，而走向系统的、从战略和远景角度对企业效绩进行管理的方法和理念。

二、我国企业效绩管理分析

随着我国社会主义市场经济体制的确立，各种不同所有制为基础的企业得到蓬勃发展，但作为公有制经济代表的国有企业在国家主要的行业中占据主导地位，同时，国家对国有企业的管理也从原来的国有国营发展到国有企业享有独立的商品生产者地位，成为自主经营、自负盈亏、自我发展、自我约束的市场竞争主体。具体讲，我国国有企业管理的改革进程大致经历了三个阶段：一是20世纪70年代的计划经济体制下的计划管理阶段；二是80年代改革开放后的放权让利和承包制阶段；三是90年代以后社会主义市场经济体制下的现代企业制度建设阶段。企业管理决定企业效绩管理，我国三个不同历史时期的国有企业管理模式是明显不同的，由此决定了我国企业效绩管理也可以分为以下三个不同的阶段：

第一个阶段：计划经济时期的计划考核。

这段时期，国有企业是国家经济管理部门的派生机构，企业的存在不是以利润最大化为目标，而是为完成政府下达的指令性生产计划，所以，企业效绩直接取决于生产计划的完成情况，比如：企业的产品产量和规格质量以及节约降耗与安全生产等。

第二个阶段：改革开放后到20世纪90年代初的粗放式考核。

改革开放后，国有企业逐渐成为独立的商品生产者，国家对国有企业的考核也主要是产值和上缴利税情况；80年代实行承包制后，国家主要考核企业按照承包计划兑现企业的利润留成指标的情况。这一时期，国家虽然曾发布劳动生产率等指标，但并没有得到真正的应用，所以也没有形成真正的企业绩效管理，而是粗放和单一的利润考核。

第三个阶段：20世纪90年代初至今的绩效管理。

这个阶段，中国开始探索以投资报酬率为核心的企业绩效评价方法体系。1999年财政部会同国家经贸委、人事部和国家计委联合颁布了《国有资本金效绩评价规则》和《国有资本金效绩评价操作细则》,2002年又修订颁布了《企业效绩评价操作细则(修订)》,使我国国有企业初步形成较为系统的绩效管理办法。

目前国内的研究机构、咨询机构和学者研究建立了各种各样的企业绩效评价理论模型。其中,比较有影响的评价模型包括:一是财政部提出的国有资本金绩效评价模型,主要是从财务效益状况、资产营运状况、偿债能力状况和发展能力状况四个方面,分基本指标、修正指标和评议指标三个层次进行评价;二是徐国华等人提出的经营业绩综合评价模型,主要从盈利能力、偿债能力、资产管理能力、成长能力、股本扩展能力及主营业务鲜明状况六个方面进行评价;三是中国诚信证券评估有限公司与《中国证券报》合作提出的上市公司业绩综合评分模型,其方法为综合指数法,所选取的指标为:净资产收益率、资产总额增长率、利润总额增长率、负债比率、流动比率和全部资本化比率;四是美国《财富》杂志在2002年1月公布的"中国100强上市公司"排名时采用的模型,其主要评价指标是企业的年营业额、净利润和市值;五是思腾思特管理咨询公司发布的"2000年中国上市公司EVA/MVA排行榜",主要评价指标是企业的增值价值;六是《中国证券报》和亚商企业咨询股份有限公司从1998年开始公布的每一年度"中证亚商中国最具发展潜力上市公司排行榜",其评价指标主要有财务状况、核心业务、经营能力、企业制度、管理层素质和行业环境六个方面。

但从近几年的实践来看,以上评价体系都只从一定的角度对企业的绩效进行了评价,并未能形成科学完整的绩效评价指标体系,很多问题值得商榷。

第一,存在财务指标权重过大、非财务指标权重偏小的评价倾向。例如国有企业效绩评价模型中财务指标占80%的权重;而中国诚信证券评估有限公司与《中国证券报》合作提出的上市公司业绩综合评分模型,选取的指标则全部为财务指标。由于财务指标具有综合性和数据易收集等特点,必然成为绩效评价指标体系的重要组成部分。但财务指标权重过大所带来的弊端也显而易见。首先,财务指标权重过大,导致企业过分重视短期财务结果,助长管理者急功近利思想和短期行为,使得企业不愿意进行可能会降低当前盈利水平的资本投资,从而影响了公司长期战略目标的实现。其次,由于知识经济时代的特殊性,企业只有投资和关注于顾客、供应商、员工和技术创新等各个方面,才能完成创造未来价值的行为,但财务指标评价体系显然不能实现对这一过程的指导,它评价和描述的是过去的事情,用来指导和评价知识经济时代的企业显得捉襟见肘。而且,现行的会计制度对企业无形资产的确认和计量作出了很严格的限制,企业的很多无形资产不能在企业的财务报告中体现,使得财务指标在评价企业无形资产方面也显得力不从心,而这恰恰是评价知识经济时代的企业长期竞争力的关键所在。因此在实际工作中,绩效评价体系中财务指标权重过大,易导致企业重短期业绩评价,轻长期业绩评价;重过去财务成果,轻未来价值创造;重有形资产业绩,轻无形资产业绩等倾向。

第二,存在评价内容不具全面性的缺陷。由于财务指标权重过大,上述评价模型涉及企业战略性发展的指标较少,对顾客、员工和内部流程方面的指标涉及较少或几乎没有涉及,不利于企业的战略管理和核心竞争力的形成。例如,财政部的绩效评价模型中,其定量分析指标全部是财务指标,没有对企业经营管理和核心竞争力等其他方面指标进行设计。此外,上述评价模型大多是从企业经济利益出发进行评价,追求企业价值最大化,较少考虑企业应承担的社会责任和取得的社会效益,对企业社会贡献未作评价。现代社会的企业追求的不仅是企业价值的最大化,还要考虑其作为社会组成部分应该承担的社会责任,企业应该将企业—社会价值最大化作为其价值导向。但在上述评价模型中,未涉及对企业承担社会责任的评价。

第三,评价结果不够准确。上述评价指标体系存在由于设计不合理而导致评价结果不够准确的现象。在财政部发布的绩效评价模型中,整套财务指标体系中的指标,有些是正指标(如存货周转率),有些是逆指标(如不良资产比率),但却同时进行加权平均,影响了评价结果的可靠性。例如,基本指标中的资产负债率,修正指标中的不良资产比率、资产损失率等都是适度指标或逆指标。模型对适度指标资产负债率进行了特殊规定，但对逆指标不良资产比率等未作说明，而是与资产负债率一道直接与其他指标进行加权计算，使计算结果缺乏科学性。此外，在《中国证券报》和亚商企业咨询股份有限公司公布的 1999 年和 2000 年"中证亚商中国最具发展潜力国有独资或国有控股排行榜"上，东方电子连续两年位列排行榜首位，评价结果显示该公司在财务状况、核心业务、经营能力、企业制度、管理层素质和行业环境等方面均有良好的表现，公司具有良好的持续发展能力，但随着东方电子财务造假曝光，评价结果和公司真实情况之间的差异使得该评价体系也开始受到市场的质疑。

我国最主要的企业效绩管理办法是财政部颁布的《企业效绩评价指南》，这套体系的内容包括：财务效益状况、资产应运状况、偿债能力状况和发展能力状况。它采取多因素分析和多层次评价指标递进修正的方法进行设计，由反映四部分评价内容的基本指标、修正指标、评议指标三层次共二十八项指标构成，其中，基本指标的计算公式是：

基本指标总得分 = Σ 单项基本指标得分

单项基本指标得分 = 本档基本分 + 调整分

本档基本分 = 指标权数 × 本档标准系数

调整分 = ［（实际值 − 本档标准值）／（上档标准值 − 本档标准值）］× （上档基础分 − 本档基础分）

上档基础分 = 指标权数 × 上档标准系数

修正指标是以基本指标的得分为基础，计算各部分的综合修正系数，再计算修正指标分数；评议指标则根据企业实际情况进行定性判断，最后按照定量与定性指标 8:2 的权重计算综合评价得分。该体系借鉴了国外先进经验，将定量和定性分析结合起来，对企业绩效进行比较全面的评价。

总之，在内容上，国内外的企业效绩管理都倾向于综合和系统，但与国外相比，我国的效绩体系仍然侧重于大量的财务指标，一方面缺乏量化和非量化指标的横向统一，另一方面没有分析效绩评价在企业整个管理体系和流程中的地位和关系。

第二节　我国国有公司绩效评价模型的价值取向及设计原则

一、国有独资或国有控股绩效评价模型的价值取向

企业的价值取向是指其经营目标的基本取向。作为经济活动的参与单元，企业经营目标的基本取向是实现股东财富最大化。追求收益最大化是企业的天性，中国国有独资或国有控股公司的价值取向也离不开这一要素。但随着市场形势和外部环境的变化，企业的经营目标和价值取向也在发生深刻的变化，经历了利润最大化、企业价值最大化和企业—社会价值最大化三个阶段。

1. 利润最大化

传统的财务理论认为，利润代表了企业新创造的财富，利润越多则说明企业的财富增长得越多，越接近企业的目标。但是这种观点没有考虑利润取得的时间，承担风险的大小，也没有考虑所获利润和投入资本额的关系，因此，利润最大化不应该是中国国有独资或国有控股在经营决策时的价值取向。

2. 企业价值最大化

由于利润最大化观点存在的种种弊端，企业经营目标和价值导向开始发展为企业价值最大化。企业价值最大化的观点认为，股东创办企业的目的是为了扩大财富，由于他们是企业的所有者，企业价值最大化就是股东财富的最大化。对于已经上市的股份公司而言，其在公开市场上的股票价格代表了企业的价值。在成熟的证券市场上，国有独资或国有控股股价的高低，代表了投资者对公司价值的客观评价，体现了投资者对企业过去和未来收益、时间性和风险性、股利政策等综合因素的考虑。但这种股价与企业价值之间的紧密联系有一个依赖的基本前提，即证券市场要达到强式或半强式有效，股价的波动才能衡量企业价值的变化。这也就是说，利用股价来评价公司经营业绩的有效性很大程度上取决于所从属的证券市场的有效性。而在中国新兴

的证券市场中,股价受到诸多正常和非正常因素制约,并不能完全代表企业的真实价值,因此,在中国利用股票价格来衡量国有独资或国有控股的价值往往会出现较大偏差。此外,企业价值最大化的观点将企业作为一个孤立的个体看待,没有考虑其与所处社会经济环境中的各个利益相关者协调发展的问题,容易导致企业过分关注经济利益而忽视其所承担的社会责任。

3. 企业—社会价值最大化

随着知识经济的来临,企业开始进入战略经营时期,这一时期的企业经营目标和价值导向开始演变为企业—社会价值最大化,这一概念包括企业价值最大化(股东财富最大化)和其他相关利益者,诸如员工利益最大化、政府利益最大化、债权人利益最大化,等等。系统论认为,系统是一个相对的概念,一个企业对于它下设的各个部门和基层单位来讲,是一个大系统,而对于它所属的城市、地区乃至整个国民经济来讲,又仅仅是一个子系统。为此,企业经营目标的实现,不能仅仅从企业本身来考察,还必须从企业所从属的更大社会系统所定的规范和目标来考察。企业要在激励的竞争环境中生存,必须与其周围的环境取得和谐,这包括与政府的关系、与员工的关系和与社区的关系等,因此企业必须承担一定的社会责任,包括解决社会就业、讲求诚信、保护消费者、支持公益事业、环境保护和搞好社区建设等。"企业—社会价值最大化"就是要求企业在追求"企业价值最大化"的同时,实现与其利益相关者协调发展,形成企业的社会责任和经济效益间的良性循环关系。

企业—社会价值最大化是现代企业追求的基本目标,这一目标兼容了时间性、风险性、可持续发展等重要因素,体现了经济利益和社会效益的统一,也是本书所采纳的企业价值取向观点。在中国社会主义公有制为主体的经济体制下,中国国有独资或国有控股绝大多数属于国有控股性质的国情下,中国国有独资或国有控股更应将追求企业—社会价值最大化作为经营目标,并贯彻到经营决策过程中。

二、国有独资或国有控股绩效评价指标体系设计的基本原则

根据知识经济时期中国国有独资或国有控股所面临的特殊经营环境、战略目标和价值取向,考虑到指标体系的可执行性,中国国有独资或国有控股绩效评价指标体系设计应遵守以下原则:

1. 一般原则

(1) 可操作原则。可操作性主要是指指标体系本身的可行性以及指标项目有关数据收集的可行性。如指标体系过于详细则会导致烦琐,同时如果某项评价指标虽然有用,但为获取该指标数据所花费的成本大于其所能带来的利益时,一般应放弃该项指标转而选取其他可替代的指标。

(2) 系统性原则。在确定国有独资或国有控股绩效评价指标时,一要注意财务指标和非财务指标的协调、定量指标和定性指标的协调。财务指标主要反映企业过去的经营成果,非财务指标体现企业的长远发展态势和竞争力;定量指标主要以企业提供的会计报表和统计资料为依据,定性指标则从其他方面反映企业的运作状态,因此需要将财务指标和非财务指标、定量指标和定性指标进行有机结合。二要注意评价内容的协调。国有独资或国有控股的绩效评价体系是一套综合的绩效评价体系,对能够反映企业综合竞争力的各个方面要全面考虑,关键性指标要互相衔接,并赋予适当的权重。

(3) 重要性原则。这里重要性原则是指全面性和重要性相结合的原则。强调国有独资或国有控股绩效评价指标体系的全面性,因为它有助于从不同侧面显示企业的经营业绩。但过于面面俱到的评价指标会使整个评价体系变得模糊不清,不利于围绕核心问题来展开评论。因此在选取指标时,应按照重要性原则的要求,选择影响企业经营绩效的主要方面,而不是每个方面。

2. 特殊原则

(1) 社会效益原则。根据企业—社会价值最大化的价值取向,特别是在中国社会主义公有制为主体的经济体制下,考虑到中国国有

公司的特点，因此在评价中国国有企业的整体绩效时，必须考虑其为社会所做的贡献，即社会效益原则。例如，国有企业在提供就业岗位、上缴国家税收、诚信程度、环境保护、对社会公益事业的关注等方面，都是衡量一家国有企业整体绩效的重要因素。

（2）激励性原则。建立绩效评价指标体系的重要作用之一是为国有企业建立激励约束机制奠定基础，因此对国有企业的绩效评价应将评价范围限制在管理者所能控制的范围内，非可控指标要尽量避免出现，否则会引起管理者的抵触。此外，指标水平应是平均先进水平，这对管理者的工作具有一定的挑战性，可以激发其工作潜能。

第三节 我国国有独资或国有控股绩效评价指标体系

一、国有独资或国有控股绩效评价指标体系的基本内容

根据系统管理理论，在知识经济条件下，企业战略经营目标的实现取决于内外部一系列因素，因此，绩效评价指标体系设计既要考虑国有独资或国有控股内部各种影响战略经营目标实现的重要方面，更要考虑外部环境对国有独资或国有控股经营具有重要影响的因素，特别是要考虑中国国有独资或国有控股所处国情特点和环境的特殊性。在设计中国国有独资或国有控股绩效评价指标体系时要体现以下几个结合：财务指标与非财务指标的结合、定量指标和定性指标的结合、过去业绩评价和未来发展能力评价的结合、内部层面和外部层面的结合、经济效益和社会效益的结合、经营稳健和风险经营的结合。只有实现以上几个结合，才能很好地避免中国现有绩效评价指标体系的缺陷。具体来说，国有独资或国有控股绩效评价指标体系应当包括定量指标（评价指标）和定性指标（评议指标），其中定量指标分为基本指标和修正指标，包括五个方面：财务层面评价指标、顾客层面评价指标、内部流程层面指标、创新与学习层面指标、社会责任层面指标；定性指标包括公司治理结构、管理者基本素质、产品市场占有能

力（服务满意度）、发展创新能力、经营发展战略、基础管理水平、社会综合贡献、信用操守情况八个方面。整个体系完整反映公司战略目标实现的重要方面，避免评价内容不全的弊病。

二、国有独资或国有控股绩效评价基本指标体系

基本指标是对企业绩效的主要计量指标，是整个绩效评价指标体系的核心。通过基本指标评价，可以反映出企业的基本效益水平。基本指标包括净资产收益率、总资产报酬率、现金流动负债比率、现金满足投资比率、资产负债率、应收账款周转率、已获利息倍数、主营业务增长率、资本扩张率、主营业务市场份额率、总资产周转率、流动资产周转率、人均利润率、生产工人人均生产设施、就业岗位比率和上缴税收比率。

《国有资本金效绩评价规则》（以下简称《规则》）对完善国有资本金的监管，提高国有资产的利用效率起着不可估量的作用，但仍存在一些不尽完美之处，尚待完善。《规则》对现金流量的考虑不足。现金流量是衡量国有资本金效绩不可缺少的因素。应在指标类别中加入现金流量状况，建立基本指标：（1）现金流动负债比；（2）现金满足投资比，即近5年经营活动现金净流量除以近5年资本支出加存货增加再加上现金股利之和。同时应建立修正指标：（1）经营现金流入量与现金总流入量比率，因为经营活动是企业现金流入的主要部分，且这部分现金流入较投资活动、筹资活动的现金流入更具有稳定性；（2）现金到期债务比，即经营现金净流入除以本期到期的长期债务与本期应付票据之和，通过建立该指标可以反映企业是否及时偿还本期到期的债务。

《规则》对应收账款也不够直观。三角债的问题在现阶段并不是消除了，而是继续存在。为了加强企业对应收账款的管理，应将应收账款周转率从修正指标改为基本指标，可减少企业将大量的坏账长期挂账，而且可以修正被虚夸了的企业业绩，同时由于应收账款周转率在国有资本金的效绩评价中所占的分值增加，应收账款的管理与企业业绩评价更为相关，从而更为有效地监督企业的经营管理者加强应收

账款的管理，减少坏账损失，以降低国有企业的代理成本。

在设计的指标中，净资产收益率、总资产报酬率、资产负债率、应收账款周转率、已获利息倍数、主营业务增长率、资本扩张率、总资产周转率、流动资产周转率九个指标的含义和计算方法与财政部《国有企业效绩评价指标体系》中的相关规定相同，其余指标含义及计算公式如下：

1. 主营业务市场份额。主营业务市场份额是企业本年营业收入净额占国内该行业营业收入总额的比率。其计算公式为：主营业务市场份额＝本年营业收入净额/该行业营业收入总额。该指标是衡量企业产品和服务市场竞争能力的重要指标，表明了其在市场中所处的地位。

2. 人均利润。人均利润是指企业主营业务利润同员工平均人数的比率。其计算公式为：人均利润＝主营业务利润/员工平均人数。它从企业人均创造价值的角度，反映了企业的技术领先状况和生产效率状况。

3. 生产工人人均生产设施。生产工人人均生产设施是指企业经营用固定资产总额同车间生产工人平均总数的比值。其计算公式为：生产工人人均生产设施＝企业经营用固定资产总额/车间生产工人平均总数。该指标从企业固定资产投入的角度考察了企业的技术领先状况。

4. 就业岗位比率。就业岗位比率是指企业提供的就业岗位数与平均资产的比值。其计算公式为：就业岗位比率＝企业平均人数/平均资产总额。该指标反映了企业每单位资产提供的就业岗位，体现了企业的社会贡献。

5. 上缴税收比率。上缴税收比率是指企业上缴的国家税收总额同平均资产总额的比值。其计算公式为：上缴税收比率＝企业上缴的国家税收总额/平均资产总额。该指标反映了企业上缴国家税收的情况，从税收角度体现了企业的社会贡献。

6. 现金满足投资比，即近5年经营活动现金净流量除以近5年资本支出加存货增加再加上现金股利之和。

三、国有独资或国有控股绩效评价修正指标体系

修正指标的基本功能是对基本指标评价中的不正确和不全面的情况根据客观情况进行修正。通过修正指标评价，可以使企业评价结果更加真实准确。《规则》将竞争性工商企业评价指标体系的定量指标分为四类，其中以反映财务效益状况的指标为核心。在制定《规则》时国有资本金是禁止进入证券二级市场的，因此制定者当时没有考虑企业此类投资风险。1999年9月份发布的有关国有企业、国有资产控股公司、上市公司可以投资二级市场的新规定使国有资本金效绩评价指标体系出现了一些漏洞。现在如果企业将资金大量投入到证券二级市场，从中获得丰厚的投资收益，增加企业利润，将直接导致其净资产收益率、总资产报酬率、资本保值增值率、成本费用利润率上升，使企业的上述指标都能优化，同时并不影响销售利润率的大小。但实际上企业是将资金大量投入了高风险的证券市场，企业的经营风险已经加大了，而且由于对外间接投资占用大量的资金，可能会导致企业的生产经营规模难以扩展，不利于企业的长期发展。这样，企业管理部门若仍仅以这些指标作为评价企业经营者的工作业绩，可能刺激企业的短期行为，造成企业代理风险加大，特别是在经营者即将退休或辞职时，此现象会更为严重。因此，应该在修正指标中加入销售利润与利润总额比率这一指标，从而更好地评价国有资本金的效绩，保证企业的资金能有效地投入到生产经营中去，真正发挥国有企业在国民经济中的主导地位，同时确保企业收入的稳定性。

本指标体系中部分修正指标含义及计算公式如下，其余指标的含义和计算方法与财政部《国有企业效绩评价指标体系》中的相关规定相同。在对财政部颁布的国有企业绩效评价指标体系进行修改、补充完善的基础上，设计了中国国有独资或国有控股绩效评价指标体系。

1. 顾客满意比率。顾客满意比率是无顾客投诉营业收入与营业

收入总额的比率。其计算公式为：顾客满意比率＝无顾客投诉营业收入/营业收入总额。该指标主要用来衡量顾客对企业提供产品和服务的满意程度。

2. 优良资产比率。优良资产比率是企业年末优良资产总额占年末资产总额的比率。其计算公式为：优良资产比率＝1－（年末不良资产总额/年末总资产额）×100％。其中企业不良资产包括3年以上应收款项、积压存货、不良投资、待处理资产损失、费用性资产等。该指标用来衡量企业现有资产的营运状况，该指标越高，表明企业可以参加正常生产经营的资产越多，资产利用率越高。

3. 产品合格率。产品合格率指企业一定时期内生产出合格产品与全部产品的比值。其计算公式为：产品合格率＝合格产品产量/全部产品产量。该指标体现企业在生产过程中控制质量的能力。

4. 培训支出比率。培训支出比率是指企业当年员工培训支出与当年主营业务收入的比率。其计算公式为：培训支出比率＝员工培训支出/主营业务收入×100％。该指标是衡量企业在人力资源投资方面的重要指标，体现了企业在未来的竞争能力。

5. 员工稳定比率。员工稳定比率是指企业一定时期的稳定员工与员工平均总数的比率。计算公式为：员工稳定比率＝1－（年内流动员工比率/员工平均总数）×100％。该指标体现了企业的凝聚力。一般来说，该指标过低反映企业人心涣散，员工士气不足。

6. 员工人均收入。员工人均收入是指企业工资性支出与员工平均总数的比率。其计算公式为：员工人均收入＝企业工资性支出/员工平均总数。该指标体现了企业员工的平均报酬水平，是衡量企业保障员工利益的重要指标。

7. 社会公益捐赠比率。社会公益捐赠比率是指企业一定时期的社会公益捐赠总额与平均资产总额的比率。其计算公式为：社会公益捐赠比率＝社会公益捐赠总额/平均资产总额。该指标是衡量企业参与社会公益事业的重要指标。

8. 销售利润与利润总额比率。即销售利润与利润总额之比，目的是体现主营业务占利润总额的比率。

9. 现金到期债务比，即经营现金净流入除以本期到期的长期债务与本期应付票据之和，通过建立该指标可以反映企业是否及时偿还本期到期的债务。

四、国有独资或国有控股绩效评价指标体系

评议指标概括了公司治理结构、企业经营管理能力、社会综合贡献等方面的非计量因素，包括公司治理结构、管理者基本素质、产品市场占有能力（服务满意度）、发展创新能力、经营发展战略、基础管理水平、社会综合贡献和信用操守情况等指标。

1. 公司治理结构。公司治理结构是指公司股东大会、董事会、监事会和管理层的设置是否符合监管部门和现代企业制度的有关要求，运作是否规范，是否体现了"权责分明，管理科学"的原则，是否保障了全体股东的权益。

2. 管理者基本素质。经营者基本素质是指公司现任领导班子的治理素质、品德素质和能力素质等，具体包括知识结构、道德品质、敬业精神、开拓创新能力、团结协作能力、组织能力和科学决策水平等因素。

3. 产品市场占有能力（服务满意度）。产品市场占有能力主要用于工业企业，指企业主导产品由于技术含量、质量水平、品牌优势和营销策略等因素而拥有的占有市场的能力。服务满意度是用于服务行业的评议指标，指消费者或服务的质量、种类、速度和方便程度等的心理满足程度。

4. 发展创新能力。发展创新能力是指国有企业在市场竞争中为保持竞争优势，不断根据外部环境进行自我调整和革新的能力，包括管理创新、产品创新、技术创新、服务创新、观念创新等方面的意识和能力；也包括公司员工素质，即公司员工的文化水平、道德水准、专业技能、组织纪律性、参与公司管理的积极性及敬业精神等方面的综合情况。

5. 经营发展战略。公司经营发展战略是指公司所采取的包括科研投入、产品开发、市场营销、人力资源、资产重组、资金筹集等各

方面的长期策略。

6. 基础管理水平。基础管理水平是指公司按照国际规范做法、国家政策法规规定和公司实际情况，在生产经营过程中形成的公司组织结构、内部经营管理模式、各项基础管理制度、激励与约束机制、信息支持系统、安全生产管理等的建设及贯彻执行状况。

中国国有独资或国有控股公司绩效评价指标体系表

指标分类		评价指标				评议指标	
	数权	基本指标	数权	修正指标	数权	评议指标	数权
财务效益状况	28	净资产收益率 总资产报酬率	18 10	主营业务利润率 盈余现金保障倍数 每股收益 每股股利 每股净资产 销售利润与利润总额比率	6 6 8 4 2 2	公司治理结构	18
财务60	现金流量	现金现金流动负债比 现金满足投资比	4 2	现金到期债务比 经营流入量与总流入量比率	2 2	管理者基本素质	16
	偿债能力状况	15	资产负债率 应收账款周转率 已获利息倍数	7 2 4	速动比率	7 2	产品市场占有能力（服务满意度）	14
	发展能力状况	17	主营业务增长率 资本扩张率	9 8	三年主营业务平均增长率 三年资本扩张平均增长率	9 8	发展创新能力	12
顾客15	市场占有状况	15	主营业务市场份额	15	顾客满意比率	15	经营发展战略	12

续表

指标分类	数权	基本指标	数权	修正指标	数权	评议指标	数权
内部流程 10 / 资产管理状况	10	总资产周转率 流动资产周转率	5 5	存货周转率 应收账款周转率 优良资产比率 产品合格率	3 3 2 2	基础管理水平	10
创新与学习 10 / 技术领先状况	10	人均利润 生产工人人均生产设施	5 5	研发投入比率 培训支出比率 员工稳定率 员工人均收入	4 2 2 2	社会综合贡献	10
社会责任 5 / 社会效益状况	5	就业岗位比率 上缴税收比率	3 2	社会公益捐赠比率	5	信用操守情况	8
		80%				20%	

第四节 我国国有资产效绩管理的事后监督与未来趋势

一、国有资产效绩管理的事后监督

国有资产绩效管理的事后监督方式，除了进行指标考核外，为确保考核的公平、公正、公开，应当引入绩效审计。

现代企业最突出的矛盾是所有者与经营者的"利益不一致"和"信息不对称"。审计正是应"保障这两个矛盾主体互相信任"而生。然而，随着近代企业的发展，人们逐渐意识到单纯的财务审计已经不能满足企业各方利益主体的需要。绩效审计理论就是为企业利益相关者提供企业经济活动的效率性、效果性和经济性等方面的信息。

绩效审计（performance auditing）由美国学者阿瑟·肯特于1948年在美国《内部审计师》杂志上发表的《经营审计》一文中提出。而最早的相关的论著则是1962年美国管理咨询师威廉·伦纳德撰写的《管理审计》。随后美国学者奥赫伯特、英国学者约翰·J.格林等一大批权威审计学者开始对这一新的审计理论进行系统研究。据宋常等人的考证，我国对绩效审计理论的探索始于1982年，较早的有关绩效审计的学术论文是徐日青和肖正乾撰写的《经济效益审计初探》。最早出版的翻译著作是张国祥等人翻译的美国学者奥赫伯特的《管理绩效审计学》，这本书对我国绩效审计研究起了积极的引导和推动作用。随后国内出现了一大批学者对"有中国特色的绩效审计"进行了理论探索。主要有：王光远、吕文基等人对绩效审计（管理审计）的概念和相关功能进行了研究；李凤鸣、李敦嘉等人侧重引进和介绍国外绩效审计的理论与实务；竹德操、任月君等对绩效审计方法进行了系统性的探索和研究。蔡春和赵保卿等人则从整体视角出发，分别出版专著《绩效审计论》和《绩效审计理论与实务》，对我国1982年以来绩效审计理论研究的成果作了初步的总结。此外，进入21世纪以后，我国出现了众多硕博士学位论文对绩效审计这一理论进行深入研究。较具代表性的有：北京航空航天大学博士杨健奎的《国有大型企业经营绩效评价研究——基于企业价值战略的经营绩效评价研究》、重庆大学硕士李尊卫的《基于企业能力理论的企业绩效审计指标体系研究》、东北林业大学博士李萍的《林业重点工程绩效审计研究》、湖南大学硕士王琼林的《我国绩效审计实施的现实问题研究》等。本书对1982年至2008年中国期刊网上的文章按照关键词和主题分类索引，得到如下情况：

1982—2008年有关绩效审计的论文、专著和译著统计表

方面	经济绩效审计	管理效益审计	经营管理审计	经营审计	管理审计	政府绩效审计	效益审计	社会效益审计	经济审计	厂长离任审计	承包经营审计	经济责任审计	文章合计
数量	1325	272	124	26	182	1020	102	58	29	58	30	357	3583

严格说来，始于20世纪90年代初的我国绩效审计理论研究，是从经济效益审计的角度开展的，一些学者对绩效审计进行了积极的探

索并取得了可喜的成果,主要有吕文基、李凤鸣等、李敦嘉、王光远、陈思维等、竹德操等、陈守德、赵玉华等、邢俊芳等撰写的专著。从统计资料及有关文献可了解到,20世纪80年代初,我国审计理论界侧重于引进和介绍国外绩效审计的理论与实务。此后,逐步转向探讨如何建立有中国特色的绩效审计,对绩效审计的定义、职能、范围、方法和程序等基本理论进行了较为广泛的研究,并把绩效审计理论研究列为重点研究课题,取得了一些初步的成果。在1985—1986年及1991—1993年两个期间,我国绩效审计理论研究先后出现两次高潮,发表和出版了大量有关绩效审计的论文与著作,不少教材对此也有述及。值得指出的是,1998年中国审计学会将绩效审计(经济效益审计)确定为重点研究课题,由北京市、上海市、重庆市和四川省审计学会牵头组织讨论这个课题,并在南京举办了绩效审计(经济效益审计)学术研讨会,取得了一些积极的成果。上述这些努力及其成果都有力地推动了我国绩效审计的理论研究。

据王光远统计,国内外学者有关绩效审计的提法有二十种之多,如国外有学者提出过业务审计(operational audit)、业绩(绩效)审计(performance audit)、管理业绩审计(management performance audit)、货币价值审计(value-for-money audit or value for money auditing)、综合审计(comprehen siveaudit)、效率审计(efficiency audit)、效果性审计(effectiveness audit)、制度审计(system audit)、经营审计(operational auditing)、"3E"审计(economy、efficiency&effectiveness auditing)等,我国有学者还提出过管理效益审计、经营管理审计、社会效益审计、经济审计、经济责任审计等。认为这些称谓在意欲表达绩效审计的深层含义及启发人们的思维认知等方面可能起到一定的作用,但过多的称谓容易导致人们在理解上的混乱,不利于从事该方面的理论研究、实务工作及理论与实际的结合,甚至还会阻碍绩效审计理论研究的深入和实际工作的开展;同样,国外也有不少人不赞同某些学者在该方面的标新立异或独创新词,事实上这种态度或认识不无道理。

我国学者大都将政府审计机关从事的对行政事业单位的非财务审

计称为"绩效审计",其对企业进行的非财务审计称为"经济效益审计"或"效益审计",而民间审计组织和内部审计部门从事的非财务审计称为"经营审计"、"管理审计"或"经济效益审计"。其实,无论哪类审计主体,只要其从事的审计业务属非财务审计,均可归为"绩效审计"的范畴,主要理由如下:

一是绩效审计作为一种审计形式,无论是政府审计、民间审计还是内部审计,只要用之就应有统一的称谓,而不应分别不同主体采用不同的概念。例如,当审计主体系政府审计机关时,就称之为绩效审计,而当审计主体是内部审计部门或民间审计组织时,却称之为经济效益审计。这种依审计主体决定称谓的做法,从理论或实务的角度看均属不妥。

二是绩效审计是就被审计单位或项目的效益(包括经济效益和社会效益)情况加以界定的,因而这一称谓可以包括两种效益的审计,否则,就会导致不正确的理解,并形成"经济效益审计"和"社会效益审计"两个概念,进而会导致下列曲解或误解:既然对企业进行审计所产生的是经济效益就称之为经济效益审计,那么政府审计机关审计行政单位所产生的是社会效益就应称之为社会效益审计;既然内部审计部门和民间审计组织从事非财务审计可以产生经济效益就称之为经济效益审计,那么政府审计机关从事的对国有企业的审计同样可以说是经济效益审计,由此推之有时审计政府部门后节约了资金也可以说产生了经济效益,那么为什么不称之为"经济效益审计"而曰其为"绩效审计"呢?无疑,较好地解决该问题的办法就是采取统一的称谓,况且国际上目前大都接受或采用"绩效审计"这一称谓,而又找不出更多的理由来反对使用这一名称或采用其他更好的称谓,因此可统一称之为"绩效审计"或"效益审计"。

三是除英国和加拿大等少数称"绩效审计"为"货币价值审计"外,世界上其他国家的最高审计机关均使用"绩效审计"概念,该词是最高审计机关国际组织于1986年在澳大利亚召开的大会上决定采用的,该国际组织在出台的《绩效审计指南(草案)》(国际审计纵横2001)中也采用了"绩效审计"概念。从与国际惯例接轨及对外交流的角度看，我国采用"绩效审计"一词似更为妥当。

四是在翻译国外审计成果方面，我国一些学者在较早时期就有将非财务审计译为"绩效审计"的做法，如徐瑞康和文硕就将约翰·格林的货币价值审计（value for money auditing）译为"绩效审计"，1992年袁军等将R.E.布朗等的"perfor mance auditing"翻译为"绩效审计"。

五是国内外学者大都倾向于将管理审计、经营审计等合称为"绩效审计"。如李凤鸣认为，我国的经济效益审计类似于国外的绩效审计或"3E"审计，包括了经营审计和管理审计两部分；竹德操等认为，经济效益审计内容分为业务经营审计和管理审计两个部分；娄尔行认为，审计的发展分为三个层次，即财务审计、业务审计和经营、管理审计，其中后两种审计就是经济效益审计的两部分。R.E.布朗认为，管理审计和效果审计合并在一起等于"绩效审计"。邢俊芳等在《最新国外绩效审计》一书中就把管理审计、经营审计、效益审计、综合审计、效率审计等专题合称为"绩效审计"。可以推断且应当承认，如此之多的国内外学者在该问题上有着相同或相似的看法，在一定意义上也说明了采用"绩效审计"之称谓有其相当的合理性。

国际上对绩效审计主要采用"3E"定义，即指对经济性、效率性和效果性的审计。R.E.布朗认为，"绩效审计就是对一个工作项目的效益和效果进行传统的分析。"1994年美国会计总署修订的《政府的机构、计划项目、活动和职责的审计准则》认为，"绩效审计就是客观地、系统地检查证据，以实现对政府组织、项目、活动和功能进行独立地评价的目标，以便为改善公共责任性，为采用纠正措施的有关各方进行决策以便实施监督提供信息。"最高审计机关国际组织在《绩效审计指南》中虽未专门界定绩效审计，但指出"绩效审计关注的是对经济性、效率性和效果性的审计"。国际会计师联合会认为，绩效审计的目标是向用户提供独立的业绩信息和系统的认定保证。此外，德国联邦审计院、荷兰审计院等对绩效审计都有类似或近似的界定。

我国学者除了基本赞同"3E"定义外,主要是对经济效益审计加以界定。如竹德操等认为,"经济效益审计是由独立的审计机构或审计人员,对被审计单位或项目的经济活动进行综合的、系统的审查、分析,对照一定的标准评定经济效益的现状和潜力,提出提高经济效益的建议,促进其改善管理、提高效益的一种审计活动"。李凤鸣认为,它是"以评价实现经济效益的程度和途径为内容,以促进经济效益提高为目的所实施的审计"。周勤业认为,它是"经济效益实现途径的开发利用和实现程度的审计"。管锦康认为,它是"指专门机构或人员,接受财产所有者的授权或委托,对财产经营管理者利用财产经济责任效益性方面所进行的独立性的经济监督"。①

笔者认为绩效审计概念应包括审计主体、客体、目的、职能、方法和性质等,并借鉴各家之言,可将绩效审计初步定义为:专门机构接受委托对受托人利用资产效益性进行的独立性监督。国外审计界大都认为绩效审计的内容主要是"3E",如英国的货币价值审计、美国和澳大利亚的绩效审计、加拿大的综合审计等都强调"3E"。只是其侧重点有时有所不同,如德国的绩效审计(有时称为"横向审计")除了强调效果性以外,还重视预算事项的事前分析;日本的绩效审计主要是效果性审计;瑞典的侧重点是业务活动的效果性、效率性和组织、管理制度的健全性和合理性;印度强调经营事项、计划或项目进行过程中的"3E"。

我国的绩效审计应涵盖哪些内容,目前还存在着争议,但较具代表性的有"二分法"与"三分法"。如李敦嘉认为,政府绩效审计可以分为行政事业单位的绩效审计和公共工程的效益审计;陈守德等认为,绩效审计应包括两部分,即盈利性支出部分(基建投资、重点建设项目投资及国有企业使用效果审计等)和非盈利性支出部分(行政收支、公共工程收支和各种基金的收支);赵玉华等认为,绩效审计应包括管理审计和项目审计(或称投资审计、效果审计)两个方面;还有的人认为,绩效审计可以划分为两个部分:其一是政府

---

① 管锦康:《中国会计研究文献摘编1979—1999——审计卷》,2002年版。

财政收支中的行政收支、公共工程收支和各种基金的收支,其二是政府财政收支中的有关收益性投资部分;石爱中等认为,"3E"审计表明了我国政府绩效审计的内涵和内容,其他均应视为"3E"审计的具体表现形式,也基本赞同或持有这种主张。

对于绩效审计的种类,国内主要有三种观点:其一是将绩效审计分为四种类型,如汤云为认为有"企业式、行业式、地区式经济效益审计、国家大型项目的审计";其二是将绩效审计分为三种类型,如朱庆林等认为按审计目的的差异不同,绩效审计可分为经济性审计、效率性审计和效果性审计,大部分学者都持这种主张;其三是将绩效审计分为两种类型,如娄尔行认为绩效审计可分为业务经营审计和管理审计。① 在国外,也有多种观点:如 R.E. 布朗认为,绩效审计包括"管理经营审计和效果审计";巴基斯坦审计长公署认为,绩效审计可以分为财务与遵纪审计、管理审计(经济与效率审计)、项目审计(效益方面)三部分;美国会计总署认为,绩效审计包括经济性、效率和项目审计。认为把绩效审计归纳为经济性、效率性和效果性三种比较简单明晰,较为合理实用。

绝大多数学者认为,除了常规的财务审计方法对绩效审计同样适用外,绩效审计有时还采用一些独特的方法。对此,主要有三种观点:一种观点认为绩效审计的方法包括三个部分。如竹德操等认为,其方法体系包括审计方法基础(含哲学基础、理论基础和数学基础)、一般方法或绩效审计模式(即"收集审计证据,对照审计标准,作出审计评价,提出审计意见和建议")、审计技术方法(有审阅法等传统审计方法、因素分析法等经济活动分析法、网络图法等图表审计方法、回归分析法等数学分析方法、量本利分析法等现代管理方法、其他技术方法等)。另一种观点认为绩效审计的方法包括四大类。如李敦嘉认为,绩效审计方法包括四类:第一类是核实的方法,如审阅法;第二类是对比的方法,包括实绩与计划比;第三类是分析的方法,包括因素分析法等;第四类是评价的方法,包括现值法等。

---

① 管锦康:《中国会计研究文献摘编 1979—1999——审计卷》,2002 年版。

也有人认为,绩效审计的方法由四个部分组成,包括审计工作组织方法、审计查证方法、审计分析方法及审计评价方法。还有一种观点认为绩效审计的方法可以简单地分为两种,然后再行细分。如任月君等认为,绩效审计方法包括财务审计方法(审阅法等)和其他方法(如指标对比法、比率分析法等)。

事实上,绩效审计工作本身就很复杂,审计过程中往往是多种方法交叉使用或同时使用,各种方法很难完全分开;加之,不同的审计项目,其所采用的方法也应有所区别。认为:从原则上说,凡是有利于绩效审计开展的方法都应归入绩效审计方法(体系);当然,随着时间、地点及项目的不同,绩效审计方法会有所不同或有不同的内容;但是,基本可归为两类,即传统审计的方法与专门用于绩效审计的方法。与此有关的是绩效审计程序,对此学术界争论较少,基本上趋向一致甚至达成共识,大都认为其与财务审计程序基本相同,即经过准备阶段、实施阶段、报告阶段及后续阶段,只是每个阶段的具体内容因审计项目不一而略有差异而已。

最高审计机关国际组织已颁布过《绩效审计准则(草案)》,其他一些国家尽管没有该方面专门的审计准则,但就绩效审计也制定了专门的办法。在我国,1999年6月1日财政部等联合印发的《国有资本金效绩评价规则》、《国有资本金效绩评价操作细则》,以及同年6月29日财政部印发的《国有资本金效绩评价指标解释》(后均经修订),可以看成是绩效审计的配套法规。除此之外,目前尚无绩效审计的具体规定。

二、我国企业效绩管理的未来趋势

社会主义市场经济体制和当今时代特色决定了我国的企业效绩管理的发展趋势将是继续在我国基本经济制度的基础上,以国家为主体、以对国有资产的监管为主要目的,同时借鉴国外先进的经验,创造"有中国特色"的效绩管理体系。社会主义市场经济体制下,国有企业不仅在我国主要行业中占居主导地位,而且积极地参与市场竞争,国有企业将继续以国有资产的保值增值为目标;同时,市场经济体制要求我国的企业融入全球化浪潮、加速信息化进程，并把科学技术作为第一生产力，因此，企业效绩的实现手段和方法上将大量地借鉴国外先进经验，缩短企业管理方面的差距。

综合分析，认为我国企业效绩管理将有以下发展趋势：

（一）效绩管理目标从一元向二元发展

国有企业的效绩管理以国有资产监管为首要目标，但市场经济的发展将推动这种目标的演进，产生另一个过渡目标，这就是个体投资者的价值最大化，其基本动因是资本市场的发展。20 世纪 90 年代初，我国证券交易所正式成立，从此，我国企业能在更广阔的资本市场上进行资金融通，更重要的是，企业的股权将部分地掌握在分散的个体投资人手中，这些个体投资人便成为企业的股东，对企业的经营管理享有相应的监督权，因此，企业必须通过对股东负责、提高股东价值来实现企业效绩的改善，只有这样，才能最终达到国有资产保值增值的目的。所以，随着我国越来越多的企业上市融资，国有企业效绩管理的目标将呈现出既服务于国家，又服务于分散的股东的二元目标模式。

（二）效绩管理手段从直接采用财政部效绩评价体系向借鉴国际先进效绩管理体系发展

国外先进的企业管理方法是在上百年市场经济发展过程中逐渐总结和发展基础上形成的，而我国社会主义市场经济体制建立至今仅仅 20 年，同时由于受计划经济体制的影响，使不少国有企业面向市场经济的管理还相当落后，这可以用"路径依赖"原理来解释。但我国加入 WTO 以后，国有企业管理不仅要努力适应市场经济，摆脱历史包袱，而且必须尽快向国际标准靠拢，求得生存和发展。所以，作为企业管理一个重要部分的效绩管理也将更多地借鉴平衡计分测评法等先进的管理办法，结合系统论、控制论和信息论等方法论，设计更加科学的财务指标体系，建立更有效的企业战略思想，通过不断提高股东价值实现国有资产保值增值的目的。

（三）效绩管理理念从直接向国外学习到融合企业内部文化发展

实践证明，仅仅简单地引进他国的方法是行不通的。文化将是影响企业管理效果的一个重要因素。民族文化，是民族历史的延续；企业文化是特定民族文化的缩影。

中国的整个民族文化是以儒、道、释为中心，以法、墨、农、名、兵、纵横、阴阳为复线，形成一个多元文化体系和最外层的民族特色的文化。以核心的儒家思想为例，它强调"修身、齐家、治国、平天下"，又提出"劳心者治人，劳力者治于人"，始终将"人"放在第一位，而当代西方却将制度作为根本，（新）制度经济学派的发展就是证明，那么，以制度为第一要素的管理理念是否能直接在以"人"为第一位的东方管理哲学融合呢？这就需要在不断思考，吸取当代西方效绩管理中的先进理念的同时，充分考虑民族文化对效绩管理的影响。

总之，我国的效绩管理将逐渐发展成为一个与企业战略和管理体系有机结合，与企业发展和竞争所需要的各种要素相平衡，以股东价值最大化和国有资产保值增值为目的，以特定企业文化为背景的系统管理体系。

企业绩效审计研究文献综述表

时间（年）	研究者或研究机构	研究方法	研究对象或内容	研究结论
1948	阿瑟·肯特	规范研究	绩效审计的内涵与对象	首次提出绩效审计的概念。突破了传统财务审计的桎梏，创造性地提出要关注"经济性和效率性"。其实质是"2E审计"。

续表

时间（年）	研究者或研究机构	研究方法	研究对象或内容	研究结论
1962	威廉·伦纳德	规范研究	管理审计的基本理论体系	首次以论著的形式详细而全面地论述 management audit 的内涵、特点及其基础的理论体系。
1966	Neil C. Chuchill 等人	规范研究 案例研究	绩效审计的概念和具体应用	以经营审计和管理审计为切入点，以案例研究的方法对绩效审计的具体应用进行了有益的探索和研究。
1968	第六届审计机关国际组织会议		政府审计的方法和程序	提出"审计不应忽视合规性和真实性的问题，特别要把重点放在考核其管理效果方面"；但这次会议未提出绩效审计，而是把它称为"另一类型的审计"。
1972	美国审计总署		绩效型审计	明确提出了绩效审计这一概念，确定了绩效审计的基本内涵，并且指出国家审计应该包括"财务和合法性"、"经济性和效率性审计"、"计划项目效果审计"三个部分，其实质就是确定绩效审计与传统财务审计的平等地位。
1975	Ali	对比研究	政府绩效审计	研究揭示美国、瑞典、利比亚三国政府审计制度中的审计范围、目的等存在的差异及其原因，得出的结论是，利比亚非常有必要开展效果审计以满足社会和环境变化的需要。
1976	James	实证研究	绩效审计中的适用模型	在方法论的基础上探索绩效审计中可以使用的审计模型。

续表

时间（年）	研究者或研究机构	研究方法	研究对象或内容	研究结论
1977	加拿大审计长公署		综合审计	要求把效益审计同传统常规审计要求结合起来，称为"综合审计"并制定了相匹配的一系列的法律法规。
1986	第12届审计机关国际组织会议		绩效审计的定义	明确指出了"传统审计以外，涉及公营部分管理的效率性、效果性和经济性的评价，这就是绩效审计"。
1988	奥赫伯特	规范研究	绩效审计的理论框架	从企业管理出发，对威廉伦纳德的管理审计进一步深入研究，将"效果性"引入到绩效审计里来。
1983	徐日清、肖正乾	规范研究	经济效益审计	提出在传统财务审计之外，我国应借鉴西方绩效审计的观点，考虑到经济效益这一要求。
1992	吕文基	规范研究	绩效审计的概念和功能	认为绩效审计是弥补传统财务审计"未考虑经济性和效率性"而产生的，绩效审计的功能应除了解除受托经济责任外，还有价值增值的作用。
1996	李敦嘉	规范研究	效益审计的基本概念及其产生的社会背景	对效益审计提出下列基本概念：有效经管责任、独立性、效益、效益审计证据、内部管理控制，并一一进行了界定。认为效益审计产生的社会背景主要是受托经济责任关系、市场竞争环境的变化、民主政治体制的进步以及财务审计的发展。

续表

时间（年）	研究者或研究机构	研究方法	研究对象或内容	研究结论
1996	王光远	实地研究与规范研究相结合	绩效审计的要素及方法	提出了绩效审计是对一个组织的经营活动所作的评价，检查其资源管理是否符合经济性、效率性和效果性，是否符合经济责任的要求。认为绩效审计包括六个要素定义：目标、标准、程序、战略、方法。作者强调实地研究是管理审计研究中最重要的方法，并指出当前管理审计存在的不足。
2001	郑石桥	规范研究	管理审计评价标准	将管理学和审计学相结合，认为管理责任由管理结果及其实现过程所组成的观点，准确地界定了管理责任的内涵和外延，为管理审计划定了审计范围。以评价对象的层次为经，以评价对象的内容为纬，提出了管理审计评价标准的体系结构，这一体系结构由以下六方面的标准所组成：岗位管理过程（操作过程）评价标准；系统管理过程评价标准；企业整体管理过程评价标准；岗位管理结果评价标准；系统管理结果评价标准；企业整体管理结果评价标准。
2003	邢俊芳	案例研究	绩效审计中的评估问题	文章以印度为案例，从公共分配系统绩效评估、农村综合发展规划评估、印度扫盲绩效审计等几个方面研究了印度在绩效审计这一领域的先进理念和操作方法，并提出了对我国的启示。

续表

时间（年）	研究者或研究机构	研究方法	研究对象或内容	研究结论
2004	张新军	规范研究	内部绩效审计存在的问题与对策	认为国内绩效审计存在的问题有：缺乏理论基础，缺乏必要的工作指南，缺乏具体评价标准，人才不济，技术落后。提出的对策主要有：大力开展理论研究，尤其是方法研究，稳中求进地提高审计人员的素质，保持内部审计人员的独立性等。
2004	王鎏	实证研究	企业综合绩效审计体系研究	建立了一个 EVA – B 绩效审计方法体系，该体系将目前绩效评价体系中较为前沿的 EVA 方法和平衡计分卡法结合起来运用，选取思腾斯特公司出版的 EVA 数据库中提供的数据，借鉴 S. R. Rajan 和乔华等的一元回归和多元回归分析的研究方法，验证了这一体系的科学性和合理性。
2004	宋常、吴少华	文献研究	绩效审计理论体系框架	对绩效审计理论自 20 世纪 80 年代引入我国以来主要的研究成果进行文献收集和评述，在一定程度上促进了我国国内学者绩效审计理论观点的统一。
2005	杨秋林、陈全民、李建新	比较研究	美国、瑞典、澳大利亚绩效审计的比较研究	较为系统地分析了各国审计对象、审计内容、审计程序和审计技术方法，并认为这些是绩效审计理论体系的重要组成部分。强调美国、瑞典、澳大利亚等国政府绩效审计的特性和共性，可为我国绩效审计制度的构建与完善所借鉴。

续表

时间（年）	研究者或研究机构	研究方法	研究对象或内容	研究结论
2005	杨标	规范研究	网络经济环境下企业绩效审计模式	企业绩效审计能对企业是否具有核心竞争力进行评价和分析；网络经济环境下BSC在企业绩效审计工作中具有适用性。
2006	李尊卫	实证研究	企业绩效审计评价体系	认为可以基于企业能力的视角来开展企业绩效审计的方法研究，并基于我国IT业上市公司的数据，选取了三大企业能力（企业治理能力、企业管理能力、企业作业能力）指标为自变量，以相应的战略性绩效为应变量，以实证的方法检验了作者建立的评价体系的科学性和准确性。最后得出，基于企业能力理论来设计企业绩效审计的评价体系是可行的和科学的。
2006	宋常、胡家俊、陈宋生	文献研究	绩效审计文献	作者搜集了国外20世纪60年代到2003年的部分学位论文和论著、期刊，分类分析，得出国外在绩效审计越来越偏向政府绩效审计与企业绩效审计并重，偏向于研究绩效审计实务，主要理论尚欠缺深入研究，重要杂志未见太多文献等结论。同时还搜集国内1983年至2003年绩效审计的文献，研究发现，我国绩效审计研究由重点关注和研究国有企业经济效益审计，转换为经营机制与承包经营责任制审计，然后又倾向于经济责任审计及效益审计。

续表

时间（年）	研究者或研究机构	研究方法	研究对象或内容	研究结论
2006	胡春辉、刘晓东	规范研究与案例研究	企业经济效益审计方法及其评价体系	作者总结出企业内部效益审计方法主要有：经济效率指标比较法；经济活动分析法；技术经济论证法；充分利用计算机分析的审计方法。结合中国烟草行业，作者指出，整个评价体系应由反映企业财务效益状况、资产营运状况、偿债能力状况和发展能力状况四方面内容的基本指标、修正指标和评议指标三个层次共28项指标中的部分构成。
2007	周炳伟、杨映幸	比较研究	企业绩效审计中的绩效计量方法	认为绩效评价体系就是绩效计量标准，主要有以下几种：杜邦分析法、EVA、BSC、其他非计量方法，强调应相互配合使用。
2007	汤亚莉、孔德明	实证研究	企业绩效审计方法	创造性地将数据包分析方法引入到企业绩效审计当中，以采掘业上市公司的数据为样本，选取投入、产出指标进行实证研究。验证了DEA方法完全与领导或决策层的偏好没有关系，也不要求必须设置相应的权重，具有客观性和透明性，审计人员运用其进行绩效审计，不仅可以科学合理地评价被审计对象生产经营活动的效率，同时还可进一步提出改进目标，督促被审计单位进一步优化其经营管理活动。

续表

时间（年）	研究者或研究机构	研究方法	研究对象或内容	研究结论
2008	段小法	规范研究	企业营销活动绩效审计的运用	作者认为，市场营销绩效审计不仅可以有效提高企业市场营销职能的执行力，改善市场营销效率和效果，同时在完善企业内部监控机制、补正治理结构方面也表现出了强大的治理功能。营销绩效审计的具体实施策略：确定适合的绩效审计主体；明确恰当的绩效审计客体；选择恰当的审计程序与审计方法；实施财务总监委派制等。
2008	赵星	案例研究与实证研究相结合	内向型管理审计标准和实务	作者以中信嘉华银行上海分行为例，将管理责任分为：管理过程责任流程审计、管理结果责任绩效审计、整体责任外部环境审计三个层级，并一一进行实证分析，最后确立了就信息使用的导向来说，管理审计直指企业的管理目标实现，目的在于评价管理业绩，其方法带有综合性，可以采用更多的计量技术来进行。
2008	潘慧萍	案例研究	企业绩效审计模式	文章基于福建A客运公司的案例，提出企业绩效审计的定位应该是"管理+效益"。在审计项目选择上，被审计单位应具有改善经营谋求发展的需求，要拓宽绩效审计调查的深度、创新绩效审计方法才能完成企业绩效审计这一系统工程。

续表

时间(年)	研究者或研究机构	研究方法	研究对象或内容	研究结论
2008	张泓波、李长青	规范研究	循环经济模式下的企业绩效审计	发展循环经济是企业现实选择，根据委托代理理论，企业披露的信息必须经独立的中介进行经济鉴证。利用绩效审计理论，对企业及其项目进行的经济性、效率性、效果性的审查是应深入研究的课题。
2008	陶娅	文献研究与对比研究	企业绩效审计标准	此文从保全性、合法性、经济性、效率性、效果性等方面构思了基本框架，强调企业绩效审计的标准不应该是单一的标准，而应该是标准的集合。

第七章 我国国有资产管理立法探究

——兼析《企业国有资产法》①

第一节 国有资产管理立法选择的理论分析

一、公共物品理论与国有资产管理立法

(一) 公共物品理论的内涵

经济学将社会所存在的各种物品区分为私人物品与公共物品两大类。私人物品是普通市场上常见的,其数量随任何人对它的消费增加而减少的物品。在消费上具有两个特征,即:竞争性与排他性。所谓竞争性,就是如果某人已消费了某个商品,则其他人就不能消费该商品了。所谓排他性,是指对商品支付价格的人才能消费该商品。按照经济学的研究,只有对具备了上述两个特征的私人物品,市场机制才能真正发挥作用,才有效率。而对于不能满足私人物品两个特征的物品,即不具备消费的竞争性的商品,就称为公共物品。根据公共物品是否具有排他性,将其进一步分为纯公共物品和非纯公共物品。所谓纯公共物品,是指不具有排他性的公共物品,即无法排除他人不支付价格也能消费的公共物品,也就是"搭便车",否则为非纯公共物品。

公共物品的特性使得市场机制对其不能发挥,这部分资源的配置

---

① 本部分写作得到西南政法大学吴春燕副教授的悉心指导。

也就不能通过市场来进行。而公共物品的需求又是社会必然的。为了克服市场对公共物品提供或者对公共物品资源配置的"失灵",政府承担了提供公共物品的不可推卸的责任。这也就是公共管理学将政府的职能概括为社会经济管理职能与社会性管理职能两个方面的重要原因。而为社会提供所需的公共物品,则构成了国家和政府的社会经济管理职能的重要内容。

(二) 公共物品理论对国有资产管理法律制度的要求

我国的国有资产立法的科学理论基础基于公共物品理论。在改革国有资产管理体制和对国有资产管理进行立法时,尤其对于经营性国有资产的管理和立法中,应当遵循公共物品理论,并根据该理论的要求,科学、合理地进行制度设计与安排。

基于公共物品的特性,更基于效率原则,公共物品不应该或者不能由市场来提供。由于没有效率,市场主体当然不会或者不可能选择提供公共物品。政府担负着社会经济管理职能,使得其对社会所需的公共物品当然担有提供的责任。国有资产管理中所要坚持的一个原则,就是要确保为社会提供所需的公共物品。因而,经营性国有资产的投向,应该是在社会公共物品领域。而对于非公共物品领域,由于其竞争性的存在,属于私人物品领域,使得政府的介入既不必要,也不必需。因为政府除了为社会提供物品之外,还担负了社会经济管理职能和社会性管理职能,如果再参与市场的竞争,公正性与效率都会受到影响。这源于其既是市场规则的制定者,又是市场行为的裁判者,破坏了市场规则。因此,在我国国有资产管理体制改革的过程中,过去那种国有资产尤其是经营性国有资产广泛覆盖的方式,违背了市场规则和政府职能。由于我国是从计划经济体制向市场经济体制逐步转轨,而不是一夜转型,发展的渐进性也必须予以高度重视。经营性国有资产也只可能逐渐退出竞争性领域,不可能在一夜之间完成。否则,对我国经济建设的冲击将是十分严重的,甚至反而可能导致国有资产的大量流失。

经营性国有资产退出竞争性领域后,应该按照社会对各种公共物品的需求,安排公共物品的投入与分配。基于一定时期国有资产量的固定性，对公共物品的提供也涉及一个科学与合理，即如何实现公共物品正义的问题。而且就我国的实际情况来看，我国地域广大，经济发展不平衡，使得各地的经济发展水平不一致，在公共物品的提供上存在层次性。在国有资产的管理与经营上，存在中央与地方的关系问题，即如何在中央与地方之间进行国有资产的分配。这个问题既涉及公共物品分配是否符合正义，也涉及各地方政府的积极性，必须予以高度的重视。当然，从国有资产管理与经营的角度来看，涉及中央国有资产管理机构与地方各级国有资产管理机构的职权划分问题。这也是我国在国有资产管理实践中的一个难点。

在公共物品供给关系中，应坚持社会公益价值观。在对经营性国有资产管理立法中，应体现政府提供公共物品的目标选择与价值定位。即政府应为社会提供的是公共物品，而不是一般的竞争性商品，而且，对于经营性国有资产管理的价值定位上，应贯彻和体现社会公益价值观。这也就涉及经营性国有资产经营管理目标的定位。将这部分国有资产界定为经营性国有资产，但必须明确的是，经营性不能等于盈利性。因为政府是整个社会经济秩序的创建者和维护者，如果其从事竞争性经营活动，将盈利作为其追求的目标，会迫使或者促使行政权与经济利益的结合，从而破坏整个社会经济秩序，甚至损害政府的形象。因此，在国有资产特别是经营性国有资产管理立法中，必须明确国有资产经营管理的目标。但如果将经营性国有资产经营管理的目标定位为"实现国有资产的保值增值"，是不太恰当的。这样既不符合我国现在经营性国有资产还存在于竞争性领域的事实，也与公共物品理论相背离。因为只要在竞争中就不可能确保"保值增值"。政府在提供公共物品时，除了要考虑经营性国有资产的保值增值外，还必须坚持社会公益价值观，坚持经营性国有资产所具有的较一般私人物品更为突出的社会责任，即其公益性。如果说我国正经历从计划经济体制向市场经济体制的转变，那么在经营性国有资产管理问题上的很大的一个特点就是政府目标的转变，即从过去追求国有资产尤其是经营性国有资产的盈利，以实现扩大再生产，转变为以创建和维护整个社会秩序，尤其是市场经济秩序，并通过市场有序的运作来实现社会经济的扩大再生产和社会财富的增加及人民福利的增进。也有的学者将其概括为"以最大限度地满足最广大人民群众的社会公共需要和最大限度地节约社会资源目标"。① 这种观点是值得赞成的。这不仅可以实现政府职能由盈利向秩序的转变，而且，也能确保政府所担负的社会公共职能的最有效率的实现。

与经营性国有资产主要提供公共物品及其管理目标相关的另外一个突出的问题，就是经营性国有资产管理绩效的评估问题。如前所述，经营性国有资产的目标，不能是保值增值而应是其社会效用的最大发挥。因此，对经营性国有资产的管理与运营的绩效考核也应该不同于一般私人物品或者竞争性产品，而是建立相应的科学的绩效评价机制。如何才能建立起科学与合理的国有资产管理的绩效评价机制，应该说是一个较为复杂的问题，但要坚持的是，其至少应主要包含国有资产的保值增值与国有资产经营管理所取得的社会效益两方面的统一。如同这些年存在的一个较为突出的矛盾，就是各地政府纷纷上马的形象工程一样，暂且不考虑其国有资产的保值增值问题，但其所产生的社会效益如何，却是不能忽视的。因为这样的大搞形象工程，为自己的政绩添砖加瓦，却造成了国有资产的浪费，而且使得国有资产的投向或者说配置出现了偏差，使得真正需要或者迫切需要政府解决的问题因为没有资金或者政府没有精力来解决。如果仅从国有资产保值增值的角度可能还看不出其行为有多大的问题，但从国有资产的社会绩效来看，显然是低效率甚至是无效率的。在此要强调的是，"实现国有资产的保值增值"不是国有资产经营管理的最终目标，但并不否认国有资产需要保值增值。国有资产的保值增值，是实现国有资产的社会公益效益的前提条件，而且也是确保国有资产社会公益效益实现的有力措施。如果国有资产随意地被耗尽与流失，国有资产管理与经营的目标也将付之流水。也不能以国有资产保值增值不是国有资产经营管理的唯一目标而放任其流失，甚至挖空心思地侵吞国有资

---

① 毛程连：《公共产品理论与国有资产管理的绩效评价》，载《财经研究》2002 年第 5 期。

产，使得大量国有资产流失。

二、现代企业制度与国有资产管理立法

经营性国有资产的管理，是我国目前国有资产管理之重要内容。据不完全统计，至2006年年末，全国仅国有及国有控股的非金融类企业的总资产和净资产就分别达到29万亿元和1.22万亿元。截至2007年，我国共有国有企业11.5万户，资产总额35.5万亿元。仅中央企业一级，除国资委监管的146户外，还有财政部负责监管的金融企业，以及行业主管部门监管的其他为数众多的国有企业。这仅仅是国有资产总量的一小部分。经营性国有资产在我国国有资产总量中占有十分突出的地位。而且，由于经营性国有资产与经营行为密切相关，甚至其保值增值目标的实现与否直接由经营行为所决定，在对经营性国有资产管理进行分析研究的同时，必须对经营性行为的基础即现代企业制度进行分析和研究。换句话说，就是我国经营性国有资产的经营管理是建立在现代企业制度及其理论之上的。

（一）现代企业制度的基本特征

所谓现代企业制度，应该说不是一个准确的法律概念。其核心内容应该是企业制度，只是在其之前加上了一个"现代"的字词来加以限定。而对于何谓"现代"，人们却各持己见。一种观点认为，现代企业制度是指与现代市场经济相适应的企业制度；另一种观点认为，在市场经济中最先进的企业制度才是现代企业制度；还有一种观点认为，现代企业制度不应该是一个固定的概念，而应是一个相对的、动态的概念，在不同的历史时期应有不同的内容。因此现代企业制度应该是在现代市场经济中占有主导地位的、最具发展前途的企业制度。[①] 笔者赞成第一种观点，即现代企业制度是与现代市场经济相适应的作为市场主体的企业的各种组织形态的总称，其具体内容并不仅限于一种企业形态。就一般而言，它既包括股份公司制度和独资公

---

① 徐茂魁：《现代企业制度概论》，中国人民大学出版社2001年版，第21页。

司制度，也包括合伙制度。但其中最为普遍和治理结构最为完善的是股份公司制度。而第二种观点认为在市场经济中最先进的企业制度才是现代企业制度。这种看法是不够科学的。在市场经济条件下，作为市场主体的企业也是以各种形态存在的。尽管各种企业形态有不同的特点，但作为一种客观存在的企业形态而言，都有其存在的合理性和必要性。而且因为资本与人的结合因结合程度的不同，投资人所选择的企业形态就会不同，而与各种企业形态的是否先进无关，或者说其对企业形态的选择主要是从自己的需要出发的。况且每一种企业形态都有其特定的适用空间和适用的对象和范围，对其先进性也无法进行判定，而且更多情况下基于社会经济生活条件的限制和社会经济实践的需要，不能或者很难离开其中任何一种企业形态。即便不否认股份公司在治理结构上有较之其他企业形态更优的特性，但不是所有的投资者都适合选择股份公司形态。所以，将现代企业制度界定为最先进的企业制度是不科学也不符合实际的。就第三种观点而言，认为现代企业制度是一个动态的概念，是在现代市场经济中占有主导地位的、最具发展前途的企业制度。这种观点与前述观点有同样的局限。不是只有占主导地位才是现代的，也不是最有发展前途的才是现代的。更何况在现代的各种企业形态中，都有其存在的合理性和必要性，就根本不能认为其没有发展前途。就我国的现实情况而言，由于《合伙企业法》中没有设立有限合伙和隐名合伙制度，已不能适应我国市场经济体制的需要，既不能满足中小企业对资本的渴求，也不能满足庞大的居民存款欲寻求合理的投资渠道的需要。而有限合伙制度的建立，却能适应这种要求，因此它也是先进的。

无论现代企业以什么样的企业形态而存在，作为现代企业制度的最基本的特征却是大体一致。可以将其归纳如下：

第一，产权关系明确。对于产权而言，由于企业形态的不同，其表现形式也不一样。应该说，产权不是一个准确的法律概念。我国延续大陆法系的传统，与英美法系的财产权不同，我国将与财产有关的权利分为物权、债权与知识产权等，而未与英美法系一样使用财产权的概念。所谓的产权关系明确，根据不同的企业形态，其具体内容是不一样的。但其中最基本的内容是出资人的财产与出资所形成的独立的市场主体的财产的清楚界定和法律上所要求的独立性的满足。就经营性国有资产而言，由于其担负的突出的社会功能，当其与作为资产所有者代表的国家相分离之后，往往是设立国有独资公司、国有控股公司和国有参股的公司，其他企业组织形态较少或者几乎不采用。就国有独资公司而言，其在法律地位上具有法人资格，对外承担有限责任，即作为出资人的国家仅以其出资额对企业承担责任；就国有控股公司和国有参股公司而言，既可以是股份有限公司，也可以是有限责任公司，都具有法人资格，出资人对外都承担有限责任。应该说这些企业形态下的出资人责任与各种企业形态的公司的责任都是明确的。而且，如何强化和完善公司的治理结构，确保投资人的利益，也是产权关系明确的根本要求。

第二，具有法人资格的企业组织，以其全部法人财产，独立从事经营活动，自负盈亏。法人制度的建立，或者说有限责任制度的建立，在人类历史上功勋卓著。其所承担的有限责任，使得出资人与企业之间的责任链被断开、阻却，也减轻了出资人的责任和风险。就国有资产而言，如前所述，几乎选择的都是具有法人资格的企业形态。这为国有企业的经营活动创造了条件，也为其提供了发展的空间。尤其为其排除行政权的干预提供了法律上的条件。在现代企业制度中，除合伙组织外都普遍具有法人资格（在有的国家也赋予合伙组织以法人资格），因此，也就从法律制度上确保了企业对于其资产的所有权，经营上的自主权和责任上的独立性。这样，才能确保企业能够在脱离行政权干预的情况下，以一个独立的市场主体的身份进入市场，并在市场中实现其价值和目标。

第三，就出资人与企业之间的关系来看，出资人除了以其出资额对企业承担有限责任外，对企业的权益而言，也依其出资额，行使对企业的权利，亦即股权。对于股权的性质，曾经有过广泛的争议。因为在传统大陆法系国家，都坚持一物一权原则，即一个物上只能有一个所有权。就公司或者企业的资产而言，首先应满足公司或者企业对其享有所有权，这样才能满足公司或者企业作为独立的市场主体在人格上的要求，因此，出资人享有所有权的出资财产，因其出资行为而转化为股权。但对于股权是所有权或者具有所有权性质的权利，还是债权，人们产生了争议。为了确保出资人对公司或者企业的权益，一般也不倾向股权是债权，但如果认为其为所有权，则因一物一权原则的限制而在理论上陷于障碍。为此，也有人主张打破大陆法系国家民法的权利体系，设置与物权和债权相并列的股权，即将股权作为一种新型的权利形态。笔者也认为，将股权等同于所有权是不恰当的。对于出资人而言，在其出资以后，其对出资财产的所有权就转化为股权，而不再具有所有权的某些特性，如对于出资财产的直接支配的权利。在出资人将财产出资以后，就形成了出资企业即法人的独立的财产，这也是法人取得法律上的人格的一个必要条件。这时，法人对其因出资人出资而形成的财产，享有独立的支配的权利，而出资人的股权的内容主要就是其收益权和确保其收益的相关权利群。尽管人们对于股权的性质存有争议，但对于股权的内容，人们的观点却基本一致。按照《公司法》的规定，出资人对其出资所形成的企业或者公司，享有资产收益、重大决策和选择管理者等权利。例如第35条规定："股东按照实缴的出资比例分取红利；公司新增资本时，股东有权优先按照实缴的出资比例认缴出资。……"

第四，现代企业所具有的独立人格，使其在法律地位上与其他市场主体相对独立，因而在与其他市场主体的关系上，应该彼此尊重，自主地从事市场经营活动。市场主体在平等的条件下参与竞争。在市场主体这个关系群中，作为市场监管主体的政府与企业的关系应该是最为敏感和最为脆弱的。政府作为市场的监督管理者，担负了建立和维护市场秩序的职责，亦即政府的社会经济管理职能，这样，政府又作为国有资产的出资人代表，使得其地位非常特殊，如果一旦将其出资人地位与其社会经济管理职能相混淆，就将导致一般意义上的政企不分，从而既损害国有企业的自主经营，妨碍其效益的最大化，也破坏整个市场秩序，从而危害整个社会经济秩序。在现代企业制度中，如何规范政府的行为，为政府的社会经济管理行为与企业的自主经营划定一个合理的界限，一直是现今社会十分关注的问题，如何规范政府的行政行为也是现代法治的重要内容。

第五，现代企业是具有企业治理结构合理，能够充分实现各方当事人利益最大化的组织体。如前所述，现代企业制度除了在外部解决与其他企业之间的法律地位及其相互关系、划定与政府权限的边界之外，还有一个非常重要的内容，就是在企业内部，应该建立其合理的治理结构，以确保企业各方当事人或者企业的各种关系人能够实现其利益的最大化。在现代企业制度中，与企业有关的利益关系人主要包括：股东（出资人）、债权人、公司管理人员、职工、供应商等。应该说他们都与企业的业绩有一定的利益关系。如何在他们之间达成利益分配的合理机制，确保各方当事人的利益的实现及其利益的最大化和公司治理结构的合理化，一直是法学界和经济学界共同关注的问题。就我国目前的情况来看，我国的公司制度还不够完善，经济学界也在此方面作出了很大的努力，而法学界和立法机构也正在紧锣密鼓地进行《公司法》的修改工作，以解决公司治理中存在的问题。

(二) 现代企业制度与国有资产管理立法

从现代企业制度的基本特征出发，以建立现代企业制度为中心可以对我国经营性国有资产管理体制改革的基本内容和要求有一个大体的了解。为进一步明确现代企业制度对我国经营性国有资产管理体制改革的要求，笔者试图作如下分析：

第一，根据现代企业产权关系明确的基本特征，在经营性国有资产的监督管理中，也必须做到国有企业的产权关系明确。为此，必须明确国有资产的出资人，以及国有企业对其所经营管理的国有资产具有支配性的所有权。对国有企业和出资人权利进行清楚的界定之后，才能明确作为经营性国有资产管理者的出资人与国有企业的关系，从而确保各自在其权利范围之内进行活动。从这个意义上说，国有资产管理体制改革的重要内容，就是要对国有资产的出资人与作为国有资产经营者的国有企业进行明确的界定。

第二，现代企业中一般除合伙企业外，都是具有法人资格的企业组织，以其全部法人财产，独立从事经营活动，自负盈亏。经营性国有资产选择的企业形态往往也是具有法人资格的公司形态，因此，在对经营性国有资产管理体制改革的过程中，必须对国有企业的法人资格给予高度的重视，并予以充分的尊重。这也是我国从经济体制改革以来一直都在致力于解决的问题。因为我国在计划经济时代，社会资源的配置都是按计划进行的，整个社会经济也是在计划的框架下进行的，企业只是一个生产单位，而不是具有法律上独立人格的组织体。企业的一切活动和行为都在政府或者行政机关这个"婆婆"的包办之下进行的。企业没有自主经营，当然也不自负盈亏。这也是导致我国国有企业长期以来低效率的一个根本原因。从20世纪开始进行经济体制改革以来，我国最初和最重要的任务就是搞活国有企业，调动企业的积极性和主动性。无论是最初的放权松绑，还是之后的企业激励机制的培育，到现代企业制度的建立，无不紧紧围绕企业的独立性和其独立的人格而进行。当然，就我国的经济实践来看，要解决国有企业的独立性和独立人格问题，还必须强调行政权对企业独立人格的尊重，即打破我国一直以来存在的政企不分的问题，而将行政权与国有企业相对分离，并建立合理的制度来达成行政权对国有企业的控制与管理。

第三，从现代企业制度中出资人与企业之间的关系来看，出资人除了以其出资额对企业承担有限责任外，对企业的权益而言，也依其出资额，行使对企业的权利。因此，在国有资产管理体制中，应遵循这一现代企业的特征，建立相应的制度来规范作为经营性国有资产管理人的出资人与国有企业的关系。这也是我国目前国有资产管理体制改革中的一个难点问题。由于我国长期以来实行的是社会主义计划经济，行政权对整个社会经济的渗透几乎是彻头彻尾的，计划经济的弊端已经为我们所清醒地认识，而且我国也在逐渐向市场经济体制转轨，由此而到来的是必须首先从思想观念上正确看待行政权与作为市场主体的企业之间的关系，尤其是国有企业，出资人就是国家，代表机构就是行政机关，这就使得作为社会公共职能机构的行政机关还具有了国有资产出资人代表的双重身份，从而也使行政权与国有企业的关系，除了与一般企业之间的主要是履行社会公共职能的关系之外，还多了一层出资人与经营者之间的关系。这种复杂的关系，成为国有资产管理体制改革中一个十分突出的难点问题。党的十六大报告中，明确提出了我国国有企业改制所要建立的就是现代企业，也就是出资人与企业之间具有明确而规范的权利义务关系的现代企业。

第四，从现代企业具有独立人格，法律地位上与其他市场主体相对独立来看，各市场主体应该彼此尊重，自主地从事市场经营活动。也即市场主体在平等的条件下参与竞争。由于国有企业的出资人是国家，因此，人们在观念上往往会给予特别的重视。尤其是我国还处在由计划经济向市场经济的转轨的过程中，行政权对经济活动的支配性还相对突出的情况下，更必须对此予以高度重视。在国有企业的改制过程中，由于涉及的方面广，牵扯的利益大，加之计划经济时代遗留的问题尚未妥善解决，各种矛盾交织在一起，使得改制更为困难。在这种情况下，人们往往习惯于借助行政权来干预国有企业，包括国有企业的改制，甚至国有企业的经营行为、破产行为等。为此，必须坚持所有市场主体地位平等原则，在统一的法律框架下来寻求解决问题的途径和步骤。这个方面的问题，在我国经济体制改革的早期较为突出，现在有的问题已经得到了较好的解决和克服，有的问题也正在解决当中。国有企业与其他企业之间没有谁更为优越的问题，它们都是统一大市场当中的平等主体，不能为国有企业谋求超市场的地位和利益，而是应该为国有企业和其他企业寻找良好的同等的市场条件。

第五，现代企业是具有企业治理结构合理，能够充分实现各方当事人利益最大化的组织体。我国所要改革和建立的国有企业，就是这样的现代企业。因此，重视国有企业的治理结构的构建应该是进行国有企业改革中的一个重要问题。由于国有企业中的出资人代表是享有行政权的政府或者行政机关，其权力背景使得其优越地位不言自明。因此，在对国有企业进行改制的过程中，就应该特别注意作为出资人代表的政府或者行政机关的地位或者权责的明确。正如国务院《经营性国有资产管理暂行条例》中所表述的那样，作为国有资产出资人的国有资产管理机构，应该与行使行政管理权力的行政机关相分离，相对独立，只行使国有资产监督管理权，而不行使行政机关的社会公共管理职能。这不能不说是我国目前国有资产管理体制改革过程中所取得的重大成绩。此外,在国有企业的治理结构中,对于其他各相关利益主体的权利义务关系的明确,也应该摆在突出的位置。

(三) 两权分离理论与现代企业制度的冲突——从现代国家功能转化的角度所作的分析

在对待国有企业改制的问题上,一直以来都在进行有益的探索。在对经营性国有资产管理体制进行改革的过程中,经历了从最初的放权让利,到之后的承包制改革,以及十四大之后把建立社会主义市场经济体制作为改革的目标模式。改革的主要内容都是围绕经营性国有资产管理体制的改革而进行的。对经营性国有资产管理体制改革理论基础的探讨也取得了重大的进展。而其中最引人注目的就是两权分离理论,即所有权与经营权分离的理论。两权分离是指中央政府和地方政府对国有企业占有、使用的国有资产即经营性国有资产的所有权与财产经营权分离。① 按照该理论,国家对其出资成立国有企业的财产仍然享有所有权,行使所有权人的权利,而所出资企业对其财产则享有财产经营权,但国有企业财产经营权是一种相对独立的财产权,它既可以排除第三人的妨害,也可以对抗作为所有权人的政府。这种理论的提出,为我国国有企业前期的改革提供了理论上的支持。因为该理论打破了过去计划经济时代政府与企业之间的依附关系,强调企业享有的财产经营权的相对的独立性,也就承认了企业相对独立的经济利益,这为放权让利提供了理论上的支持。应该说,这是我国国有资产管理理论研究所取得的重大成就。但是,这种理论是一种不彻底的或者是模糊的理论,它模糊了作为国家的出资人与国有企业之间的关系,即承认作为出资人的国家的所有权,也承认作为独立法人的国有企业的经营权的独立性。按照现代企业制度理论,国有企业作为有独立法人人格的组织体,对其经营管理的国有资产享有所有权,而且这也是法人得以成立的基本条件之一。那么,这样就存在一个问题,即国家作为出资人对其出资财产享有所有权,而作为直接对财产进行经营管理的国有企业也享有所有权,尽管人们把它称为财产经营权,但

---

① 李松森:《国有资产管理》,经济科学出版社 2003 年版,第 17 页。

由于要满足现代企业制度的基本要求，也必须赋予其所有权的权能。这样做的结果，况且不说其违反了大陆法系传统的一物一权的原则，即便在两个所有权之间，也必然存在冲突。因此，从这个意义上说，两权分离理论在我国国有资产管理体制改革提出建立现代企业制度理论的今天，已完成了其历史使命。在构筑国有资产管理体制的过程中，更应该注重规范作为国有资产所有者的国家及其代表人——政府及地方政府机构的权限和行为。如何规范政府及地方政府机构的行为，做到政企分开，是今后一段时间国有资产管理体制改革的重点和难点。但要注意的是，所说的要规范政府及地方政府机构的行为，并不是要政府及地方政府机构放弃对国有资产的监督和管理，不能忽视的另一个重要问题就是国有资产的流失问题。国家作为国有资产的出资人，当然不能放弃对于国有资产的监督管理，但是，这种监督管理必须予以规范，即按照现代企业制度，国家作为出资人对国有企业的国有资产享有股东权利。国家应充分运用自己所享有的股东权利，防止国有资产的流失。而要做到这一点，也是目前理论研究中的一个难点问题。将国家对国有企业的权利界定为股东权利，也符合十六大报告所提出的"政资分开"的要求。

三、社会性管理理论与国有资产管理立法

（一）社会性管理理论的基本内涵

随着社会的进步和发展，国家和政府，作为整个社会政治、经济和社会管理职能的承担者，其管理公共事务的社会性日益突出。① 笔者将此概括为社会性管理理论，基本特征如下：

首先，从国家所担负的社会公共职能来看，国家的社会性日益突出。国家生来就与社会具有天然的联系，是社会发展到一定阶段的产物。即社会陷入了不可解决的自我矛盾，分裂为不可调和的对立面，

---

① 在此需要说明的是，履行公共事务管理职能的，除了国家和政府之外，还有社会公共组织，但限于本书论述的需要，仅涉及国家和政府的公共事务管理职能。

为缓和冲突,把冲突保持在"秩序"内,从社会中产生了自居于社会之上并且日益同社会相脱离的力量——国家。西方资产阶级政治理论的典型代表社会契约理论虽然否认了国家是社会矛盾运动发展的必然结果,是阶级矛盾不可调和的产物,但表达了国家的产生是社会发展的需要,国家来自于"社会契约"的观点。国家的产生和存在表明国家和社会是不可分的,而且国家也会随着阶级的消灭而自行消亡。与此同时,国家根据社会发展的不同,对社会发生的作用也是不同的。因为社会越向前发展,社会自我管理、自我调节的能力越强,国家对社会发生作用的领域就越小,作用的强度也越弱。由此,国家对社会的作用呈现出这样一种发展趋势:在政治统治职能不变的同时,国家的经济职能、社会事务管理职能和科技文化职能不断扩展;政治性、统治性职能越来越依赖于管理性、服务性职能作用的发挥。

其次,从政府的社会服务作用来看,政府的社会性也日显。作为国家伴生物的政府,与国家一样,其产生、存在和发展都与社会有密切的关系。而且其作用于社会的政府职能,也是以社会的发展需要为基础的。如果一个政府不能有效地吸纳、代表和反映社会对它的要求,或者对社会的要求没有任何回应能力,那么,这个政府就是一个没有能力的政府。因此,从某种意义上完全可以说,政府的生命力取决于它的社会服务作用的发挥。西方新公共管理运动强调以社会公众的需求为其行为导向,而不以政府自身规定的规则为行为导向,其目的就是为了增强政府适应社会、服务社会的能力,而不是要削弱它,是把政府从低效率和高成本中解放出来的有效举措。

再次,公共管理对象即公共事务具有突出的社会性。公共事务就是为社会公众提供公共利益和公共服务。尽管国家的本质特征是和人民大众分离的公共权力,是统治阶级用来进行政治统治的工具。但运用公共权力所进行的政治统治,也必须以为社会公众提供服务为目的,以执行社会性职能为手段。当代西方国家的政府改革运动,主张以社会公众的偏向和需要作为政府行为导向,强调服务意识,建立服务型政府。

最后,公共管理活动和过程也具有突出的社会性。这就要求公共管理活动的绩效方面，不能简单地用利润或效率标准来进行衡量，而是必须用服务效果、质量和公众满意的程度等多种尺度作标准，将其绩效与社会责任结合起来考察。不应只注重对经济和效率的追求，忽视政府所应肩负的广泛的社会责任，而应将"效率至上"转为"公平至上"，建立民主行政的公共管理模式，以推动政府提高为社会公众服务的质量和效果。除了在公共管理的目标上体现其社会性外，在公共管理活动中，也应使社会公众广泛地参与公共管理活动和公共产品供给，并增加公共管理活动的透明度和公开性。社会公众对公共管理活动的广泛参与，主要表现在社会公众对政府决策的影响，通过立法、司法机构对政府行为进行约束，以及通过各种渠道对政府活动进行舆论监督等，从而影响政府公共政策的制定和实施过程。

(二) 社会公共性管理理论与国有资产管理立法

社会公共性管理理论，看似与国有资产管理并没有直接的关系，但是，国有资产管理活动本身，尤其对经营性国有资产的管理与经营而言，是政府代表国家对国有资产进行的管理与经营活动。但是，在现代社会，政府行为的社会性已日益突出而且被日益强化。因此，依照社会公共性管理理论，对政府的公共管理行为，也应由社会公众来广泛地参与，以达成社会公共管理活动的公正性。基于此，笔者认为，可以从以下几个方面建立相应的制度，实现对国有资产的监督管理。或者说它是广义的国有资产监督管理的范畴。

1. 建立公共产品的质量控制制度

一般而言，公共产品的质量控制相对于一般商品而言更难。因为提供公共产品的国有企业是以政府为出资人代表的，或者说往往是政府享有出资人的权利，虽然也强调作为出资人的政府机构与政府的社会公共职能相分离，但是，因为政府部门的共同利益，使得两者相互之间总具有千丝万缕的联系。因此，对于公共产品的质量控制，必须从公共产品的社会性和公共管理活动的社会性出发，引入一般社会公众作为对其进行监督管理的主体。在制度设计上，可以考虑建立相应的公众参与的质量评估制度，以免形成对公共产品的质量只是政府部门说了算的单一评价机制。

2. 公共产品必须为公众提供安全保证

公共产品是政府为社会公众提供服务的。但是，在公共产品为公众提供服务的过程中，应该如何为公共产品的消费者提供安全保障，却存在立法上的真空地带。如按照现有的产品质量责任制度，只有在消费者受到实际损害之后才可以寻求法律上的救济。但对于公共物品而言，由于消费对象的公众性，使得其危害性可能很大，如果仍然采用一般商品的产品质量责任制度的事后救济方式，可能造成很大的损害和社会影响。因此，对于公共产品的安全问题应采取预防为主的方略，强化对公共产品的安全监督和管理，并积极地建立相应的制度，如赋予不一定是受害人的公众一般成员对公共产品存在的瑕疵提起诉讼的权利即公益诉讼权等。

3. 建立公共利益最大化实现保障机制

公共产品的提供，以实现社会公共利益的最大化为其目标之一。为此，也必须建立相应的制度，以确保公共利益最大化的实现。如公共产品提供的计划、立项的公众参与与选择制度，公共投资项目的监控体系与预警机制等。

第二节　国内外国有资产管理立法梳理与借鉴

一、我国国有资产管理法律体系

在我国的法律体系中，从宪法到法律、法规，都有很多涉及国有资产管理的内容。从法律效力的位阶看，国有资产管理法律体系可以划分为四个层次。

（一）宪法层面的国有资产管理立法

宪法在国有资产管理法律体系中处于统率的位置，在于宪法条文中规定了国有资产管理的法律依据。《宪法》第2条规定："中华人民共和国的一切权力属于人民。人民行使国家权力的机关是全国人民代表大会和地方各级人民代表大会。人民依照法律规定，通过各种途径和形式，管理国家事务，管理经济和文化事业，管理社会事务。"

第 3 条规定："中华人民共和国的国家机构实行民主集中制的原则。全国人民代表大会和地方各级人民代表大会都由民主选举产生，对人民负责，受人民监督。国家行政机关、审判机关、检察机关都由人民代表大会产生，对它负责，受它监督。中央和地方的国家机构职权的划分，遵循在中央的统一领导下，充分发挥地方的主动性、积极性的原则。"第 7 条规定："国有经济，即社会主义全民所有制经济，是国民经济中的主导力量。国家保障国有经济的巩固和发展。"第 12 条规定："社会主义的公共财产神圣不可侵犯。国家保护社会主义的公共财产。禁止任何组织或者个人用任何手段侵占或者破坏国家的和集体的财产。"第 16 条规定："国有企业在法律规定的范围内有权自主经营。国有企业依照法律规定，通过职工代表大会和其他形式，实行民主管理。"第 27 条规定："一切国家机关和国家工作人员必须依靠人民的支持，经常保持同人民的密切联系，倾听人民的意见和建议，接受人民的监督，努力为人民服务。"除了宪法上述条文外，还有一些其他法律，例如《地方各级人民代表大会和地方各级人民政府组织法》、《立法法》等，这些规定有关国有资产管理的法律都属于国有资产管理法律的组成部分。

（二）法律层面的国有资产监管立法

法律层面的国有资产管理体系包括国有资产监管的一般法和特别法，一般法是规范包括国有企业在内的所有企业的法律规范，特别法是专门规范国有资产管理、监督和营运的法律规范。在法律层面的国有资产监管体系构建时，要处理好一般法与特别法的关系。应当明确国有资产管理特别法和调整财产关系、投资关系等市场交换的民商法之间的各自调整范围。

1. 国有资产监管法律体系中的一般法

国有资产一般法主要体现在：一是民商法中关于国有资产管理的法律规范，包括现行的《民法通则》、《公司法》、《合同法》、《物权法》、《专利法》、《著作权法》等，例如，《民法通则》第 73 条规定："国家财产属于全民所有。国家财产神圣不可侵犯，禁止任何组织或者个人侵占、哄抢、私分、截留、破坏。"《公司法》中规定国有企业改建为公司，必须依照法律、行政法规规定的条件和要求，转换经营机制，有步骤地清产核资，界定产权，清理债权债务，评估资产，建立规范的内部管理机构等。《物权法》是对国有资产的一般保护，着眼于物权的一般性，强调对抽象权利主体的一体保护，而需有《国有资产法》对国有资产予以特殊保护。《物权法》第 45 条规定"法律规定属于国家所有的财产，属于国家所有即全民所有。国有财产由国务院代表国家行使所有权"，由此确定了国有财产的范围和国家所有权的行使主体，并在第 46 条至第 55 条对国有财产的范围进行了具体列举。《物权法》第 41 条则规定国家专有和非专有的财产范围，确定国家专属的财产不得由个人取得所有权。此外《物权法》针对国有资产在经营中的流失问题也作了简要规定。第 57 条规定了违反国有资产管理的有关规定，从事低价转让、合谋私分等行为，造成国有财产损失，应当承担法律责任。二是经济法中包括国有资产管理的法律规范，包括《反垄断法》、《中国人民银行法》、《反不正当竞争法》、《商业银行法》、《证券法》、《全民所有制工业企业法》等。例如，《全民所有制工业企业法》第 2 条规定："全民所有制工业企业的财产属于国家所有，国家依照所有权与经营权分离的原则授予企业经营管理。企业对国家授予其经营管理的财产享有占有、使用和依法处分的权利。"三是刑法中关于国有资产管理的法律规范。刑法作为国有资产管理法律责任最后的调整形式和最严厉的调整手段，对国有资产管理中存在的问题也应当作出相应的规定。1997 年修订的《刑法》相对于 1979 年的《刑法》，在保护国有资产方面具有了很大进步：首先，采用大分散小集中的立法体例形式，适应了我国国有资产分布的广泛性和主体多样性的特征。其次，刑法条文由一般保护发展到特别保护，使条文更具针对性。最后，在保护国有资产的内容上不仅调整面扩大，而且刑罚力度加大。此外，行政法、诉讼法等部门法中的关于国有资产管理的内容也可以纳入国有资产管理的一般法之中。

2. 国有资产管理法律体系中的特别法

国有资产管理法律体系中的一般法主要是指《国有资产法》和

其他专门调整国有资产的法律。国有资产管理中出现一些重大问题如对于国资委职能定位的争论，以及对国资委国企出资人地位的怀疑，最根本的原因在于我国缺乏一部《国有资产法》对相关问题进行清晰的界定。事实上，相关立法机构讨论出台《国有资产法》最早从1993年就开始了，这期间立法机关多次希望通过该法，但由于国有资产管理体制方面正在进行剧烈变革，同时也因为我国国有资产庞大，任何变动都可能触及太多人的利益等原因，使得《国有资产法》迟迟未能出台。第十一届全国人民代表大会常务委员会第五次会议通过的《企业国有资产法》的颁布实施，对于维护国有资产权益，防止国有资产流失，巩固和发展国有经济，加快转变经济增长方式，推动社会主义市场经济建设，都将发挥重要作用，尤其在经营性国有资产、国有资产流失的关键环节、国有资产的出资人责任、国企高管管理制度、国资委的法律地位等方面对我国的企业国有资产管理具有重大意义。当然，《企业国有资产法》内容并不完备，并没有涉及所有的国有资产，一些条文的立法还是从国资委的本部门利益出发，一些内容引起了较大的争议（后文将详细分析）。

（三）法规、规章层面的国有资产管理立法

法规、规章层面上的国有资产管理体系主要是行政法规、地方性法规和部门规章。主要包括产权管理规定、财务监督规定、资产评估规定、清产核资规定、业绩考核规定、收入分配规定。

国有资产管理行政法规的制定是在1988年国资管理成为我国政府的一项专职工作后逐步展开的。迄今为止，国务院已颁布《企业国有资产监督管理暂行条例》、《国有企业财产监督管理条例》、《企业国有资产产权登记管理办法》等近十个行政法规，国有资产管理局单独发布和与有关部门联合发布的部门规章亦有100多件。此外，尚有一批行政法规和部门规章正在审查、上报、会签过程中。具体来看主要有：第一，在清产核资方面，先后制定了《清产核资总体方案（试行）》、《关于清产核资中全民所有制企业资产清查登记有关问题的暂行规定》、《国家行政事业单位财产清查登记工作方案》、《关于清产核资中全民所有制企业、单位对外投资的清理和界定的暂行规定》、《清产核资中土地估价实施细则》、《境外企业、机构清产核资工作方案》等法规。第二,在产权界定和产权纠纷调处方面,先后制定了《国有资产产权界定和产权纠纷处理暂行办法》、《国有资产产权纠纷调处工作试行规则》、《集体企业国有资产产权界定暂行办法》、《集体科技企业产权界定若干问题的暂行规定》等法规。第三,在产权登记与资产统计方面,先后制定了《企业国有资产产权登记管理办法》、《行政事业单位国有资产产权登记实施办法》、《境外国有资产产权登记管理办法》、《国有资产年度报告制度》等法规。第四,在有关产权转让方面,先后制定了《关于企业兼并的暂行办法》、《关于出售国有小型企业产权的暂行办法》、《关于加强企业国有产权转让监督管理工作的通知》等法规。第五,在资产评估方面,先后制定了《国有资产评估管理办法》及其《实施细则》、《资产评估机构管理暂行办法》、《关于从事证券业务的资产评估机构资格确认的规定》、《注册资产评估师执业资格制度暂行规定》、《注册资产评估师执业资格考试实施办法》、《关于加强国有资源性资产评估管理有关问题的通知》等法规。第六,在经营性资产方面,先后制定了《国有企业财产监督管理条例》、《国家试点企业集团国有资产授权经营的实施办法(试行)》、《国有资产收益收缴管理办法》、《股份有限公司国有股权管理暂行办法》、《关于做好企业破产过程中国有资产管理工作的通知》、《国有资产保值增值考核试行办法》、《国有资产管理部门监事选派暂行规定》、《关于在建立现代企业制度试点工作中加强国有资产管理的通知》等法规。第七,在行政事业和资源性资产方面,先后制定了《行政事业单位国有资产管理办法》、《关于加强出售国有住房资产管理的暂行规定》、《行政事业单位国有资产处置管理实施办法》、《事业单位非经营性资产转经营性资产管理实施办法》、《关于加强国有森林资源产权管理的通知》等法规。第八,在境外资产管理方面,先后制定了《关于驻港澳机构以个人名义办理产权注册手续等问题的意见的通知》、《关于境外国有资产以个人名义进行产权注册办理委托协议书公证的规定》、《关于驻澳门机构以个人名义持有国有资产产权办理转名的法律手续的通知》、《关于用国有资产实物向境外投入开办企业的有关规定》等法规。

在中央立法工作逐步加强的同时,地方立法工作也蓬勃开展起来，近年来，各地根据国家统一的政策、法律，并结合当地实际，制定了数百件地方性国有资产管理法规。其中，海南省和深圳市先后发布了本地区《国有资产管理条例》，许多地方制定了《监管条例》实施细则。地方立法工作的开展，不仅对加强国有资产管理、实现依法治产起到了有力的推动和促进作用，而且为中央立法积累了宝贵经验。应该说，以行政法规和地方性法规为主，兼及部分法律的国有资产立法构成了当前我国国有资产管理立法规制的主要内容，国资管理立法已初具规模。

国有资产管理法律体系

国有资产法律体系							
纵向结构		横向结构					
法律	一般法	《民法通则》、《公司法》、《合同法》、《物权法》、《中国人民银行法》等法律中关于国有资产的规定					
	特别法	《国有资产法》（含已制定的《企业国有资产法》）等					
行政法规		国有资产运行主体法	国有资产基础管理法	国有资产投资管理法	国有资产占用管理法	国有资产收益管理法	国有资产转让管理法
地方性法规、国务院部门规章、地方政府规章		1. 国有资产管理部门组织法 2. 相关行政部门国有资产管理职责划分 3. 国有资产营运机构组织法 4. 国有资产占用单位内部国有资产代表机构和管理机构组织法 5. 国有资产服务机构组织法 6. 其他法律制度	1. 国有资产清产核资法 2. 国有资产权界定法 3. 国有资产权登记法 4. 国有资产评估法 5. 国有资产统计报告法 6. 国有资产纠纷处理法 7. 国有资产流失查处法 8. 其他法律制度	1. 国有资产投资规划法 2. 基本建设法 3. 固定资产更新改造法 4. 国有资产与外资合资合作法 5. 其他法律制度	1. 国有资产占用状况考评法 2. 企业国有资产保值增值考核法 3. 专用国有资产占用管理法 4. 基础设施占用管理法 5. 特种国有资产占用管理法 6. 其他法律制度	1. 国有资产收益确认法 2. 国有资产收益权属界定法 3. 国有资产经营预算法 4. 国有资产收益分配和收缴法 5. 企业留存国有资产收益管理法 6. 其他法律制度	1. 国有产权交易场所管理法 2. 国有资产转让合同法 3. 国有资产重组管理法 4. 国有股权转让法 5. 国有资产拍卖法 6. 国有资产租赁法 7. 国有资产承包法 8. 国有资产涉外转让法 9. 国有资产调拨法 10. 其他法律制度

二、国外国有资产管理立法模式

（一）以《托管法》和《公司法》为中心的德国模式

德国政府对国有资产管理和国有企业改造的立法规制主要表现为：以《托管法》和《公司法》为中心，对国有企业改造进行法律规范，建立股份有限公司的法人治理结构，加强国有资产流失的法律监控，形成了有德国特色的国有资产管理法制模式。

1. 以《托管法》为中心的国企改造法律政策框架

两德合并后，德国政府颁布了《托管法》。《托管法》为托管局规定的中心任务有以下几个方面：第一，通过对原东德国有企业的私有化和股份化，尽快压缩社会经济中的国有经济成分。第二，促进和指导国有企业的改造，包括债务重组、资产重组和股份化改造，使之按市场经济的要求过渡。第三，在完成国有企业私有化的进程中，使尽可能多的企业具备市场竞争能力。第四，通过重组，组建更有效的企业组织机构。《托管法》是德国国有企业改造的基准法律，在国有企业改造中处于核心地位。

2. 用立法构建股份有限公司的法人治理结构

国有企业改造成为股份有限公司后，按照德国《公司法》运作。德国《公司法》规定，股份有限公司的章程一经确定，只有持股达25%以上的股东提议，才能向股东大会提交修改公司章程的议案。在持股达75%以上的股东表决通过后，方可修改公司章程。持股25%以上的股东，有对股东大会决议的否决权。在德国股份有限公司的法人治理结构中，最明显的特征就是双重委员会制度。其组织结构由股东大会—监事会—经理理事会三个层次构成。① 股东大会是公司的最高权力机关，其权力包括选举监事会成员、确定年终分红方案、确定公司年终报告审计人、修改公司章程、决定公司解体等。监事会是股东利益的代表机构和股份公司的监督机构。其职责是任命和解聘董事，监督董事是否按公司章程经营，审议计划和经营报告并向股东大

---

① 国家国有资产管理局赴德国、波兰联合考察团：《德国、波兰对原国有企业的改造》，载《国有资产管理》1997年第6期，第62—64页。

会报告审议结果,向股东大会提出公司资本增减等重大问题的方案。

董事会是集日常经营决策和执行为一体的机构,负责公司的日常生产经营活动。董事会成员一般由主管生产技术、财务、人事和销售方面的经理人员组成,董事会成员可以是股东,也可以不是股东,可以是本公司成员,也可以从人才市场上选聘。

3. 德国国有资产的法律监控权利系统

德国是议会制国家,行使国有企业管理权的最高机构是联邦议院预算委员会,特别是其负责账目的下属二级委员会。如果联邦议院会议涉及有关国家企业的问题,常常由账目委员会通过提交报告给予答复。由于联邦议院掌握了国有企业更多的信息,因而能更有效、更全面地对国有企业的经营管理作出评价,也更能有效地行使国有资产管理的立法权。联邦德国的国有资产监控权利系统比较完善,包括以下几个方面:第一,财政部的宏观监控权和监事会的具体监控权。财政部对国有企业的管理着重产权监督,而不是企业的经营业务,企业的自主权相对较大。在国有资产日常管理中,德国财政部对国有企业的管理权和监督权主要是通过监事会来行使。德国《公司法》规定了各类股份公司,都要建立规范的领导体制。在德国,监事会是公司的决策机构。政府的意志通过选派进入监事会的国有股东代表来体现。当然,按照《公司法》,政府只能对其在监事会的代表施加间接的影响。第二,经济审计人的监督权。独立的经济审计人具有对公司年终结算的审查权与监督权,审查内容包括债权、存款、财务价值和债务清单及董事会、监事会成员的薪金总额等。第三,联邦审计署的监督权。联邦审计署是德国最高审计与稽核单位,它具有稽核政府及国有企业的开支账表和经济行为合法性的权利,并随时向政府和国会报告审核结果。此外,德国联邦审计委员会对管理国有企业的政府部门也具有监督权,由此构成了对国有企业的财政监督权、议会监督权和审计监督权的多层次权利体系。

总之,德国通过《托管法》建立企业改造的法律政策架构。以《公司法》为中心把国有企业改造为股份有限公司,采用法人治理结构,并通过国有资产监控权利系统,有效实施了对国有资产的管理和国企改造的法律规制。

(二) 以国会的立法和监督为特征的美国模式

美国政府财产①大约占全社会资产的5%。美国的国有企业为联邦、州和市镇所有,各级政府行使国有企业的行政管理权。美国通过大量具有针对性的国会立法和完善的监督体系,形成了自己独特的国有资产管理法制模式。

1. 美国国有资产管理的立法原则

第一,以国会立法为核心,管理国有资产。第二次世界大战以后,美国颁布了一个综合性的政府公司法,但未起实际作用。真正起作用的是单行法规,即每成立一个政府公司时便由国会通过单行法规,规定该公司的设立目的、董事会组成、经营方式、经营范围等非常细致的规则,使政府公司在规则范围内运作。美国法律界认为,国会议员是由选民选举产生的,由国会通过设立政府公司的法规能更好地体现选民的意志,平衡各方面的意见。美国目前有40个政府公司,事实上有40个法规在发挥作用。

第二,国有资产不进入市场竞争领域,只进入一些非盈利的、而又为社会所必需的公益性领域。

第三,政府公司不纳税,不上缴利润,接受政府划拨,自我发展。美国政府公司没有在竞争领域获得利润的商业行为,也不征税,保持政府公司的公益性。美国政府公司不向政府纳税,主要原因是,政府公司进行投资,能够起到促进经济发展的作用。最后,无论哪一个政府公司,其财产所有权虽是政府的,但是均要求其经营行为如同一个私人公司一样,也要自负盈亏。如政府公司有盈利则用来服务所在地的公益事业。

2. 国有资产管理的监督权利构成

美国的国有资产管理监督权利主要由国会监督权、政府监督权、企业内部监督权以及社会监督权等几个方面构成。

第一,国会监督权。国会掌握财政拨款权,国会对国有财产行使监督权,是对选民负责的体现。其监督方式主要是听证会。政府公司要想从预算中获得拨款支持,必须将自己公司的经营状况、资产负债

---

① 美国的"政府财产"和法国的"国家资产",与本文论述的"国有资产"的外延大体相同,为不引起混淆,下文一律称"国有资产"。

状况、效益指标等向听证会作详细报告，并接受质询以后，才能获得拨款。国会对国有企业的监督权通过控制权和经营责任追究权来行使。控制权是一种事前监督权。国有企业及其政府管理部门要想获得某种自主权或资金，必须到国会寻求法律权利的支持；经营责任追究权则是一种事后监督权，即政府部门必须回答国会有关国有企业的提问，国有企业必须按时向国会或国会指定的机构提供财务报表和账目，以便国会审查。国会对国有企业的控制权与经营责任追究权的范围大致涉及以下几个方面：对企业财务的控制权、对企业设立与改变地位和作用的控制权、对国有企业的审计权和对经营权的分配等。具体到美国国会，主要通过立法对国有企业进行直接或间接监控。包括：（1）国会有权通过法案来决定国有企业的建立、撤销和企业内部管理体制；（2）国会掌握着财权，制约着国有企业的财政预算和拨款；（3）国会有权在认为有必要的时候，对有关国有企业问题，设立常设委员或临时特别委员会管理和监督国有企业的经营，审计有关国有企业的各种议案。如美国审计署，就是一个署长由国会任命、工作向国会负责、预算由国会批准的对国有企业的常设监督机构。美国审计署是美国国有企业最主要的外部监督组织，在整个监督体系中处于中坚地位。

第二，政府监督权。这一权利的主体是政府，政府监督权包括对国有企业的组织控制权、经济计划控制权、公司计划控制权等。美国政府对不同性质的国有企业行使内容不同的行政管理权，同时，还行使对国有企业的监督权。主要包括：（1）对于政府完全所有的企业除个别由总统直接负责以外，一般由各主管行使管理权，权利内容主要包括审查和批准企业预算、任命企业主要领导人等；（2）对于混合所有制的国有企业，政府对其管理除了委派董事参加企业董事会以外，还采取了以主承包商为首的系统工程承包合同制以及对军品和民品分开管理的办法；（3）绝大多数国有企业则出租或承包给私人垄断组织经营，对出租企业，政府只向承租方收取租金，租金确定的合理性及是否足额及时交纳成为行使监督权的重点内容。美国对政府公司的审计权主要由联邦审计局行使，联邦审计局是政府的行政机构，但替国会工作。审计局的审计权独立于行政干预，审计结果向国会报告。

第三,企业内部监督权。美国国有企业的内部管理体制并没有一个统一的模式,而是视具体情况,因地制宜地采用相应的内部管理。共同的一点是,美国国有企业实行董事会领导体制,建立有比较严谨的内部治理结构,有关法令和公司章程中都明确规定了内部治理结构的内容及实施办法。建立在此基础上的内部监督机制一般比较明晰,使企业的内部监督权得以有效行使。美国国有企业的运行机制,是在公平或优先的市场条件下和法律框架内,以高度的自我管理和自主经营保持企业发展。国有企业运行机制之下的约束机制,主要是法律和法规。在较强的法制氛围中,企业经营者及其企业财务活动不得不按法制的轨道运行,经营犯罪在较大程度上受到遏制。这一运行机制同样也形成了一种企业内部监督权。

第四,社会监督权。社会监督权利的行使方式是多种多样的,但最主要的有两个方面:一是来自社会舆论包括新闻监督。选民如果发现政府公司的"问题"均可以直接写信给议长,对有价值的举报,国会向政府公司行使质询权和调查权。在新闻自由原则及较强的新闻监督机制下,国有企业问题特别是公共资金的运行情况往往成为社会较为关注的话题,这无疑就强化了企业外部监督权利。另一方面是来自民间审计的监督权。美国政府或美国审计署往往委托民间参与行使对国有企业的财务审计权,来掌握国有企业的经营和财务状况。美国有着世界上最为发达的民间审计组织,从某种意义上讲,其构成了国有企业强大的外部监督体系。

通过以上的简要分析可以看出,美国通过国会立法确定国有资产的管理原则和运行方式,以及建构由国会监督权、政府监督权、企业内部监督权和社会监督权组成的监督权利体系,实现了对国有资产的法律规制。

(三) 以完善的监督和组织体系为核心的法国模式

法国历史上自20世纪30年代以来经历了三次大的国有化运动,使法国的国有经济占相当的比重。国有企业的领域从以往的公用事业和基础设施行业扩张到具有竞争力的新兴工业和在国民经济中处于战略地位的部门。由于法国国有企业资产占全部国有资产中的绝大部分,法国的国有资产管理权主要表现为对国有企业的管理权,形成了法国特色的国有资产管理法律规制体系。

1. 法国国有资产监督管理体系

第一,由议会、政府代表具体对国有企业实施监管权。法国议会除了制定并通过有关国有化或私有化法律直接影响国有企业之外,还设有许多专门委员会。其中有一个监督委员会,目的在于对议会所指明的公共事业部门和国有企业的行政、财政和技术管理情况进行审查,并将查证结果报告议会;另有调查委员会专门对特别案件进行调查取证,作出结论;财政、经济和计划委员会对垄断性国有企业实行事后监督。政府除了对垄断性企业实行人事、价格、投资、工资等方面的监督外,对竞争性企业则实行由私法规范的股权管理。国有企业不是一个预算单位,垄断性企业每年补贴数额要进入预算,并报议会批准,竞争性企业则按照市场经济的规范运作。

第二,设立经济、财政与预算部实施监督权,对国有企业进行财务监管。该部与政府各主管部门相互配合,互有分工,对国有企业的经营活动和财务进行经常性监管,归纳起来主要担当如下监管使命:管理国有化企业资产、审批国有企业的年度财务计划、决定投资分配、决定企业补贴分配、税务检查和监督等。

第三,由审计法院行使财政监督权和司法权。其权力由议会直接授予,具有独立性,不受行政部门的干预,既拥有财政监督权,又有司法权,其任务是审核各级行政部门及国有企业的会计账目,对公共财政的实施进行"事后监督"。同时对各级财政拨款和监督机构进行检查,如发现严重问题,将予以揭发,并对当事人进行经济处罚直至逮捕、判刑。为了严格财经纪律,还专门建立了预算和财政纪律法庭,由审计法院的首席庭长兼任庭长,直属议长和总理的领导。其任务是专门审理各级政府机构、公共事业机构及国有企业领导人的违法案件。

第四,由国有企业派驻财政"监管员"("稽查员")直接实施财务监督权,其权利主要有:列席公司董事会会议、参与公司重大决策、审批公司财务开支、监督企业执行国家规定的各项财务规章制度、检查企业财务开支的合法性。此外,参与行使国有企业财务监督权的还有议会、国家财政总监及其他部署监督机构等。

2. 明确规定国有企业管理的组织体系

从组织体系上来看,国有企业领导为董事会机构(董事会)、总经理室或经理室及监督机构(监督委员会)。一级企业的董事长、经理委员会主席、监督委员会主席和总经理由部长会议法令任命,任期原则上是三年,政府有权随时撤换。一级企业与子公司的关系,完全按照参股控股关系向子公司董事会委派代表。而其他国有企业的任命按照普通法律程序进行,即由董事会决定。一般情况下,董事会(或者监督委员会)由三部分人组成:国家代表、根据才干能力选定的用户和消费者代表、职工代表。如企业存在私人股份时,还有股东代表参加。国家代表由政府法令任命,私人股东由股东大会决定,职工代表由职工选举产生。

3. 对国有企业按垄断性和竞争性分类行使管理权

对前者,国家是企业唯一的股东或占有51%以上的控股权,企业的产品由于是独家经营,在国内市场不存在竞争,也基本上不受国际市场竞争力的威胁。此类企业主要集中在能源和交通领域,有法国电力公司、法国煤气公司、法国铁路公司、巴黎城市公共公司等。对后者,国家通常只掌握部分股份而不占控股权,这类企业都受到国内外市场竞争的影响,国家参股的主要原因:某些战略性行业如计算机、航天工业等,由于研究发展经费需求极高,需要国家的扶持;军工企业必须由国家掌握控制权;某些行业需要国家补贴;由于历史的原因一直由国家进行支持的企业,如雷诺汽车公司等。

总之,法国通过构建四个层次的监督管理体系和国企管理组织体系,有效地实施了对国企的监管,促进了国有资产的保值增值,形成了独具特色的国有资产管理法制模式。

(四)国外国有资产法制模式的借鉴

通过对美国、德国和法国等西方国家国有资产管理法制模式的比较和分析,根据我国的国情,结合我国现有的国有资产管理的方式和特点,得到了诸多借鉴之处:

第一,用完备的法制规范国有资产管理。国外许多国家在国有资产管理上都具有比较完备的法律。在这方面做得最好的是美国,美国的法制化程度领先于世界,在国有资产领域也是这样。除政府公司法外,每成立一个政府公司即由国会通过一个单行法规,详细规定公司的运行规则。这样详细的立法在全世界是绝无仅有的,尽管立法成本稍高，但能够保证法规的针对性，确保国有资产的保值增值。如亚洲的发达国家有国有财产法及地方公营企业法、新加坡各法定机构的立法，奥地利的联邦法等，从国有资产管理和经营机构的设立，到机构的职责、权力的分工和行使，到国有资产的投资和管理，再到资产处置及法律责任等都有明确的法律规定。国有资产的管理和经营主体有法可依、违法必究，有力地促进了国有资产管理的法制化和规范化。

第二，注重发挥国有经济对于整个国民经济稳定与发展的主导作用。国外多数国家国有资产在全社会总资产中的比重不超过20%，但对于整个国民经济发展却起到了稳定和主导作用。其办法主要是：（1）注意向重要部门或者瓶颈产业有计划分配国有资源，扩大国内需求总量和商品市场，为民间资本提供廉价的原材料、交通运输和水电供应条件。（2）通过国家投资，推动尖端科技部门发展。为民间资本提供廉价的科技成果，促进生产率和竞争力的提高。（3）对那些不盈利的，而社会又十分需要的公益性、公共性领域，由政府进行投资，为经济发展提供保证。（4）通过发展国有经济，对劳动就业、工资收入、产品价格及改善经济结构施加影响。这样的结果，使得国有经济对整个国民经济发展都起到了积极的引导和促进作用。

第三，在横向上，设立各机构分工明确、各行其职的国有资产管理体制。包括美国、法国在内的许多资本主义国家对国有资产采取由议会和政府分工管理的方式。议会一般负责国有资产法律的组织实施，制定一般性工作规章和国有资产的行政管理法律制度。在中央政府内，一般由总统（或总理）对国有资产管理全面负责，决定国有资产管理的重大事项。在政府分工上，大体有两种模式：一是一些国家采取由财政部门综合管理与有关专业管理部门结合的方式，如法国和澳大利亚。财政部一般为国有资产管理的政府综合部门，处于管理中心的地位。各主管部门一般负责归口的国有资产管理，主要是任免、考核直属企业的主要负责人和监督国有资产营运和保值增值等。二是意大利、奥地利等国家采取以国有资产管理专职部门负责为主的方式。上述两类国家层面的国有资产管理模式，虽然在机构设置、职能划分上有所不同，但职责分明却是它们的共同特点。正是由于这一特点，避免了部门间相互扯皮，无人真正对国有资产负责等问题，保证了国家层行使国有资产管理权利的高效化。

第四，在纵向上，中央和地方在国有资产管理方面的范围、权限和义务明确。国外大多数国家的国有资产基本上都由中央政府代表并负责管理。地方政府所拥有产权的资产相对较少，而且一般不称国有资产，而称地方公营资产或地方公营企业资产。在政府所办企业管理上，中央和地方各自有所侧重。中央政府管理的国有资产一般为与整个国民经济结构优化和资源配置直接相关的经营性资产。地方一般负责与政府投资环境和人民生活条件直接相关的基础设施、福利设施、公益事业项目的投资管理。在政府产权归属和投资管理上中央和地方分工明确，至少有三点好处：一是有利于对产权的责任化管理。中央和地方对各自管理的资产承担责任，避免了产权关系不清，相互依赖、扯皮现象。二是经营性国有资产主要由中央政府来投资和管理，便于国家对国民经济整体结构的优化，有利于国家的宏观调控。三是地方政府主要负责非经营性资产的投资和管理，有利于投资环境的改善，而且可以避免中央和地方的重复投资和建设。

第五，设立中介性国有控股公司来管理经营性国有资产。从一些国有资产管理比较成功的国家的经验看，对于国有经营性资产的管理，基本上都是采用国有控股公司这一组织形式，即在中央政府和基层企业之间根据所管理资产的数额和分布设立若干国有控股公司。它们一般为企业法人，受政府委托，经营受托范围内的国有产权，追求经济效益最大化。对上，向政府专司国有资产管理的职能部门负责，承担国有资产保值增值的责任。对下，通过参股、控股方式行使股权。之所以设计出"中介机构"，其职责在于界定和量化国有资产的所有权，并将这种所有权从国家行政部门转移到国有资产管理部门；界定国家向企业下放经营权的边界，调节所有者（国家）与经营者（企业）之间的关系，其理论设计在于将政府的国有资产管理权交给中介机关，仅保留对国有资产的行政管理权，以便有利于行政管理权和资产管理权的分离，减少对企业的行政干预。采用国有控股公司形式经营国有产权，在以下方面表现出明显作用：有效防止政府对国有企业过多的行政干预。在政府与基层之间设立国有控股公司，等于设立了一个隔离带，使产权明晰化。国有控股公司对上只是对政府一个行使资产所有权的部门负责，体现了明晰的产权关系，促进了国有资产运营效益的提高。采用控股形式管理国有产权，大都引入市场经济条件下公司运作的一般规则，促进了资产营运效益的提高。

第六，采取因类而异的方法行使国有资产管理权。如法国，把国有企业分为垄断性和竞争性两类。前者，集中在交通、能源领域，由国家独家经营，在国内市场上基本上不存在竞争，政府主要按公法对其进行规制，在价格、投资和分配领域等方面实行比较严格的直接控制。后者，政府一般采取控股或者参股的形式，按私法对其规范，企业拥有充分的自主权。又如新加坡对国家投入到社会基础设施、社会服务领域的资产和投入到经营领域的资产分别设置不同的机构，按国会制定的不同法规，分别进行不同的管理。对于前一类国有资产，政府设置若干法定机构，按议会制定的专门法律进行管理。对于后一类国有资产，政府设置若干控股公司，主要依据公司法与民间资本平等竞争，追求利润的最大化。一些国家根据国有资产的不同类型采取不同方式行使管理权，在客观上取得了良好的效果。

第七，对基层国有企业实行公司制。国外基层国有企业组织形式发展的共同趋势是实行公司制，即除保留极少数单一国有股东的国有企业外，将绝大多数国有企业改组为股份有限公司或者有限责任公司。这种做法具有以下的一些好处：（1）使企业行为更为适合市场经济的要求。在实行公司制情况下，投资者是多元的，企业资产已经不完全属于政府，因此政府也无权直接干涉企业经营，企业有了独立的法人财产权，可以按照市场要求独立经营运作。（2）在企业内部形成所有权约束机制。在实行公司制条件下，股东大会和董事会作为所有权代表机构，设立在企业内部，所有者既有权对企业的重要事项进行决策，同时又对决策所产生的后果承担财产责任。这种权力与责任的统一，形成了强有力的企业内在约束机制。（3）政府作为资产所有者只承担有限责任。在实行公司制条件下，政府作为股东之一，只对所投入资本承担有限责任，减少了投资风险。（4）有利于国有资产的流动和优化重组。在公司制条件下，企业资产表现为证券形态的股份，政府可根据国家产业政策的要求，决策投入或转移国有股份，从而为资产的流动和优化组合创造了有利条件。

第三节 《企业国有资产法》在国有资产管理中的法律分析

国有资产管理体制改革在不断探索中臻于完善。党的十六大提出了"分别代表"和"分级产权"的国资监管思路，为国有资产管理体制改革指明了方向。随着国务院国有资产监督管理委员会于2003年4月成立，《企业国有资产监督管理暂行条例》在2003年5月13日公布实施，我国国有资产管理体制改革翻开了崭新的一页。随着实践的不断深入和认识的深化，为更好地调节、规制和规范各方利益关系，在《企业国有资产监督管理暂行条例》的基础上进行立法成为各界共识。经过有关方面长期酝酿和准备，《企业国有资产法》于2008年10月28日由十一届全国人大第五次会议通过，自2009年5月1日实施。《企业国有资产法》自1993年启动立法，到2008年10月全国人大常委会审议通过，历时15年，这在我国立法史上实属罕见。

在1993年启动立法时，立法草案的名称是国有资产法，其间，有学者主张将其名称变更为国有资产管理法，至审议通过时，名称正式确定为企业国有资产法。最初提出的草案与审议通过的法律无论是名称或内容均已大相径庭。由此可以看出，该部法律的出台历经曲折。一部法律出台如此艰难，其中原因颇多，但主要是立法界和理论界关于制定一部怎样的国有资产法的争论非常激烈，导致其一直迟迟不能出台。但无论如何，《企业国有资产法》的颁布实施正式标志着国有资产管理体制进入一个相对稳定的历史时期，标志着世界上拥有最庞大国有资产的我国朝着国有资产制度化建设方面迈出了重要的一步。《企业国有资产法》共9章77条，较之《企业国有资产监督管理暂行条例》的8章47条，进行了重大的调整、修改、充实和完善。

整体上看,国有资产的监管问题终于"有法可依"。国有资产的管理步入了法治新时代。

一、《企业国有资产法》的立法意义

(一)维护国家基本经济制度,巩固和发展国有经济,发挥国有经济在国民经济中主导作用的重要任务①

党的十七大报告明确要求完善基本经济制度,健全现代市场体系;坚持和完善公有制为主体、多种所有制经济共同发展的基本经济制度,毫不动摇地巩固和发展公有制经济,毫不动摇地鼓励、支持、引导非公有制经济发展,坚持平等保护物权,形成各种所有制经济平等竞争、相互促进的新格局。《宪法》规定,我国社会主义经济制度的基础是生产资料的社会主义公有制,即全民所有制和劳动群众集体所有制。国家在社会主义初级阶段,坚持公有制为主体、多种所有制经济共同发展的基本经济制度。国有经济,即社会主义全民所有制经济,是国民经济中的主导力量。我国国有经济是在新中国成立初期没收官僚资本和外国在华资本,改造民族私人资本和国家投资建设基础上形成的,并在当时的 156 个苏联援建项目和 694 个限额以上建设项目集中统一管理的基础上建立起国营企业。企业资产归国家所有,由国家直接经营。改革开放后,我国经历了有计划的商品经济和市场经济改革阶段。随着市场经济体制、国有企业改革和现代企业制度的建立,我国逐步形成了对国有资产的新认识。国有资产一般可划分为属于国家所有的土地、矿藏、森林、水流等资源性资产,由国家机关、国有企事业单位等组织使用管理的行政事业性资产,以及由国家对企业出资形成的经营性资产。前两类国有资产多属实物资产,而第三类资产是国家作为市场经济主体通过出资所形成的权益。从最初的《国有资产法》到最终的《企业国有资产法》,反映了法律适用范围的变化:从全部国有资产到只包括国家出资形成的、由国家出资企业

---

① 李保民:《贯彻执行〈企业国有资产法〉的现实意义和实践途径》,载《国有资产管理》2009 年第 1 期。

经营和管理的经营性国有资产。其中，对金融企业国有资产的管理与监督，法律作了特别规定。

国有资本的主要进入领域，按照党的十五届四中全会、十六大、十六届三中全会精神，要通过调整国有经济布局和结构，增强国有经济的活力、控制力和影响力，发挥国有经济的主导作用；《企业国有资产法》规定了国有资本的主要进入领域，即向关系国民经济命脉和国家安全的重要行业和关键领域集中。国家将依法对国有经济实施战略性调整，继续实行有进有退，有所为、有所不为的方针，国有经济的分布范围将适度集中和收缩，国有企业的数量将有所下降。

（二）促进社会主义市场经济发展，推动国有企业建立和完善现代企业制度的重要举措

完善市场经济条件下的法制环境。改革开放后，个体经济、私营经济、外资经济大量涌现，形成了多种所有制经济有效竞争的格局。为进一步解放和发展生产力，发挥市场对资源配置的基础性作用，1992年，党的十四大提出了建立社会主义市场经济体制的目标；1982年，"个体经济"被写入宪法；1988年，"私营经济"被写入宪法；1999年，"非公有制经济"入宪："在法律规定范围内的个体经济、私营经济等非公有制经济，是社会主义市场经济的重要组成部分。"企业法、公司法、合伙企业法、破产法、物权法、反垄断法以及企业国有资产法等的颁布施行，为市场经济和国有企业改革创造了日趋完善的法律环境。

抓住市场经济体制改革的中心环节。社会主义市场经济体制是同社会主义基本制度结合在一起的。国有经济是国民经济中的主导力量。国有企业是国民经济的支柱，国有企业改革是市场经济体制改革的中心环节。国有企业只有进入市场，与其他所有制经济主体平等竞争，在竞争中发展壮大，才能更好地发挥国有经济在国民经济中的主导作用。国有企业改革，从放权让利，给企业更多经营自主权，到提出建立现代企业制度是公有制与市场经济相结合的有效途径，是国有企业改革的方向；从探索和推行公有制的多种有效实现形式，到提出对国有大中型企业实行规范的公司制改革，公司制是现代企业制度的

一种有效组织形式，公司法人治理结构是公司制的核心；从深化国有资产管理体制改革，建立中央政府和地方政府分别代表国家履行出资人职责，享有所有者权益，权利、义务和责任相统一，管资产和管人、管事相结合的国有资产管理体制，到建立健全现代产权制度，以现代产权制度为基础，发展混合所有制经济，形成了计划经济转轨和市场经济条件下国有企业改革的一系列创新理论和科学论断，为国有企业改革和发展的伟大实践开辟了道路，成为《企业国有资产法》的重要立法基础。

坚持国有企业改革的方向。《企业国有资产法》体现了党的十六大以来中央确立的国有资产管理体制改革的方向和国有企业改革的总体思路。一是确立了国有资产的所有权及其行使主体："国有资产属于国家所有即全民所有。国务院代表国家行使国有资产所有权。"二是建立了以资本为纽带的国有资产出资人制度："国务院和地方人民政府依照法律、行政法规的规定，分别代表国家对国家出资企业履行出资人职责，享有出资人权益。"三是确立了履行出资人职责的机构："国务院国有资产监督管理机构和地方人民政府按照国务院的规定设立的国有资产监督管理机构，根据本级人民政府的授权，代表本级人民政府对国家出资企业履行出资人职责。国务院和地方人民政府根据需要，可以授权其他部门、机构代表本级人民政府对国家出资企业履行出资人职责。"

《企业国有资产法》调整的企业主体是国家出资企业，其组织形式包括按照《企业法》设立的国有独资企业，按照《公司法》设立的国有独资公司，以及国有资本控股公司、国有资本参股公司。法律通过三级授权，确定了国有资产管理体系中国家、政府、履行出资人职责的机构及国家出资企业的关系。其中，国家是国有资产的所有者；政府既是行政法上的公共事务管理者，又具有民商法上的出资人地位，履行出资人职责必须遵循政企分开原则，不干预企业经营自主权；履行出资人职责的机构仅具有出资人身份，依法享有资产收益、参与重大决策和选择管理者等出资人权利，除依法履行出资人职责外，不得干预企业经营活动；国家出资企业是市场竞争主体，依照

《企业法》、《公司法》等法律、行政法规的规定确定其组织形式、组织机构及治理结构，依法享有企业经营自主权。此外，《企业国有资产法》调整的主体是国家直接出资设立的一级企业，对于国家出资企业所出资企业的管理，应当由国家出资企业依照法律、行政法规和所出资企业章程的规定，行使股东权利，维护其出资人权益。为贯彻十六大所确立的"管资产和管人、管事"相结合的体制，更好地行使法律赋予出资人的权利，《企业国有资产法》对"国家出资企业管理者的选择与考核"相关事项和"国有资本经营预算"基本原则作了专章规定。《企业国有资产法》所确立的国有资产管理体制是与社会主义市场经济体制的改革目标和国有企业改革的方向相一致的，其颁布施行，必将对社会主义市场经济的发展、深化国有企业改革发挥巨大的促进作用。

（三）加强国有资产保护、防止国有资产流失、保障国有资产保值增值的必然选择

《企业国有资产法》第 8 条规定："国家建立健全与社会主义市场经济发展要求相适应的国有资产管理与监督体制，建立健全国有资产保值增值考核和责任追究制度，落实国有资产保值增值责任。"本法对经营性国有资产的保值和增值给出了法律保障。国有资本向关系国民经济命脉和国家安全的重要行业和关键领域集中，与国有经济布局和结构的战略性调整、国有企业的战略性改组是相互联系的。国家出资企业合并、分立、改制、上市、转让重大财产，是实施企业改组的重要途径，必将带来大规模资本流动和股权变动，吸引大量的民营资本、境外资本、私募股权投资机构等参与国有企业的改制、并购、融资。一方面，对于引导投资方向，优化投资结构，促进产权多元化，完善公司治理结构，健全现代企业制度，优化资本运营方式，增强国有企业活力和竞争力，提高经济效益具有重大意义；另一方面，也可能由于虚假评估、低价转让、低价折股等造成国有资产流失。同时，企业为满足生产经营需要而发行债券、提供大额担保、进行重大投资，以及在分配利润、解散、申请破产等方面，也都存在着国有资产流失和损害的风险，《企业国有资产法》对经营性国有资产经营管

理中需要专门加以规范的突出问题作了准确定位,将如何维护好国有资产权益,保障国有资产安全,防止国有资产流失,促进国有资产保值增值作为规范的重点内容,对"关系国有资产出资人权益的重大事项"作了专章规定,并对企业改制、与关联方交易、资产评估、国有资产转让的相关事项作了专门规定。

二、《企业国有资产法》的制度创新

党的十六大报告提出:"国家要制定法律法规,建立中央政府和地方政府分别代表国家履行出资人职责,享有所有者权益,权利、义务和责任相统一,管资产和管人、管事相结合的国有资产管理体制。"根据报告精神,十届全国人大一次会议批准了国务院关于组建国有资产监督管理委员会的改革方案,设立国有资产监督管理委员会,对国有资产进行统一监管。如果说十六大的召开和国资委的设立标志着国有资产管理体制改革进入一个新的阶段,那么《企业国有资产法》的出台则是这新一轮改革的里程碑。该法的出台,不仅将弥补我国国有资产经营管理方面无专门法律可依的局面,而且对国有资产管理运营的具体模式予以明细和规范。《企业国有资产法》在出资人制度设计、企业国有资产流动性权益保护,以及国有资产经营预算制度三方面取得重要突破与创新,在国有资产管理体制改革进程中迈出了坚实的步伐。①

(一)通过明确国资委的法律地位,建立了国有资产出资人制度

国有资产管理立法的核心在于确立科学的企业国有资产管理体制,以保证国有资产的有效运营,实现保值增值,而出资人制度正是保证企业国有资产有效运营的制度基础,它是国家作为所有权人对国有资产进行合理、有效经营管理的重要手段,是解决国有资产运营过程中的利益冲突,防止国有资产流失的重要保障。在一定意义上可以

---

① 邬峥杰、金峰:《从〈企业国有资产法〉看国有资产管理立法的完善》,载《法治论丛》2009年第4期。

说,国有资产管理经营体制改革的目标主要是建立和完善国有资产出资人制度。

针对十六大提出的国有资产的监管问题,并根据大会深化国有资产管理体制改革的精神,2003年4月,国务院国有资产监督管理委员会(以下简称国资委)正式挂牌成立,总体上解决了国有资产出资人缺位以及所谓"五龙治水"①与多头管理的问题,随后国务院颁布《企业国有资产监督管理暂行条例》,通过法规的形式将这一管理体制确定下来。然而事实上,《企业国有资产监督管理暂行条例》违背了国资委定位于干净"出资人"的制度设计的初衷。《企业国有资产监督管理暂行条例》第12条规定,国务院国有资产监督管理机构是代表国务院履行出资人职责、负责监督管理企业国有资产的直属特设机构。根据该规定,国资委被定位为国务院直属正部级特设机构,根据国务院授权,代表国家履行出资人职责,依法对企业国有资产进行监督管理。由此,国资委事实上被赋予两种身份:一方面,作为国有资产出资人代表,根据政府授权行使国有资产所有者职能,履行出资人职责,享有出资人权益;另一方面,作为国有资产监管者承担国有资产的监管职能。国资委的出资人代表身份意味着国资委行使私权利性质的国有股东权,而国资委的国有资产监管者身份意味着行使公权力性质的监管权。这样在理论上公权力与私权利在行使过程中必然发生利益冲突从而使国有资产管理仍然陷于混乱。尽管在《企业国有资产监督管理暂行条例》颁布实施后,根据有关解释,国有资产监管机构不是本级政府的组成部门,没有政府部门的行政权力,只能行使法律赋予斥资人的资本收益、重大决策和选择管理者的权利。然而这种解释只是重申政府的"立法意图",并不具有法律效力,《企业国有资产监督管理暂行条例》毕竟以法规的形式扩充了国资委的权利。而自《企业国有资产监督管理暂行条例》出台以来的5年国

---

① 所谓"五龙治水"大体上指经营国有企业的权力被众多政府部门分制行使,例如,财政部管资产,中组部,大企业工委管人,劳动部管工资总额,计委管基建投资,经贸委管技改投资等。

有资产经营管理实践中,国资委不但大大强化自己的权力,部分举措甚至突破了《企业国有资产监督管理暂行条例》的规定。有鉴于此,这些年来关于国资委的定位在内的国有资产出资人制度的批判与重构一直是学术界争论和关注的焦点。在争论中,有学者曾经也指出,国资委的二重性是由我国国有资产管理体制改革过渡阶段的特殊性所决定的,从我国目前的国情出发,在我国这样一个政府职能还未完全转变、行政干预还很大的条件下,非政府法定机构难以担当管理国有资产的重任。将国有资产管理专司机构放在政府体系中,借助一定的行政权力可以使国资委的相关政策得以顺利推行,有利于国资委行使国有资产的管理职能。① 而今,随着市场经济体制改革的不断深入发展和政府职能的转型,进一步深化现有的企业国有资产管理体制已势在必行,既然已经设计了出资人代表,就应该在法律上明确它的地位。

《企业国有资产法》正是在出资人制度上取得了重要突破,全面建立和完善了出资人制度,对于履行出资人职责的机构及其权利义务和责任关系在法律上予以了明确。新法明确规定,国务院国有资产监督管理机构和地方人民政府按照国务院的规定设立的国有资产监督管理机构,根据本级人民政府对国家出资企业履行出资人职责。作为履行出资人职责的机构,对国家出资企业依法享有资产收益、参与重大决策和选择管理者等出资人权利;有权依照法律、行政法规的规定,制定或者参与制定国家出资企业的章程,委派股东代表参加国有资本控股公司、国有资本参股公司召开的股东会会议、股东大会会议履行出资人职责的机构对本级人民政府负责,保障出资人权益,对国有资产保值增值负责,防止国有资产流失,且不得干预企业经营活动,各级人民代表大会常务委员会通过听取和审议本级人民政府履行出资人职责的情况和国有资产监督管理情况的专项工作报告,组织对本法实施情况的执法检查等,依法行使监督职权。《企业国有资产法》严格界定了履行企业国有资产出资人职责的机构、企业国有资产监管主体

---

① 王新红、谈琳:《论"国资委"的性质、权利范围与监赞机制》,载《湖南社会科学》2005 年第 4 期。

和国有企业三个不同主体的权限,国资委只是履行企业国有资产出资人职责的机构,企业国有资产的监管机构是各级人大和人大所授权的监管机构,而这两类主体不能干预国家出资企业依法享有的自主经营权利。这样的制度设计将有助于不同主体各负其责,保证国有资产管理合理、有效地运营,防止国有资产流失。

(二)通过对国有资产转让与交易机制的整合,遏制国有资产流失

《企业国有资产法》对国有资产转让与交易机制进行了整合,从而加强了对企业国有资产流动性权益的保护。法律通过对企业改制、与关联方的交易、资产评估以及国有资产转让等方面的专门规定,明确了重大事项的决定权限和审批程序,在一定程度上堵住了国有资产流失的主要通道,从法律上抑制了各关键环节的"暗箱操作"。

国有资产转让是指依法将国家对企业的出资形成的权益转移给其他单位或者个人的行为。它是《企业国有资产法》所需要重点规范的内容。目前中国改革实践中,国有企业改制与国有资产的转让交易中存在着不少的问题。如果缺少了法律的有效规范,各种各样的潜规则就会泛滥,从而造成国有资产的不断流失。因此,作为保障国有资产的法律,应当解决好如下问题:国有资产是否可以转让与交易?国有资产能否折价交易?国有资产转让方式有哪些?是否允许协议转让?国有资产转让是否一定要进场交易?在国企改制和国资转让中如何防止国有资产流失?等等。《企业国有资产法》将国有资产转让机制上升到了法律的高度,使得转让行为于法有据。该法主要在三个方面规定了国有资产转让的相关问题。

首先,解决了地方股权的转让问题。从广义上来说,国有资产的转让与交易涉及国有资产的处置问题。从狭义来说,它涉及国有企业产权和股权的处置问题。虽然早在该法颁布之前,《企业国有资产监督管理暂行条例》中就明确了国有资产监管架构分为中央、省、市(地)三级体制,并规定了其职责和义务以及管人、管事、管资的三项职能,为国有股权的转让奠定了基础,但是该条例并没有解决地方

国有股权能否转让、谁来转让、怎么转让的问题。① 《企业国有资产法》第 53 条明确规定国有资产转让由履行出资人职责的机构决定，并且当转让资产使得国家对该企业不再具有控股地位时，应当报请本级人民政府批准。因此，对于地方国有股权来说，其转让在法律上也有了根据，这就解决了地方国有股权存在的上述问题。

其次，转让形式以公开交易为原则。在国有资产转让过程中，存在着直接的协议转让形式。2006 年颁布施行的《关于企业国有产权转让有关事项的通知》中列举了允许协议转让的两个条件：一是关系国民经济关键行业的，转让后仍保持国有控股；二是如果转让行为发生在所出资企业内部，则转让方和受让方应为所出资企业或其全资、绝对控股企业。可见这两个条件是极其严格的。事实上，在国有资产产权转让实践中，审批部门对协议转让的批准也是极其谨慎的。因此，笔者认为对于直接的协议转让采取例外形式的规定是正确的。国有资产转让应当在依法设立的产权交易所公开进行，并且在受让方涉及两个以上主体时应当采用公开竞价的交易方式。

最后，对转让价格进行严格限制。实践中一些国有企业在其改制过程中，将国有资产低价折股、低价出售或转让，造成国有资产流失的情况比较严重。因此，国有资产转让的价格（或对价）问题显得特别重要。《企业国有资产法》对这个问题作了原则性规定，即国有资产转让应当以依法评估的、经履行出资人职责的机构认可或者由履行出资人职责的机构报经本级人民政府核准的价格为依据，合理确定最低转让价格。这一规定不但赋予了履行出资人职责的机构以知情权，而且赋予了其参与制定参考价格的权利。这样就可以避免有些国有企业在国有资产转让中盲目制定价格或者恶意制定价格的现象。当然，最终的价格确定仍需通过转让方与受让方的合意进行。可见，该法对于国有资产转让的价格进行了严格的限制。与国有资产转让密切相关的一个问题就是关联交易。《企业国有资产法》基本涵盖了规制

---

① 李曙光：《国有资产立法需明确六大问题》，载《中国改革》2008 年第 1 期。

关联交易的主要方面。从内容上看，它首先强调了国家出资企业的关联方不得利用与国家出资企业之间的交易，谋取不当利益，损害国家出资企业利益。其次，规定国有独资企业、国有独资公司和国有资本控股公司不得无偿向关联方提供资金、商品、服务或者其他资产，不得以不公平的价格与关联方进行交易。再次，明确未经履行出资人职责的机构同意，国有独资企业、国有独资公司不得与关联方订立财产转让、借款的协议。不得为关联方提供担保，不得与关联方共同出资设立企业，或者向董事、监事、高级管理人员或者其近亲属所有或者实际控制的企业投资。最后，规定国有资本控股公司、国有资本参股公司与关联方的交易依照公司法和有关行政法规以及公司章程的规定。通过上述规定，应该说《企业国有资产法》首次为解决关联交易问题提供了法律依据。《企业国资法》主要在以下四个方面作出了突破。

第一，明确界定了关联方的主体范围。根据我国《公司法》和有关税收的法律、行政法规、规章等对企业的关联方的规定，主要包括：该企业的控股股东、实际控制人，董事、监事、高级管理人员，该企业直接或间接控制的企业等。而《企业国有资产法》从保障国家出资企业的利益，防止国有资产流失出发，并不包括控股股东和实际控制人，明确界定了关联方的主体范围，即董事、监事、高级管理人员及其近亲属以及他们所有或者实际控制的企业。国有出资企业的董事、监事、高级管理人员负责企业的生产经营管理，或者行使着相关的监督职责，对企业负有忠实义务和勤勉义务，应当为国有企业的最大利益服务。当其自身利益与企业的利益发生冲突时，应当维护企业利益，不得利用其职权谋取不当利益。与此同时，董事、监事、高级管理人员的近亲属，以及董事、监事、高级管理人员及其近亲属所有或者实际控制的企业，与董事、监事、高级管理人员存在重大利益关系，董事、监事、高级管理人员也不得利用其职权为上述人员和企业谋取不当利益，从而损害国家出资企业的利益。

第二，规定关联交易必须秉承有偿、公平、公正的交易原则。在市场经济活动中，从事交易活动应当遵循等价有偿、公平、公正的基本原则。国有独资企业、国有独资公司、国有资本控股公司与关联方进行交易当然也不能例外。双方在设定和履行各自的义务时,应当取得合理的对价,应当以保值为目标,① 不得无偿向关联方提供资金、商品、服务或者其他资产,不得以不公平的价格与关联方进行交易。这里所说的不公平的价格进行交易,是指以不合理的高价从关联方买入商品、服务或者其他资产,或者以不合理的低价向关联方卖出商品或者服务。无论是高价买进,还是低价卖出,对于国有资本来讲,都将面临着流失。

第三,关联交易的程序限制。为了防止关联方利用与国家出资企业之间的交易,谋取不正当利益,损害国家出资企业利益,除了要求国家出资企业不得无偿或者以不公平的价格与关联方进行交易外,还要对国家出资企业与关联方之间的交易提出相应的程序要求,笔者称为程序限制。笔者认为,如果国家出资企业与关联方进行交易时,无视其出资人的存在,完全可能会被关联方利用或者与关联方达成通谋,从而造成交易中国有资产的流失。特别是当进行极为重要的交易,比如订立财产转让、借款的协议、为关联方提供担保以及与关联方共同出资设立企业或者向关联主体的企业投资时,如果没有出资人,即履行出资人职责的机构的同意,实际上就等于否认了股东的知情权(国家作为股东),这是与现代公司法法理背道而驰的。因此,当国有独资企业、国有独资公司进行上述行为之前,必须征得履行出资人职责的机构的同意。

第四,《企业国有资产法》与《公司法》在关联交易方面的制度契合。不可否认,企业与关联方之间的关联交易可能导致企业的利益向关联方不当流出,从而损害企业及其出资人的利益。但是,另一方面,企业与关联方的交易有些是合理的,甚至是企业经营所必需的。

---

① 邓峰:《国有资产的定性及其转让对价》,载《法律科学》2006年第1期。

因此，对企业与关联方的交易不能一律禁止。① 由此，《企业国有资产法》规定国有资本控股公司、国有资本参股公司与关联方的交易依据《公司法》由公司股东会、股东大会或者董事会决定，此外，该法关于"在涉及关联方交易活动中，恶意串通，损害国有资产权益的行为无效"之规定，亦与《公司法》有关"不得利用关联关系损害公司利益"之规定相衔接。

（三）通过构建国有资产经营预算制度，维护国有资产所有人权益

国有资本经营预算制度是反映国家以国有资产所有者身份取得的收入和其他一些建设性支出以及用于经济建设和国有资产经营方面支出的预算。② 它的来源是《预算法》。不过，虽然《预算法》中提出过相似的概念，但是并没有相关的法律规定，致使国有资本经营预算制度在此前是一个空白。另外，值得注意的是，国有资本经营预算制度与公共预算并不相同。前者体现了政府的社会管理职能，分配的形式主要是税收，而后者体现的则是政府作为国有资本所有者的职能，以资本所有权为分配依据是经营性的预算。但是，在《企业国有资产法》出台以前，国有资产经营预算与公共预算却是混杂在一起的。一方面，国有企业的利润并没有上交到公共预算甚至国有资本经营预算里；另一方面，国有企业本身大量的改革成本却要从公共财政中支出，这本身就是不符合法理的。建立一套独立的国有资本经营预算制度就显得十分必要。因此，《企业国有资产法》规定了国有资本经营预算制度，从而使其和公共预算区别开来。

首先，规定了预算中的三类主体。笔者将之归纳为审批主体、编制草案主体以及提出草案主体。该法明确规定，国有资本经营预算按

---

① 应当注意的是，关联交易是一种特殊的自我交易，实质上也是一种利益冲突交易。同时，与自我交易一样，关联交易同样是无法避免的，因而，法律并非简单地加以禁止，需要的是采取一定方法对之加以规范，《公司法》并非是禁止关联交易本身，而是要求有关关联人不得利用关联关系损害公司利益。

② 顾功耘：《国有经济法论》，北京大学出版社 2006 年版，第 106 页。

年度单独编制,纳入本级政府预算,报本级人民代表大会批准。可见国有资本经营预算由本级人民代表大会审批。编制草案主体与提出草案主体并不相同。根据该法,编制草案的主体是国务院和各级政府的财政部门,而提出草案的主体则是履行出资人职责的机构。有的学者认为随着国有资产出资人国资委的成立,国有资本经营预算的编制部门理所当然是国资委。通过明确预算中的这三类主体,有利于加强各级人民代表大会对本级政府预算的监督作用,改变国有资产所有权的虚置问题,同时也有利于政企分开。

其次,明确了国有资本经营预算的对象,即哪些收入应该编制到国有资本经营预算中,确定了总的法律框架。具体来讲,编制当年国有资本经营预算中的收入有以下几个方面:从国家出资企业分得的利润,应当包括国有企业上缴利润收入、国有股红利、股息收入等项目。国有资产转让收入,包括国有股权转让收入和国有产权出售收入、从国家出资企业取得的清算收入以及其他国有资本收入,这里面主要包括国家专项经济建设性收费收入、公共预算划拨收入等。《企业国有资产法》将国有资本经营预算法制化,可谓是从源头上对国有资产经营和国有资本投资进行的宏观规制,从而确保国有资产安全和保值增值,提高国有资产的运营效益。同时意味着将有效改变长期以来国有资产所有权的虚置问题,真正保障国有资产的全民所有、国家所有。

三、《企业国有资产法》与相关法律规范的关联

(一)《企业国有资产法》与《物权法》

《企业国有资产法》关于企业国有资产所有权的法律规定有第2条:"本法所称企业国有资产(以下称国有资产),是指国家对企业各种形式的出资所形成的权益。"第3条:"国有资产属于国家所有即全民所有。国务院代表国家行使国有资产所有权。"第10条:"国有资产受法律保护,任何单位和个人不得侵害。"第11条:"国务院国有资产监督管理机构和地方人民政府按照国务院的规定设立的国有资产监督管理机构,根据本级人民政府的授权,代表本级人民政府对

国家出资企业履行出资人职责。国务院和地方人民政府根据需要，可以授权其他部门、机构代表本级人民政府对国家出资企业履行出资人职责。"《物权法》关于国家所有权的法律规定有第 45 条："法律规定属于国家所有的财产，属于国家所有即全民所有。国有财产由国务院代表国家行使所有权；法律另有规定的，依照其规定。"第 52 条："国防资产属于国家所有。铁路、公路、电力设施、电信设施和油气管道等基础设施，依照法律规定为国家所有的，属于国家所有。"第 55 条："国家出资的企业，由国务院、地方人民政府依照法律、行政法规规定分别代表国家履行出资人职责，享有出资人权益。"第 56 条："国家所有的财产受法律保护，禁止任何单位和个人侵占、哄抢、私分、截留、破坏。"第 57 条："履行国有财产管理、监督职责的机构及其工作人员，应当依法加强对国有财产的管理、监督，促进国有财产保值增值，防止国有财产损失；滥用职权，玩忽职守，造成国有财产损失的，应当依法承担法律责任。违反国有财产管理规定，在企业改制、合并分立、关联交易等过程中，低价转让、合谋私分、擅自担保或者以其他方式造成国有财产损失的，应当依法承担法律责任。"

根据《物权法》与《企业国有资产法》的相关法律规定，关于我国企业的国有资产所有权，可以得出以下结论：第一，企业国有资产所有权属于国家所有。第二，企业国有资产所有权由国务院代表国家行使。第三，国务院国有资产监督管理机构和地方人民政府按照国务院的规定设立的国有资产监督管理机构，根据本级人民政府的授权，代表本级人民政府对国家出资企业履行出资人职责。国务院和地方人民政府根据需要，可以授权其他部门、机构代表本级人民政府对国家出资企业履行出资人职责。第四，企业国有资产所有权受法律保护，不受任何单位和个人的侵害。

（二）《企业国有资产法》与《反垄断法》

《企业国有资产法》第 7 条规定："国家采取措施，推动国有资本向关系国民经济命脉和国家安全的重要行业和关键领域集中，优化国有经济布局和结构，推进国有企业的改革和发展，提高国有经济的整体素质,增强国有经济的控制力、影响力。"《反垄断法》第 7 条规定:"国有经济占控制地位的关系国民经济命脉和国家安全的行业以及依法实行专营专卖的行业,国家对其经营者的合法经营活动予以保护,并对经营者的经营行为及其商品和服务的价格依法实施监管和调控,维护消费者利益,促进技术进步。前款规定行业的经营者应当依法经营,诚实守信,严格自律,接受社会公众的监督,不得利用其控制地位或者专营专卖地位损害消费者利益。"

两部法律的宗旨一致:增强国有经济的控制力和影响力。《企业国有资产法》第 7 条贯彻了党的十七大提出的优化国有经济布局和结构,增强国有经济的控制力、影响力的精神,与《反垄断法》的宗旨也是一致的。《反垄断法》是规范市场竞争秩序的重要法律,并不反对规模经济,不反对企业做强、做大和具有市场的支配地位。《反垄断法》禁止的是企业滥用市场支配地位,妨碍或限制市场竞争。随着我国加入世界贸易组织和经济全球化的进一步加剧,中央企业面对的是范围更为广阔、竞争更为激烈的国际市场,代表的是国家经济实力和竞争力,所以一定要做强、做大,这与保证市场公平竞争、维护公共利益并不矛盾。国资委和中央企业有能力按照两部法律的规定做到既维护公平竞争的市场秩序,又大力推进国有企业的改革重组,增强国有经济的控制力和影响力。

(三)《企业国有资产法》与《全民所有制工业企业法》

《全民所有制工业企业法》开始实施于 20 世纪 80 年代末,至今已经实施 20 多年,该法主要从全民所有制企业与政府的关系、企业的权利义务关系等方面作出了法律规定。虽然还留有一些计划经济的痕迹,但是至今为止仍然是国有资产监管机构对绝大多数中央企业行使监督职能的主要法律依据。在规范对象上,《全民所有制工业企业法》适用于全民所有制企业,这类企业具有法人资格,财产归全民所有。《企业国有资产法》规范对象更广,包括了国有独资企业、国有独资公司,以及国有资本控股公司、国有资本参股公司。

两部法律对以下几个方面的规定基本一致:第一,肯定了政企分开、两权分离的原则,明确了企业经营自主权不受非法干涉;第二,职工有权通过职工代表大会等形式对企业实行民主管理；第三，国家出资的企业负有妥善经营管理国有资产、进行风险控制、实行经济责任制以及确保国有资产保值增值的职责；第四，企业负有保证产品质量、建立和谐劳动关系、接受审计、税务等部门的依法监督、遵守法律法规等责任。

同时，《企业国有资产法》强调了以下内容：第一，国家出资的企业应当有由民主选举产生的职工代表出任的董事、监事；第二，履行出资人职责的机构依照法律、行政法规以及企业章程的规定，任免或者建议任免国有独资企业或公司的高级管理人员，包括董事会成员、经理、副经理、财务负责人以及监事会成员。

（四）《企业国有资产法》与《企业国有资产监督管理暂行条例》

《企业国有资产监督管理暂行条例》于2003年5月由国务院公布实施，是国有资产监督管理的基础性行政法规，是国资委依法履行出资人职责的依据。该条例以行政法规的方式确定了企业国有资产管理体制改革的方向和原则，为企业国有资产管理体制改革奠定了法律基础。《企业国有资产监督管理暂行条例》规定了国有资产监督管理的一般原则、监管机构、企业负责人的管理、企业重大事项的管理、企业国有资产管理、企业国有资产监督和法律责任等内容。各省、自治区、直辖市和市（地）人民政府相继设立国有资产监督管理机构，分别依照本级人民政府授权对相关企业履行出资人职责。《企业国有资产法》比较完整地反映了我国国有资产管理体制改革所取得的成果，把企业国有资产管理体制的成功做法上升为国家法律。至此，以《企业国有资产法》为龙头，以《企业国有资产监督管理暂行条例》为基础，以国务院国资委制定公布的21个行政规章和115个规范性文件为主要内容，包括各省市国资委起草制定的1800多件地方规章和规范性文件的国有资产监管法律体系基本形成。

就两部法律文件的联系来看：《企业国有资产法》与《企业国有资产监督管理暂行条例》有许多突破和创新。国有资产监管机构及国家出资企业的现有规章制度是在《企业国有资产监督管理暂行条例》的框架下出台的,因此有必要对照《企业国有资产法》对现有规章制度进行全面梳理,逐一进行修改、补充和完善,对相关工作流程作出必要的梳理和修订完善,逐一确定哪些制度和流程符合法律规定,继续有效;哪些制度和流程与法律规定存在抵触,需要修改或者废止;哪些地方存在制度空白,需要根据该法出台新的制度。在区别方面:第一,适用范围不同。《企业国有资产监督管理暂行条例》第2条规定:"国有及国有控股企业、国有参股企业中的国有资产的监督管理,适用本条例。金融机构中的国有资产的监督管理,不适用本条例。"《企业国有资产法》第5条规定:"本法所称国家出资企业,是指国家出资的国有独资企业、国有独资公司,以及国有资本控股公司、国有资本参股公司。"第76条规定:"金融企业国有资产的管理与监督,法律、行政法规另有规定的,依照其规定。"《企业国有资产法》将金融企业的国有资产也纳入调整范围,较之《企业国有资产监督管理暂行条例》的适用范围广。第二,国有资产监督管理机构的职责不同。根据《企业国有资产监督管理暂行条例》第5条、第7条和第12条的法律规定,国有资产监管机构代表国务院及地方各级人民政府履行出资人职责并且履行监督管理职责。国有资产监督管理机构不行使政府的社会公共管理职能,政府其他机构、部门不履行企业国有资产出资人职责。根据《企业国有资产法》第11条和第15条的法律规定,国有资产监管机构履行出资人职责,而原有的监督管理职能趋于弱化,更多的是由权力机关、其他行政机关如审计部门等以及社会等多方面构成立体监督模式。国务院和地方人民政府根据需要,可以授权其他部门、机构代表本级人民政府对国家出资企业履行出资人职责。因此,根据《企业国有资产法》,履行出资人职责的机构可能不是国有资产监督管理机构,而是其他部门或机构。第三,企业高级管理人员的选任。根据《企业国有资产监督管理暂行条例》第17条,有权任免或者建议任免国家出资企业的企业负责人的主体为国有资产监督管理机构。任免对象为国有独资企业的总经理、副总经理、总会计师及其他企业负责人;国有独资公司的董事长、副董事长、董事。建议人选包括国有独资公司的总经理、副总经理、总会计师等;向国有控股的公司派出的董事、监事人选,推荐国有控股的公司的董事长、副董事长和监事会主席人选,并向其提出总经理、副总经理、总会计师人选;向国有参股的公司派出的董事、监事人选。根据《企业国有资产法》第 22 条,任免或者建议任免国家出资企业的企业负责人的主体为履行出资人职责的机构。① 任免对象为国有独资企业的经理、副经理、财务负责人和其他高级管理人员(与《企业国有资产监督管理暂行条例》相同);国有独资公司的董事长、副董事长、董事、监事会主席和监事(较之《企业国有资产监督管理暂行条例》,任免对象增加了监事会主席和监事)。建议人选包括向国有资本控股公司、国有资本参股公司的股东会、股东大会提出董事、监事人选(较之《企业国有资产监督管理暂行条例》,建议人选范围缩小,不再包括国有独资公司的总经理、副总经理、总会计师等;不再包括国有控股公司总经理、副总经理、总会计师人选)。第四,国家出资企业的重大事项决定权。《企业国有资产监督管理暂行条例》第 20 条和第 21 条,国家出资企业重大事项的决定权包括:国有独资企业、国有独资公司的分立、合并、破产、解散、增减资本、发行公司债券等重大事项由国有资产监督管理机构决定;对于重要的国有独资企业、国有独资公司分立、合并、破产、解散的,应当由国有资产监督管理机构审核后,报本级人民政府批准。

根据《企业国有资产法》第 30 条至第 34 条,国家出资企业重大事项的决定权包括:第一,国有独资企业、国有独资公司的重大事项(包括合并、分立,增加或者减少注册资本,发行债券,分配利润,以及解散、申请破产)由履行出资人职责的机构决定(与《企业国有资产监督管理暂行条例》基本一致);第二,国有独资企业、国有独资公司的其他重大事项(包括改制、上市,进行重大投资,

---

① 一般情况下仍为国有资产监督管理机构,但是如果根据《企业国有资产法》第 11 条第 2 款,国务院和地方人民政府根据需要,授权其他部门、机构代表本级人民政府对国家出资企业履行出资人职责,那么就是国有资产监督管理机构以外的其他部门、机构。

为他人提供大额担保，转让重大财产，进行大额捐赠等），国有独资企业由企业负责人集体讨论决定，国有独资公司由董事会决定（新增规定）；第三，国有资本控股公司、国有资本参股公司的重大事项，由公司股东会、股东大会或者董事会决定（新增规定）；第四，重要的国有独资企业、国有独资公司、国有资本控股公司的合并、分立、解散、申请破产以及法律、行政法规和本级人民政府规定应当由履行出资人职责的机构报经本级人民政府批准的重大事项，履行出资人职责的机构在作出决定或者向其委派参加国有资本控股公司股东会会议、股东大会会议的股东代表作出指示前，应当报请本级人民政府批准。

《企业国有资产法》与《企业国有资产监督管理暂行条例》比较，不同之处在于：第一，重要的国家出资企业的范围增加了国有资本控股公司；第二，"重大事项"不再局限于合并、分立、解散和破产，增加了"法律、行政法规和本级人民政府规定应当由履行出资人职责的机构报经本级人民政府批准的重大事项"；第三，对于重要的国有独资企业、国有独资公司、国有资本控股公司的重大事项的决议程序发生了一定的变化，不再"由国有资产监督管理机构审核后，报本级人民政府批准"。而是"履行出资人职责的机构在作出决定或者向其委派参加国有资本控股公司股东会会议、股东大会会议的股东代表作出指示前，应当报请本级人民政府批准"。

四、《企业国有资产法》的立法完善

（一）完善国有资产立法及其调整范围[①]

按照属性的不同，国有资产可分为经营性国有资产、行政事业单位国有资产和资源性国有资产三类。《企业国有资产法》规范的企业国有资产，是指"国家对企业各种形式的出资所形成的权益"。这意味着，包括金融企业国有资产在内的各类企业国有经营性资产适用该

[①] 赵梅：《浅议〈企业国有资产法〉的缺憾与对策》，载《经济师》2009年第9期。

法，但非经营性国有资产和资源性国有资产不属于该法的调整范围。因此，就国有资产的全面保护而言，该法尚存在着很大局限性。进而言之，《企业国有资产法》虽然将金融企业国有资产纳入了该法的调整范围，但由于该法主要为企业国有资产的管理、确权、保护、流转提供法律依据，现有条文过于框架性、原则性，没有专门对金融企业国有资产作出具体规定，加之金融企业国有资产本身存在出资人不清晰等问题（例如财政部、国资委都不是出资人，农村金融资产、邮政储蓄、社保基金不在财政部）。实质上，《企业国有资产法》对金融企业国有资产的保护不具有可操作性。要解决以上问题，使该法对国有资产的保护更加全面和切实可行。首先，应尽快成立金融企业国有资产委员会代表政府履行出资人职责，厘清原本混乱的国有金融资产及出资人问题；其次，颁布《企业国有资产法》实施办法或实施细则，从法律上确立国有金融资产的出资人地位，加强对涉及金融企业国有资产，包括对境外金融投资、金融衍生品交易等的风险监管；最后，尽快开展并加强对非经营性国有资产，包括行政事业性国有资产，以及资源性国有资产保护的研究与立法工作。

（二）改革国资委（国有资产管理机构）的角色定位[①]

《企业国有资产监督管理暂行条例》规定，代表政府履行国有资产出资人职责的机构是同级政府特设的国有资产监督委员会。《企业国有资产法》对"履行出资人职责的机构"的角色定位为，国资委是企业国有资产出资人，其应当按照《公司法》和出资企业的《公司章程》履行股东的义务，享有股东的权利。换言之，国资委对出资企业的监督权是由股东权利所派生。基于此，可以得出如下结论：国资委和出资企业之间是平等的民事主体之间的民事关系，而非行政管理机关与被管理企业之间的行政法律关系；除履行出资人职责外，国资委不得干预出资企业的经营活动；国资委本身应该是一个特设的出资人法人，其职能则是对国有资产进行运营和投资。基于国资委的

[①] 万翠英：《尚待完善的〈企业国有资产法〉》，载《理论前沿》2009年第23期。

角色定位，从立法的角度看，国资委仅可以对企业国有资产的相关法律法规提出草案和建议，无权颁布全国统一的行政规章或规则。《企业国有资产法》颁布后，国务院国资委于2009年6月发布了《企业国有产权交易操作规则》，这表明，国资委远未转变自己的职能和角色，还不习惯或不甘于仅仅担当《企业国有资产法》所定位的民事主体角色，《企业国有资产法》的完全实施也仍需时日。为进一步明确国资委新的法律地位和职责，应对国资委进行改革，使其实行公司化或企业化运作，内部设立战略规划委员会、风险控制委员会、薪酬委员会、资本预算委员会等，各委员会及委员决定出资企业的相关事宜，同时对自己的表决承担相应的民事责任。只有如此，才能切实使国资委从"裁判员"和"运动员"的双重角色转换为"运动员"的单一角色，保障《企业国有资产法》的顺利实施。

（三）强化国有资产监督管理体系

《企业国有资产法》第七章特别规定，企业国有资产监督由同级人大常委会监督、同级政府及政府审计机关监督、社会公众监督构成。此外，国资委作为出资人也有权对出资企业的经营进行监督。从形式上看，该法已初步构建了人大监督、行政监督、审计监督和公众监督等多层次的国有资产监督制度体系。《企业国有资产法》构建的国有资产监督体系，在实际执行中还存在明显缺陷：其一，人大常委会、政府及政府审计机关、社会公众等诸层次多头监督、互相交叉很容易造成无人负责、无人监督，或者滥用监督权力、浪费社会资源的局面。其二，既然国资委仅仅作为出资人行使股东的监督权，而不再作为政府部门进行行政监督，在目前体制下，专门的、明确的政府行政监督便出现了缺位。鉴于此，首先，必须细化人大常委会、政府及政府审计机关、社会公众的监督层级和范围，使其具有可行性和可操作性；其次，进一步发挥现有政府监管机构的作用，例如授权审计、中国人民银行、银监会、税务、工商等部门就各自领域对出资企业进行监督，或由同级政府成立独立的行政监督部门，行使对国资委、国有出资企业及企业经营管理层的行政监督权。而对国有资产经营政策的管理也就是对国资委所制定经济政策的监督，笔者认为，应当以国家审计机关为主体。这一论述将在第八章展开论证。

（四）培育国有资产产权交易市场

产权交易市场是为产权流转提供服务的交易场所，其优点是市场化程度高、公开、透明。在市场经济体制下，健全、完善的产权交易市场能够使国有产权交易价格更好地反映其价值，能够提高国有产权转让效率，降低交易成本。其中，产权交易市场的覆盖范围、交易制度的完善是其有效运转、发挥作用的决定性因素。因此，《企业国有资产法》第54条特别规定，除国家规定外，企业国有资产交易应在产权交易市场公开进行。目前，全国共有140多家地市级以上产权交易市场，其中经国务院国资委和省级国资委认可的产权交易机构有65家。企业国有产权非标准化和复杂的属地关系等特点，导致我国一直没有形成跨区域或全国性的产权交易市场。交易机构数量多、规模小、成交量低，交易规则不统一、交易信息披露不充分，产权交易难以有效发挥市场优化、配置资源的基础作用。因此，根据经济发展和市场的需要，培育和建立覆盖全国或跨区域的产权交易机构，由权威机构制定统一的交易规则，进而增强市场发现交易对象和交易价格的功能势在必行。当然，按照经济性原则，并非所有的企业国有资产交易都必须在产权交易市场完成，相关法律需要对此明确界定。另外，还应该将国有资产或权益的转让，与出资企业的正常经营行为区别开来，使企业管理者有权根据交易标的和交易特点采取其他合法的交易方式。

（五）建立国有资产出资人信息披露制度

近年来，经过对层级过多的下属企业进行清理、重组，通过关、停、并、转等改制方式，除极少数特大型企业集团外，国有集团的母子公司结构基本控制在三个层次以内，基本实现了组织结构扁平化。尽管如此，国有出资人作为委托人和其委派到出资企业的股东代表或高级管理者之间仍然是委托代理关系。从对代理人的监督角度看，委托人仍然面临着信息不对称、代理人道德风险等问题。国外对国有企业监督管理的经验是，出资企业定期向立法机构、社会和政府有关部门报告国有企业的经营计划和经营业绩，公开披露经营信息和财务信息。在我国，除上市公司外，其他国有企业还没有建立信息披露制度，此次颁布的《企业国有资产法》也没有对此进行规定。为有效发挥人大监督、行政监督、审计监督和公众监督等各层次，尤其是公众监督的职能，进而完善国有企业及其经营者的约束和激励机制，应该尽快建立国有企业出资人信息披露制度。

（六）赋予国资委对国有资本经营的预算权力

《企业国有资产法》规定，由财政部门负责国有资本经营预算草案的编制工作，履行出资人职责的机构向财政部门提出由其履行出资人职责的国有资本经营预算建议草案。但国资委主导编制国有资本经营预算草案更加适宜：第一，国有资本经营预算不同于国资委的部门预算。《预算法》规定"各级政府预算按照复式预算编制分为政府公共预算、国有资本经营预算、社会保障预算和其他预算"，这充分说明各种预算在所依据的权力、目标取向、收支范围与形式、管理手段等方面有着本质上的不同应该严格区分，不能混淆。将财政公共预算与国有资本经营预算分列，构建国有资产相对独立的预算体系仍然是政府预算的重要组成部分。编制和组织实施国有资本经营预算的重要作用在于保证国有资产形成自我积累、自我发展、保值增值的良性循环，随着国有资产出资人国资委的成立，国有资本经营预算的编制部门理所当然是国资委，这一职能是政府其他机构和部门所不具备的。第二，国资委有效监管的需要。国有资本经营预算是国有资产监管机构代表本级政府履行国有资产出资人职责以国有资产出资人身份依法取得国有资本经营收入、安排国有资本经营支出的专门预算。同时国有资本经营预算是维护国家所有者合法权益的重要方式，是国有经济布局和结构战略性调整的重要手段，也是对国有资本管理和运营效率进行评价考核的主要途径。第三，《公司法》赋予股东的基本权利。国资委履行的是出资人职责也就是企业的股东。《公司法》规定股东有三大权利，即资本收益权、重大事项决策权和选择管理者的权利。资本的收益权是《公司法》赋予股东的三个最基本的权利之一，国有资本经营预算依据的是资产所有权及其派生出来的收益权和支配权，国资委对履行出资人职责的国有资本理应以资产所有者身份享有资本性收益。

(七) 弥补境外国有资产管理的空白

据不完全统计,目前我国境外国资控制的资产约万亿元以上,仅中央企业在境外就设立了约 3000 多户(不含离岸公司户数)。而事实上,境外国有资产的界定范围并非仅仅涵盖一般企业中的经营性国有资产领域,包括国家部委、各直属机构、各事业单位及全国性社会团体设立的驻外机构等行政性国有资产,以及专业银行总行、保险总公司、国家级非银行金融机构在境外设立的机构等,都属于境外国有资产的范围。

对境外国资管理主要是依据《境外国有资产管理暂行办法》、《境外国有资产产权登记管理暂行办法实施细则》等规定,但这些规定大都在 20 世纪出台,规定得比较笼统。由于没有明确规定,境外国资监管基本处于比较放任的状态。2004 年 10 月发生的中航油事件,以及其后的中储棉、中储铜事件,都让人们感觉到了对境外国资监管的重要性。此外,除了财务或投资监管漏洞会造成境外国资的流失,由于监管缺位,在境外国资转让中同样存在隐性漏洞,例如,一些境外国资机构设置不规范、管理不完善,给内部人控制、化公为私等行为提供了可乘之机,同样造成了境外国资大量流失。而时至今日,《境外企业国有产权管理办法》尚未出台。本应担负起境外国资规范管理重任的《企业国有资产法》却对此问题没有加以规定,令人感到非常的遗憾。所以有必要尽快出台《境外企业国有产权管理办法》,以弥补这一缺憾。

第八章 国有资产的监督

国有资产的监督是一个需要厘清的关键问题。在旧的国有资产管理体系下,国有资产的监督由国资管理部门实施。这样,国资管理部门集国有资产管理者、国有资产监督人于一身,违背了基本的内部控制体系设计原则,陷入了内部人控制的禁区。2008年《企业国有资产法》第63条明确规定,政府、国有资产管理部门不再履行监督职能,而由各级人民代表大会常务委员会来实施。但是,人大常委会对此并没有专门的监督机构,也没有相应的能力和手段,因此,人大的监督首先就要解决监督的受托主体问题。

第一节 国有资产监督的主体选择

一、国有资产监督主体的选择

根据《企业国有资产法》的有关规定,可以得出两个结论:一是国家对国有和国有控股、国有参股企业(以下简称国有企业)不再直接管理,而是履行出资人职责。二是国家和国有资产使用人的相互关系中包含了两个委托关系:第一,国家把国有资产委托给国务院,国务院代表国家履行出资人职责;第二,国务院国有资产监督管理委员会(或者其他部门)受国务院委托,代表国务院履行出资人职责,把国有资产委托给国有资产经营者经营。国有资产委托关系引出了两个问题:一是委托人要关注受委托人履行职责的情况;二是国有资产会不会流失。假设受委托人玩忽职守和徇私舞弊,国有资产就有流失的可能。因此，对受委人必须进行监督。从上述委托关系分析，受委托人包括：国务院、国有资产管理部门、国有资产经营者。

国有资产受托关系的产生，以及基于这些代理关系产生的对受托人监督的客观要求，形成三种监督与被监督的关系：一是全国人民代表大会及其常委会是最高委托人，它对国务院履行出资人职责的情况进行监督，国务院向全国人大及其常委会报告国有资产监督和管理的情况。二是对国资管理部门的外部监督，国资管理部门一方面应当向国务院报告企业国有资产监督管理工作情况、国有资产保值增值情况和其他重大事项；另一方面还应接受国家公共管理部门按照各自职能进行的合规性监督，如发改委、财政部、审计署等部门的监督。三是国资管理部门通过选派出资机构负责人、派出监督人等方式对国有资产进行控制和监管，检查和考核国有资产的保值增值情况。国资管理部门负有对企业财务账目的监督检查权，具体查账则可以按照市场规则委托社会中介机构来实施，中介机构必须由国资管理部门选定和聘请，因此又派生出一个委托关系，产生对社会中介组织的质量进行监督和检查的需要。还需要指出的是，国有资产经营者除了接受国资管理部门的监管外，还必须接受政府有关公共管理部门对其遵守市场规则的合规性监督。

在新型国有资产管理体制下，国有资产的监督方式和内容主要有四种：第一，对国资管理部门进行监督，这种监督是对国资管理部门履行资产收益权、重大决策权和选择经营者权利的监督。也就是对国有资产管理部门所制定的国有资产管理政策以及工作绩效进行检查和评价。这种监督又需要通过两种路径进行：一是直接对国有资产管理部门进行监督；二是通过监督重点国有资产使用者来检查国有资产管理部门履行出资人职责的情况。第二，对重点国有资产经营者进行直接监督，重点是国有资产经营者与国有资产管理部门签订的经济责任的履行情况。第三，依照宪法赋予的职责，对国有资产经营者经营的合规性进行监督。第四，对接受委托对国有资产经营者财务账目进行查证的社会中介组织的质量进行监督，揭露和查处弄虚作假和舞弊行为。

在上述监督内容和方式中,第一种情况实际上是对国有资产管理部门制定的经济政策的评价和监督,第二、三种情况是对国有资产经营者的直接监督,第四种情况是对国有资产管理部门聘请的中介机构的监督。不论是哪种监督,都需要独立、客观、公正、有效、专业的监督机构和监督手段。

对国有资产管理的监督,事实上都是对国家赋予相关机关或者人员的经济权利监督。在这些经济权利的监督中,难点在于国有资产受托管理者针对经营者所制定的经济政策的评估由谁监督以及国有资产经营者的审计监督的监督由谁监督。这其实是一个问题,就是涉及国有资产经营管理的经济政策的制定、实施以及实施的效果由谁监督。简言之,受托管理者由谁监督。至于国有资产受托管理者对中介机构的委托,国有资产受托管理人代表的是出资人利益。不论是依据《公司法》还是《企业国有资产法》,国有资产受托管理者均有权利进行委托。

首先,新中国成立以来,我国国有资产管理经济政策监督评估的主体一般是政府机关的政策研究部门,从中央政府到地方政府都设有自己的政策研究室。在政策研究部门的经济评估报告中,往往强调国有资产受托管理者做了什么,投入了多少,但对于制定这项经济政策的依据、效益、效果,却没有提到。事实上,在衡量政策效用时,做了些什么只是对其活动的一种测量,是对政府绩效的一种考核而不是对政策效用的考核。政府研究部门经济政策的评估往往带有严重的片面性。而且由于评估主体自身知识水平的限制,这种评估也带有很大的局限性。[①]

其次,政策研究部门是各级政府和党委的职能机构。从经济政策制定人的角度看,既参与制定政策,又主导政策评估,从形式上就是不独立的。更重要的是,政府或者党委政策研究部门的研究经费来源于行政拨款和课题研究,经费的不独立更是引致实质的不独立。因为

---

① 本段论述借鉴了郑国洪:《经济政策评价主体问题研究》,载《理论与改革》2009 年第 3 期,第 129 页。

它们是政府设立的、是政府给的钱,它们必须站在政府的立场说话,为其政策辩解。

第三,制定、执行、评估同属各级政府职能部门,从管理学角度分析,容易陷入内部人控制。所谓内部人控制,是指决策、执行、评估几个关键环节的人员,同属一个利益集团,不同环节之间不能互相监控,反而相互掩盖。经济政策的评估过程中存在利害关系,以政府各级政策研究中心为评估主体部门的机制,在政策评估过程中难以保持独立、客观、公正的立场,难以坚持严谨专业的评估程序,难以把握一贯的评估标准,从而导致评估报告丧失科学性、客观性。

从实践看,政府部门自己评估自己并指出其政策的不足是很困难的。政府人员常常偏好于证明自己的政策是有效的,而且在政府的内部也往往存在着各种各样利害关系的制约。因此,要求政府在对自己所制定政策进行评估的时候做到客观几乎是不可能的,即使报告本身是客观的,也会给不了解情况的第三者造成不客观的印象。另外,由于受传统文化的影响,政府的工作人员更习惯于服从上级的领导,为了自身前途也不会去反驳领导。这会导致经济政策评估的信息源受到上级政府部门偏好的影响,使得最后公共政策评估的结论不准确。

国有资产管理经济政策作用的目标群体是国有资产经营市场,本来,市场是最有发言权的经济政策评价主体,但是市场是一个虚拟的主体,市场本身不可能作为一个主体进行经济政策评估。只能是市场中的某些个体。然而,经济政策的制定过程其实是各个利益集团的利益协调过程,建立在各个利益集团协商的基础上,平等协商的要点是信息对称。缺乏信息方处于弱势地位,就会出现经济政策更有利于掌握更多信息方。要通过经济政策评估把握经济政策制定、执行中的经济利益趋势,进而科学评价经济政策,在信息不透明的现阶段,选择一个能够完全独立的商业运作的第三方,显然是不现实的。因为基于集团利益的存在,纯粹的商业运作的经济政策评估的第三方,不会得到真实信息,某些利益集团会基于自身的利益而提供虚假的信息,或者提供一些误导性信息,这就使得政策评估主体与经济政策制定主体在评估过程中,出现了地位的不平等。参与评估的主体在缺乏全面真实信息的情况下,也不可能科学客观地去对一项政策进行系统的分析。基于上述的分析,一个现实的选择就是依靠国家审计机关。

国家审计其实是一种国家审计权。国家审计权作为一种国家权力正是国家意志和国家管理需要的产物。大多数国家都设立了国家审计权,只是将这种审计权隶属其他权力,形成了一种附属权,从而出现了立法型审计、行政型审计、司法型审计等。国家审计制度是国家审计权的载体。法律确认国家审计处于何种地位,发挥何种作用,就相应产生何种国家审计制度。1982年《宪法》规定了国家审计机关的审计是一种宪法性审计监督。2007年《审计法》第1条规定:"为了加强国家审计监督,维护国家财政经济秩序,提高财政资金使用效益,促进廉政建设,保障国民经济和社会事业健康发展",这是审计的目的。同时,《审计法》第27条关于审计机关的职责中规定,我国审计机关"有权对与国家财政收支有关的特定事项,向有关地方、部门、单位进行专项审计调查",这是审计机关的职责。

审计署颁布的《审计机关专项审计调查准则》第1条规定,开展审计调查的目的在于"及时向各级人民政府提供经济运行信息,促进宏观调控"。第5条进一步明确规定,审计机关可以对"国家财经法律、法规、规章和政策的执行情况;行业经济活动情况;有关资金的筹集、分配和使用情况;本级人民政府交办、上级审计机关统一组织或者授权以及本级审计机关确定的其他事项"进行专项审计调查。

显然,国家审计以国家成本核算和国家实现公共财政的效能为审查对象。国家成本是公共财政的组成部分,它是国家实现公共财政的必要支出。公共财政的效能实质就是一种国家效能,即国家在实现公共利益和满足公共需要上表现出的效力和能力。在历史和现实中,把国家审计的对象仅仅局限在查会计账目和纠错惩弊上,这只是国家审计工作的一个内容,一种手段,而不是国家审计的全部。国家审计对象已不限于财政财务收支,而是延伸到与公共利益、公共需要以至于国家经济安全相关的国家效能领域。而现代国家实行公共财政正是国家将纳税人的钱通过法律预算、决算,实现公共利益,满足公共需要的财政。审计机关以国有资产管理、使用、收益为对象进行审计监督满足审计国家经营成本的定义，是国家审计监督的题中之义。

国家效能建立在公共财政的基础上，一是指公共财政的组成、规模和实施为国家效能提供了经济条件，国家效能的每一环节和每项内容都体现公共财政的需要；二是指公共财政的实现体现为国家效能，亦是说，国家效能是否实现，就看其是否满足了公共利益和公共需要，如果国家实现了公共财政的要求和内容，这样的国家就达到了效能。国家成本主要由职能成本和管理成本两部分构成。所谓国家职能成本就是国家在履行其职能时所消耗的资源和财产；所谓管理成本是指国家在设置管理机构、管理形式、管理结构及管理活动中所消耗的资源和财产。国家审计就是要对国家成本核算进行审计，对国家效能进行评价，以达到国家充分履行其职能，管理廉价、高效。

审计机关开展国有资产监督，不仅能够克服缺陷，而且也能够弥补其他一般性监督机构的不足。与国有资产管理政策制定和执行者比较，审计机关具有独立的地位，独立性是由宪法和审计法赋予国家审计机关的地位所决定的，尽管我国审计机关属于各级人民政府管辖。但与其他部门相比较，它具有更大的独立性。因此，没有利益关系的干扰，监督的结果客观公正、真实可靠。同时，与其他社会监督相比，审计机关有获取相关资料的法定手段，有较高素质的专业人员，有自上而下的组织机构，有通畅的反馈机制，可以向人大常委会、党委、政府及部门高层决策报告监督结果，容易被采纳。因此，国家审计机关开展国有资产监督具有独特的优势。

当前中国的国有资产监督机制存在着很多的问题，以至于我国许多的国有资产监督不能有效地进行。究其根本在于，我国当前国有资产监督主体的不明确等。建立以国家审计机关为主体的国有资产监督模式将有利于从根本上解决当前我国国有资产管理所存在的问题，使我国的国有资产监督机制能够有效地运作起来，这对于推动我国国有资产监督管理的科学化具有重大意义。

二、国家审计机关开展国有资产审计的独立性

(一) 国家审计独立性的具体形式

国家审计独立性可以从形式上的独立性和实质上的独立性两个角度进行衡量。① 这里形式上的独立性,是指在社会公众及其他外部人士看来,国家审计机关及人员应该在外观形象上独立于被审计单位;实质上的独立性,是指国家审计机关及人员可以保持客观、正直及无偏见的精神态度。一般认为,实质上的审计独立性本身很难直接衡量,但形式上的审计独立性可以采用适当的标准进行衡量,其尺度包括权责地位的独立性、组织结构的独立性、经费的独立性和功能管理的独立性。

1. 权责地位的独立性。权责地位独立指在国家有关法律条文中明确规定国家审计机关及最高职务的权限与职责,被审计单位无权进行干预或影响。具体包括:①国家审计机关及最高职务的权限(如取证及报告权等);②国家审计机关及最高职务的职责(如报告责任等)。

2. 组织结构的独立性。组织结构独立指国家审计机关的组织结构决定权独立于被审计单位之外,不受任何社会、个人或团体的干涉。具体包括:①国家审计机关的隶属关系;②最高职务的任免权(如审计长和副审计长的提名、批准和任期等);③职能部门的设置;④审计权限的细分;⑤责任分解;⑥规章制度的制定;⑦员工招聘等。

3. 经费的独立性。经费独立指国家审计经费的决定权独立于被审计单位之外,以保证他们有效履行法定职责。具体包括:①日常经费(包括业务管理费和人员薪酬等);②特种经费(如重大案件的审计经费、员工培训与教育经费等)等。

4. 功能管理的独立性。功能管理独立指国家审计机关及人员在

---

① 舒立志:《论国家审计独立性》,载 http://www.chinavalue.net/Article/Archive/2005/5/26/5356.html,2005 年 5 月 26 日。

履行职责过程中应该自始至终保持无偏见的审计决策能力,被审计单位无权进行干预或影响。按审计程序划分,其内容包括:①审计计划的独立性。它指国家审计机关在制订审计计划的过程中保持自主性,不受任何外部力量的干预。②审计实施的独立性。它指国家审计机关及人员在取证过程中可以保持自主权,不受到任何外部力量的干预。③审计终结的独立性。它指国家审计机关及人员在撰写审计报告、发表审计意见、作出审计处理决定和公布审计结果等过程,他们应该保持无偏见的审计决策能力。

(二) 国家审计机关单向独立于国有资产受托管理者和经营者

审计独立性是维持受托经济关系循环存在的客观要求。这如前所述,审计的独立性表现在机构独立、人员独立、经济独立、工作独立。

机构独立包括单向独立和双向独立。单向独立仅要求审计机构独立于被审计单位,与被审计单位没有组织上的隶属关系,双向独立不仅要求审计机构独立于被审计单位,还要求审计机构独立于审计委托者。不同形式的受托经济责任关系对审计独立性的要求是不一样的:单一型受托经济责任关系之下的审计独立性表现为单向独立,这时候审计人员独立于受托经济责任关系中的受托人,并不独立于委托人,审计人员是委托人一只延长的手臂,为其利益服务;交叉型受托经济责任关系的独立性要求双向独立,在受托经济责任的委托人内部,不同的利益群体之间存在矛盾,审计人一方面要在委托人和受托人的受托经济责任中维护委托人的利益,另一方面还要平衡各个委托之间的利益冲突,这就对审计的独立性有了更高要求,即审计人员既应独立于受托人,还应独立于委托人,保持一种双向独立的地位。随着现代公司的发展,受托经济责任复杂化了,社会审计就是适应这种复杂的受托经济责任关系而产生的审计,既独立于受托人,也独立于委托人。但在委托代理关系中,超然独立并不是审计的必然特性,审计是委托人用以监视受托人的手段,为了保证审计的效果,审计人必须独立于被审计单位,但不一定独立于委托人。

因此,双向独立的审计并不能可以完全取代单向独立的审计。在机构独立方面，这意味着只要符合单向独立要求的审计机构也是可以的。独立的审计国有资产管理机构履行出资人的职责属于国家审计的一部分，符合机构独立原则。

人员独立即审计人员应当独立于被审计单位，应当与被审计单位没有利害关系，这是基于保证审计工作客观、公正所作的进一步要求。审计人员与被审计单位之间不存在隶属关系，以保证审计人员在地位上的独立。另外，审计人员还应保持精神上的独立，毫无偏见地履行职责。人员独立保证审计人员在执行审计业务时，按照法定审计程序进行独立思考，坚持客观公正和实事求是的精神，作出合理、公允的审计评价。《审计法》第13条规定，审计人员办理审计事项，与被审计单位或者审计事项有利害关系的，应当回避。审计人员独立属性体现在三个方面：一是审计人员的自主性，不受审计对象的任何影响；二是精神上的独立性，审计人员必须公正无私，不带任何偏见；三是审计人员地位的独立。同样地，在国有资产监督审计过程中，审计人员是可以做到独立的，审计人员是政府监督组成成员，在地位上独立于国有资产管理者和经营者，在履行职责的过程中，有其自主性，并不受影响，如有遇到审计人员与被审计单位或者审计事项有利害关系的情形，按照法律规定程序应予回避。因此，国家审计监督，可以实现人员独立要求。

经济独立要求审计机构从事审计活动所需要的经费不受被审计单位牵制，以保证审计机构对被审计对象的经营管理活动及相关资料的真实性、准确性、合法性等作出真实的评价和鉴定。《审计法》第11条规定，国家审计机关履行职责所需经费，应当列入财政预算，由本级政府予以保证，经济上不受被审计单位制约。社会审计实行有偿服务，依照国家规定的收费标准收取审计费用保证审计工作的开展。除了正常的业务收费外，不允许与被审计单位有其他经济往来，这就在经济上保证不受被审计单位的制约。同理，国家审计所需经费由同级财政支付，并不会受到国有资产受托管理者和经营者的牵制，因此，它也符合经济独立的要求。工作独立要求审计人员依法行使审计职权，独立地对被审事项作出评价和鉴定，不受任何方面的影响和干扰。《审计法》第 5 条规定,审计机关依照法律规定独立行使审计监督权,不受其他行政机关、社会团体和个人的干涉。第 15 条规定,审计人员依法执行职务,受法律保护。任何组织和个人不得拒绝、阻碍审计人员依法执行职务,不得打击报复审计人员。对于特派机构审计,审计人员由审计署领导,依法独立自主行使审计监督和处理权,可以不受其他部门或者个人任何形式的干涉与影响,而且他们并不参与国有独资公司具体的经营管理活动,因此,在工作独立方面也是符合要求的。

上述分析表明,国家审计机关在国有资产监督过程中能够达到机构独立、人员独立、经济独立和工作独立,可以满足审计本质属性即审计独立性的要求,符合审计基本原理,具有合理的审计学依据。

第二节 国有资产监督的理论基础

凯恩斯理论在 1929—1933 年资本主义经济危机以及第二次世界大战期间的美国的成功,致使第二次世界大战后国家全面干预社会经济生活的经济政策在东西方国家流行起来,公共支出占国民生产总值的比例大幅上升,在整个社会经济生活中各级政府所发挥的作用以及承担的责任迅速加大,在现实经济生活中,几乎任何经济活动都有政府的参与。主要发达国家,国民产出的近 1/3—1/2 流向了政府并由政府支出。政府的各种经济行为主要是实现其经济职能:一是从社会整体利益出发促进资源的有效配置;二是通过税收、转移支付等手段进行收入再分配以促进社会的平等;三是运用财政和货币等政策来稳定经济以促进经济的稳定增长;四是作为国家利益的代表承担着制定和执行国际经济政策的职能。在民主制度下,政府的经济行为必然要接受监督,因为无论是公职人员还是社会公众都想了解政府款项是否处置得当,是否遵守了法律规定或规章制度,而且还要求了解政府机构是否正在达到批准执行这些计划项目的预定目标,执行这些计划项目所需款项的使用是否经济和有效。这就给原有意义上的政府财务审计带来了挑战,从而涉及政府经济政策制定、实施、实施效果的绩效审计应运而生。随着我国政治、经济体制改革的深入和国民经济的发展，对政府绩效审计的需求日益增长。2006年，中国审计署在《审计署2006年至2010年审计工作发展规划》中提出，今后五年的主要任务是"全面推进效益审计，促进转变经济增长方式，提高财政资金使用效益和资源利用效率"，这是我国审计署第一次将绩效审计的内容写入纲领性的文件中，也标志着我国政府审计由单一的财务审计转向财务审计与绩效审计并重的阶段。绩效审计能够通过抑制政府失灵的某些紊乱现象，纠正政府盲目性、功利性等弱点而带来的偏差，来形成一种促进新制度和新机制生成的新环境。

国家审计机关开展国有资产监督的手段是绩效审计，关于绩效审计的理论综述已经在第五章进行了表述，这里不再重复。需要重点表达的是，国有资产审计监督涉及的几个基本理论。

一、公共选择理论[①]

国家审计机关监督国有资产管理和经营主要涉及公众利益的问题。政府在追求政治支持最大化的过程中要履行好政府的主要职能——提高效率、促进平等、促进宏观经济稳定和经济增长、制定和执行。政府通过税收、政府支出和管制等措施，促进竞争来，减少负外部效应的活动，增加正外部效应的活动，提供或帮助提供共用品和公共信息。特别是政府在直接负责生产共用品时，在某些情况下可以用成本—收益分析方法，以总收益和总成本之间的差额最大化为目标，决定是否要施行某项经济政策。在分配问题上，政府可以通过税收及转移支付政策来进行收入再分配。但政府再分配会在某种程度上降低经济效率，收入分配与经济效率之间存在某种替代关系。公共选择理论将政治领域看做一个特殊的市场，其主要特征是用经济学的方

---

① 公共选择理论（Public choice theory）是一种以现代经济学分析民主立宪制政府的各种问题的学科，传统上是属于政治学的范畴。公共选择理论研究选民、政治人物以及政府官员们的行为，假设他们都是出于私利而采取行动的个人，以此研究他们在民主体制或其他类似的社会体制下进行的互动。

法来研究广泛的非市场决策的政策问题,这一理论让我们科学认识政府的公共管理行为及其效益提供了经济学解释,为对公共资源管理及使用效益的绩效审计提供了方法论。

公共选择理论是基于市场选择规则的失灵而提出来的,决定了其具有与私人产品不同的特征:非竞争性、非分割性、非排他性和"搭便车"现象。从以上特征来看,公共产品的供给和生产,是市场竞争无法解决的,公共资源管理的效益机制也无法通过市场竞争来形成,从而便产生了公共产品领域范围内的选择规则。这种规则集中体现了公共资源管理公众意愿的要求,并且是有效抑制官僚主义的思想基础。公共选择理论的特征是用经济学的方法来研究非市场决策的政治问题,揭示了公共领域产生官僚主义的原因及其危害,并提出了抑制官僚主义的政策主张。我们党和政府十分重视对权利的制约和监督,并提出了加强审计等职能部门的作用。官僚主义的本质在于国家权利的滥用,常规的审计技术已不能满足对官僚主义实施有效监督的要求。提升国家审计的功能,实施对政府公共资源管理的效益审计,既是促进政府职能转变的权宜之举,也是提高我国公共资源管理效益的根本制度保证。

政府或官员有追求个人威信和政绩的强烈动机,因而权利政府部门具有提供过剩公共服务倾向,造成公共资源学浪费。政府行为中的一个特点是其决策的着眼点往往不是增进公众的实际利益,而是去扩大自身的影响。这些行为均会影响政府行为的效率和效果,但却实际存在。无论何种市场经济国家经济运行机制和管理体制,虽然在政府的公共资源管理职能履行的具体形式不同,但作为一国政府在一定时期内为了实现一定的宏观经济管理目标而采用的手段,财政政策总是通过各种方针和措施,对一定的经济总量和结构进行调节。财政政策的灵活性和调控手段的多样性,提出了公共选择意志法制化、程序化和制度化的要求,提出了强化对公共资源管理过程的控制与约束的要求,进而提出了管理结果的经济性、效率性和效果性的审计监督要求。我国正处于不断完善经济体制的过程中,尚未建立起严密的抑制官僚主义的法律制度与有效的监督管理机制,迫切需要财政职能的进一步完善，需要公共资源管理的控制与约束机制进一步提升，这也是我国国有资产监督发展的现实环境，也成为现阶段将揭露重大损失浪费、揭露重大决策失误和管理不善造成的损失浪费作为国有资产监督主要目标的基础。这种监督更多地体现为绩效审计的监督。党的十六、十七大均提出审计监督应作为权力的制约和监督的手段之一。

公共支出在国民生产总值的比例不断上升，绩效审计已经成为美国、英国、加拿大等国家的政府审计的主要内容。20世纪70年代，西方国家兴起了新公共管理运动，提出了公共部门改革的取向是公共服务社会化、责任机制、分权化管理等。新公共管理根据交易成本理论，认为政府应重视管理活动的产出和结果，应关注公共部门直接提供服务的效率和质量。因此政府管理应该是以结果为本的管理，通过目标以及产出或结果逐级描述，直至分解成可计量的绩效指标，从而最终通过目标的绩效来体现行政机构和管理者的责任。新公共管理运动为改善政府与社会的关系，提高社会公众对政府的信任，对二者的关系进行了重新调整。同时，社会需求对绩效审计的发展起着根本性的导向作用，但这种发展落到实处，还取决于审计自身的供给能力。

二、信息经济学

信息经济学是非对称信息博弈论在经济学上的应用。非对称信息是某些参与人拥有但另一些参与人不拥有的信息。信息的非对称性可以分为两个方面：一是非对称发生的时间，二是非对称信息的内容。从非对称发生的时间来看，非对称性可能发生在双方当事人签约之前，也可能发生在签约之后，分别称为事前非对称和事后非对称。事前非对称信息博弈的模型称为逆向选择（Adverseseleetion）模型，事后非对称信息博弈的模型称为道德风险（Moralhazard）模型。从非对称信息的内容来看，非对称信息既可以指某些参与人的行为，也可以指某些参与人的知识。研究不可观测行为的模型称为隐藏行为模型，研究不可预测知识的模型称为隐藏知识模型。

拥有信息的参与者称为代理人（Agent），不拥有信息的参与者称为委托人（PrinciPal）。据此，信息经济学的所有模型都可以在委托—代理的框架下分析。在绩效审计过程中，从绩效审计的本质到绩效审计各种行为可以用信息经济学的理论进行解析。

1. 隐藏行为的道德风险模型

该模型为我们描述了签约时信息是对称的，签约后代理人的行动和自然状态一起决定某些可观测的结果，委托人只能观测到结果，而不能直接观测到代理人的行动本身和自然状态本身。委托人从自身利益出发选择一种引入审计人的第三者的方式来加强信息的对称性。绩效审计的本质在于实现委托人和代理人的利益都达到最大化。绩效审计是委托人与代理人共同的需求。对于委托人而言，没有太多的信息来考察代理人的绩效与工作目标的实现程度，更无法考察代理人有哪些行为影响了经济性、效率性和效果性，由此，委托人为实现价值最大化而产生了对绩效审计的需求。对于代理人而言，由于管理部门与内部执行部门的业绩水平和执行标准不同，是否与管理者既定目标相符，是否还有改善绩效水平的空间和领域不得而知，因此，代理人也会自愿开展绩效审计，来促进管理、提高效率。

2. 隐藏信息的道德风险模型

该模型的特点是签约时信息是对称的，签约后自然选择状态，代理人观测到自然选择，然后选择行为（向委托人报告自然选择），委托人观测到代理人的行为，但不能观测到自然选择。道德风险产生的条件主要有两个方面：一是人们之间的潜在利益不同；二是交易或合约执行过程中，一方提供的信息或采取的行动难以为另一方判断、察明或监督，也就是查明信息被扭曲的程度或监督这些行为的成本过于高昂，以至于让另一方止步。防范道德风险的一般思路为：强化监督、激励措施和建立利益相容机制。

3. 逆向选择模型

遭遇风险机会较多的人最容易决定购买保险。推而广之，逆向选择指委托人相当代理人而言，所掌握的信息不同，因此需要增加成本来避免道德风险等情况的发生，如引入审计。

4. 信号传递模型

该模型在财务领域的应用始于罗斯的研究，他发现拥有大量高质量投资机会信息的经理，可以通过资本结构或股利政策的选择向潜在的投资者传递信息。而作为政府当局往往在执行和落实经济政策和实施宏观调控手段时，将一些信息传递给投资者等相关利益人，而行为主体可能又将不正确的信息传递给政府容易造成政府的决策失误等，均能说明绩效审计中的双方委托人与代理人由于存在潜在的信息不对称性，可能因不可靠性的信息而导致信息使用者失败或损失，因而产生了提供信息质量及可靠性的需求。绩效审计可以保证政府在实施经济政策时信息传递的有效，并使得事后的审计信息产品质量仍能得到证实。信息经济学在分析绩效审计信息方面有着较强的理论价值，绩效审计可以提高绩效信息的可信性，可以增加绩效信息的价值。

三、博弈论

在国有资产管理监督过程中，监督人和监督结果将受到多方面因素的影响和制约。监督各要素之间的作用机理实际上就是国有资产监督的参与人之间进行博弈后作出的选择。

博弈论[①]与经济学的关系不同，它是研究参与者选择问题的。而经济学是研究稀缺资源的有效配置，更准确地说经济学是研究人的行为的。经济学假定人是理性的，理性人总有一个偏好，因此从人的本性出发，理性人可能是利己主义者，为了实现合作的潜在利益和有效地解决合作中的冲突，理性人发明了各种各样的制度规范其行为。博弈论研究的是存在相互外部经济条件下的个人选择问题。博弈论可以划分为合作博弈和非合作博弈。合作博弈与非合作博弈的区别主要在于人们的行为相互作用时，当事人能否达成一个具有约束力的协议。如果可以的话，就是合作博弈。合作博弈强调的是团体理性，非合作

---

① 博弈论是二人在平等的对局中各自利用对方的策略变换自己的对抗策略，达到取胜的意义。亦名"对策论"、"赛局理论"，属应用数学的一个分支，目前在生物学、经济学、国际关系、计算机科学、政治学、军事战略和其他很多学科都有广泛的应用。博弈论主要研究公式化了的激励结构间的相互作用。是研究具有斗争或竞争性质现象的数学理论和方法。也是运筹学的一个重要学科。博弈论考虑游戏中的个体的预测行为和实际行为，并研究它们的优化策略。

博弈强调的是个人理性、个人最优决策,其结果可能是有效率的也可能是无效率的。

现代经济学开始注意到个人理性和集体理性的矛盾与冲突。但是解决这个问题的办法并不像传统经济学主张的那样通过政府干预来避免市场失败所导致的无效状态,而是认为,如果一种制度安排不能满足个人理性的话,就不可能实行下去。所以解决个人理性和集体理性之间冲突的办法不是否认个人理性,而是设计一种机制。每个国家审计人员是绩效审计系统中的一员,他要追求自己工作业绩的最大化,但他作为整个绩效审计中的一员有个人理性,那么他因自身工作业绩驱使可能对风险偏好与整个审计组的风险偏好不同,而这种不同强能造成绩效审计的失败或无效,而审计组又不同时刻对其进行干预,为此必须设计一种机制,在满足个人理性需求的前提下达到审计组集体理性,这就必须对行为主体的行为机理进行研究,所以说,博弈论是研究国有资产监督,也就是对国有资产管理绩效审计的理论基础。

四、经济增长理论

经济增长代表一国(或一地区)潜在的 GDP 或国民产出的增加。经济学家将经济增长的力量归纳为人力资源(劳动力的供给、教育、纪律和激励)、自然资源(土地、矿产、燃料、环境质量)、资本(机器、工厂、道路)和技术(科学、工程、管理、企业家才能等)。通常使用总生产函数来表明各因素之间的关系。它的数学表达式是:$Q = AF(K, L, R)$,其中 $Q=$ 产出,$K=$ 资本对产出的贡献,$L=$ 投入的劳动力,$R=$ 投入的自然资源,A 代表经济中的技术水平,F 是生产函数。一些经济学家和政策制定者强调增加资本投资的必要,一些学者则认为应鼓励研究开发和技术进步,还有一些学者强调提高教育水平,增进人力投入。在研究过程中,本书是以国有资产管理为对象的,所以更加强调资本深化的必要性。资本深化是指人均资本量随着时间而增长的进程。内生技术变革理论认为技术变革是经济体系的一种产出。

实现国有资产经营经济增长方式的转变,需要发挥包括审计部门在内的各级国有资产部门和国有企业各自的作用和合力作用。各级国有资产管理部门和国有资产经营者是实现经济增长方式转变的核心和主体,因为他们在经济发展过程中,分别处于经济决策者、经济管理者、经济活动具体实施者的地位,发挥着决定性的作用。其中,审计机关既不直接参与经济决策,也不直接参与国有资产管理,更不直接从事经营活动;既没有实现经济目标的责任,也没有直接调节经济活动的职能。因此,国家审计机关不可能在经济增长方式转变过程中处于主导地位,并发挥直接的决定性作用,但可以发挥间接的不可或缺的重要促进和制约作用。要正确有效地发挥国有资产部门和企业在经济增长方式转变中的决定性作用,除了健全其自我约束机制,抑制其经济上的数量扩张心态外,既要加强对国有资产部门和企业的监督,制约其经济活动中不利于经济增长方式转变的方面,又要针对这些部门存在的不利于经济增长方式转变的问题提出评价和咨询意见,帮助其更快更好地实现经济增长方式的转变。国家审计虽然在经济增长方式转变过程中不处于主导地位,但处于重要的不可替代的地位,间接地发挥着不可或缺的重要的促进作用和制约作用,其促进作用主要是指通过审计,向国有资产部门和企业提出审计评价和咨询意见,更好更快地推动经济增长方式的转变;其制约作用是指通过审计,制止不利于经济增长方式转变的经济活动的产生和发展。

基于经济增长的模式,国家审计要监督国有资产管理主体经济增长计划落实情况,就需要对其经济增长的具体问题进行审计监督,这就需要运用到规划理论。规划理论是运筹学的一个重要分支,主要用以研究计划管理工作中有关安排和估值问题。其中,线性规划是数学规划理论中比较成熟和应用最基本的一个分支。它的主要特点是目标函数和描述约束条件的数学方程都是线性的,因而结构简单,求解的方法较容易,是目前在审计实践中容易运用的一种规划。绩效审计中,审计人员可能考虑的目标因素较多,而这些目标恰恰是综合作用产生结果的,而审计人员在时间约束、客观性、合法性等因素的约束条件下,分解审计目标,分清主次,都可以借助多目标线性规划的力量来完成。规划审计行为实现审计目标提供帮助。本书在研究过程中将运用这一理论以实例来说明绩效审计目标选择与实现途径的运作机理。

五、可持续发展理论

可持续发展理论①是在满足当代人需要的同时,不损害人类后代满足其自身需要能力的发展,就是要寻求一条人与自然的和谐、人与人的和谐,满足人类生存需要与改善生活质量的发展途径。1962年,美国海洋生物学家卡森在著作《寂静的春天》中提出了可持续发展理论。2002年约翰内斯堡峰会上,首次明确了可持续发展的三大支柱:社会发展、经济发展和环境保护。同时,在这次会议上摆脱了狭隘的生态中心论,明确了人在可持续发展中的主体地位。进入21世纪,随着人们对控制环境和绩效审计的再认识,加拿大审计署于2002年对绩效审计进行了重新定义:绩效审计是对政府活动进行有系统的、有目标的、有组织的和客观的检查。绩效审计应向议会提供对政府活动绩效的评价、信息、关注及建议,建设负责任的政府、提高公共服务的道德及有效性,促进良好的治理,促进可持续发展。可以看到绩效审计应当包含可持续发展的内容。而十七大报告也为这一思想确定了明确的方向。十七大报告是指导我国审计未来一段时间的指导性文件,它所提出的论断是我国政府开展绩效审计的基本指导思想。十七大报告中4个方面的论断全面地诠释了我国政府绩效审计为政府和社会可持续发展服务的目标。一是"支持以人为本、全心全意为人民服务",明确了绩效审计应以人为本的可持续发展理念;二

---

① 可持续发展(Sustainable development)的概念最先是在1972年在斯德哥尔摩举行的联合国人类环境研讨会上正式讨论。这次研讨会云集了全球的工业化和发展中国家的代表,共同界定人类在缔造一个健康和富生机的环境上所享有的权利。自此以后,各国致力界定"可持续发展"的含义,现时已拟出的定义已有几百个之多,涵盖范围包括国际、区域、地方及特定界别的层面,是科学发展观的基本要求之一。1987年,世界环境与发展委员会出版《我们共同的未来》的报告,将可持续发展定义为:"既能满足当代人的需要,又不对后代人满足其需要的能力构成危害的发展。"

是"坚持全面协调可持续发展",明确了绩效审计所要达到的目标就是实现我国经济社会的协调可持续发展;三是"建设资源节约型、环境友好型社会,实现速度、结构、质量、效益相统一,经济发展与人口资源环境相协调,使人民在良好生态环境中生产和生活,实现经济社会永续发展",扩展了我国绩效审计的建设性作用;四是"通过发展实现社会公平和正义,构建社会主义和谐社会",明确了在绩效审计中要注重社会公平的实现,也是我国政府绩效审计的主要内容之一。

从十七大报告中可以看出,我国政府绩效审计发展的方向就是走可持续发展之路,在绩效审计中要兼顾经济效益、社会效益和生态效益,因此,可持续发展应当是国有资产监督实施绩效审计的指导理论。

第三节 国有资产监督的原则和内容

一、国有资产监督的原则

(一)独立性原则

独立性是国有资产监督的核心原则。国家审计机关开展国有资产监督不但要做到形式上的独立,而且还要做到实质性的独立。国资产审计监督包括三个方面:对国有资产受托管理者制定的经济政策评价;对国有资产经营者的直接监督;对国有资产受托管理者委托中介机构审计质量的监督。不论哪种监督,都要遵循独立性原则。

(二)专业化原则

做好国有资产受托管理者经济政策评估,也就是国有资产管理者经济政策的绩效审计需要具备两个重要的基本条件:一是拥有关于政策方案和政策结果的足够信息;二是拥有关于政策理论尤其是政策评估理论的足够知识。评估人员必须要具有有关经济政策评估的专业理论,不能靠经验进行评估,并且要具有专门从事经济政策分析研究和实践活动的工作人员,有利于提高经济政策评估的科学性,更重要的是要求工作人员的观点和看法不受政府利益和本位主义影响,才能更好地保证评估结论的客观真实性。对国有资产经营者的直接监督以及对国有资产受托管理者委托中介机构审计质量的监督更是需要专业的审计理论、审计技能,才能胜任监督职能。

(三) 利益相关原则

作为国有资产管理经济政策对象的国有资产经营者,能够亲身感受到相关管理经济政策给自己的经营活动带来的影响,对国有资产管理者制定的经济政策最有发言权。具有如此重要发言权团体的意见应当体现到国家审计机关对管理者的经济政策评估中,否则政策对象的缺位,导致经济政策评估过程中相关利益群体和个人话语权的缺失,使得评估结论所涵盖的观点不够全面。国有资产经营者作为国有资产管理者政府行为相对人参与经济政策评估,不仅能够提高经济政策评估的客观性和全面性,更能够提高经济政策评估结论的公信力。至于具体的审计监督和中介机构审计质量的监督,更是需要听取当事人陈述,国家审计机关不能直接处理。

(四) 规范化原则

国有资产管理者的职责和工作性质直接作用于国有资产经营本身,为了进行科学的评估,必须提炼出基本规范,即经济、效率、效益、公正。这可以作为国有资产管理者经济政策评估以及履行出资人职责的基本标准。在此基础上,还要制定相对比较具体的、科学的、具有可操作性的评估指标体系。评估内容、方法和程序。

二、国家审计机关开展国有资产监督的基本内容

(一) 监督对象

国家审计是国家上层建筑的组成部分,其实质是通过监督,反作用于经济基础,为公共利益服务。国家审计是一种国家监督,是一种法律监督。国家审计与人民、国家、法律之间存在密切联系。人民为了管理社会而建立国家,同时产生向国家纳税的义务,又产生监督国家管理和使用税费的权利;国家具有管理和使用捐税的权利,同时又

有管理国家捐税的义务；国家产生国家审计权来履行向纳税人负责的义务；法律是确认和执行国家这种权利和义务的正式表现和准则，法律一旦确认国家审计具有向人民负责的义务，国家审计就获得了独立监督国家其他权力的权力。因此，凡是涉及国有资产管理、经营的范畴，就是国家审计机关开展国有资产监督的对象。国家审计对国有资产经营者的监督和国有资产管理者委托中介机构审计国有资产经营者审计质量的监督在实践和理论上讨论较多，各种观点较为一致，在本书不再论述。本书主要论述国家审计机关对国有资产管理者所制定的国有资产经营管理经济政策的评价。

（二）监督的内容

按照政策理论的观点，广义的国有资产管理经济政策评估包含政策的制定（事前）、政策的执行（事中）、政策的效果（事后）三个方面，即包括政策的全过程。审计机关的行政执法必须依法进行，根据审计法的规定，其职责是对法律规定的单位的财政收支、财务收支的真实、合法、效益进行审计监督，因此审计机关开展国有资产监督的内容主要是国有资产管理政策的制定、执行、政策的效果三个方面。①

国有资产管理经济政策实施的评估。政策实施评估的核心是通过评估，反映经济政策实施过程和方法是否与政策规定的目标保持一致，是否有利于促进实现既定的目标。评估的内容主要有三方面：一是经济政策的实施状况。在实施过程中是否存在着执行偏差，有无架空政策（上有政策，下有对策）、附加政策（土政策，附加了不恰当的内容）、政策缺损（仅实施一部分）、政策曲解（打政策的"擦边球"，仅能从政策的某些条文中找到微弱的依据，或通过不正当的手段实施与原有政策目标实质相背离的方案）等现象。二是政策资源的投入是否符合要求。包括人员的投入、财力的投入、管理的投入等是否适度，是否符合支持方案的要求。三是政策实施中的环境变化评

---

① 陈艳：《国家审计部门应加强对国有资本的审计监督》，载《财会通讯》2000年第5期。

估,要关注政治、经济、文化、法律、体制等宏观环境的变化。

第一,国有资产管理经济政策的效果评估。在对经济政策效果进行时,国家审计机关需要了解下列方面的信息:一是政策目标的实现状况,即预定的目标实现了没有,是完全实现还是只实现了其中的部分;原来的政策问题是否得到了解决,是部分解决还是完全解决。二是政策的总体效果状况,即政策实施后对整个社会产生何种影响,已造成和正在造成什么后果。三是政策的全部效果状况,即政策实施后有哪些正、负面的效果,有哪些经济、非经济效果。

第二,国有资产管理经济政策的效率评估。评估的内容主要包括两个方面:一是经济政策投入方面,包括政策活动过程中所投入的人力、物力、财力、信息和时间等;二是经济政策产出方面,主要是指政策执行过程中产生的结果。经济政策的效率评估内容侧重于经济政策执行过程中的投入产出,是对整个过程的评估。正如前文有关效果标准与效率标准的区别的论述,效率评估的内容亦与效果评估的内容存在很大差异,由于它们所关注的环节不同而决定了差异存在的必然性,在此就不再赘述。

第三,国有资产管理经济政策的效应评估。主要是对经济政策实施后对社会发展、社会公正、社会回应影响的大小进行评估。具体内容体现如下:首先是生产力。任何经济政策,其最终结果的衡量标准是看它是否有利于生产力的解放与发展。离开这一根本标准,政策评估就会偏离社会的基本发展方向。其次是社会公正。政策公正标准反映出政策成本及收益在不同群体或阶层中间分配的公平程度。公正是衡量政策的一个重要标准,公共政策实际是一种利益的分配过程,一项好的政策应该是努力实现公平、合理分配的政策。最后是公众的回应。公共政策是对公众利益的协调,公共政策实施的效应如何,只有以公众的满意程度来衡量。考察一项政策实施后,公众对解决问题的满意程度,包括有多少人表示满意了,获得满意的程度如何,政策实施后,公众对政策是积极回应,还是消极回应,甚或不作回应,等等。

(三) 国有资产管理经济政策评估的标准

国有资产管理经济政策评估标准的建立既是进行国有资产管理政策评估的起点，也是国有资产管理政策评估的主要内容。评估的标准是衡量有关政策利弊优劣的指标或准则。对于公共政策评估而言，没有标准就不可能有评估。因此，建立政策评估标准是进行政策评估的起点，也是政策评估的重要内容。国有资产管理政策评估的标准主要包括适用于各种国有资产管理政策评估的一般标准，可选择适用特定国有资产管理政策评估的具体标准和运用于实际公共政策评估的操作标准三个层面。其中，一般标准包括实践标准、生产力标准和民意标准。上述标准又可细化为社会、政治、经济和道德等方面的标准。

从国有资产管理政策运行的实践来看，在操作过程中，目前人们比较认同的政策评估标准主要有效果标准、效率标准、效应标准三类。政策评估的效果标准主要衡量政策实施后产生的各种结果与影响。政策的效率标准是衡量政策取得的效果所耗费的政策资源的数量。效率标准与效果标准既有区别，又有联系。效果标准关心的是有效执行政策，达到政策预定目标；效率标准关心的是如何以最小的政策投入得到最大的政策产出。因此，效率与效果之间有时并不统一，即一次政策执行的高效率，未必能实现预定的政策效果；一次达到预定目标的政策执行，未必是高效率的。因此，政策的效率必须首先建立在政策的效果上，没有效果的效率是无用的。所谓效应标准是以政策实施后对社会发展、社会公正、社会回应影响的大小作为评估政策的标准，这是最高层次的评估标准。这一标准又可分为生产力标准、社会公正标准、公众回应标准三个层次。但这些标准仅仅为我们指明了一个方向，还需要我们结合实际并有所创新。

(四) 国有资产监督方法

从政府干预的实质结果入手，按"组织者"的不同将评估模式分为三大类：效果模式、经济模式和职业化模式。效果模式由一个相当大的、各不相同的团体组成。除了传统的目标达成评估模式外，效果模式还包括附带效果评估模式、无目标评估模式、综合评估模式、顾客导向评估模式和利益相关者模式。经济模式与效果模式的不同在于前者关心成本问题,而后者是忽略成本的。经济模式的两个基本变种是生产率模式和效率模式。职业化模式并不直截了当地关心评估的内容,因为它把重点放在了执行评估的人身上。最著名的职业化模式是同行评议。

这三类政策评估的基本模式显然都具有自身理论上的缺陷。所有的效果评估模式共同的也是最大的缺陷在于忽略成本,它们将人力、物力、财力等政策投入置于评估指标之外,这在政策研究吸收经济学方法后遭到强烈的抨击,因为有些政策或项目,即使它的实施效果很好,但为此付出了极大代价,甚至是得不偿失。那么,这种政策不能称为好政策,特别是在全球出现能源危机、社会经济可持续发展理论占主导地位的今天,成本问题是任何政府干预都必须考虑的。具体说来,效果评估模式分别还具有如下的缺陷:目标达成评估模式不考虑附带效果、政策实施过程,在模糊性政策目标面前无能为力;附带效果评估模式没有明确评估中的价值标准;无目标评估模式抛弃政策制定过程的民主价值、没有提出判断价值的标准;综合评估模式只考虑官方的实体目标而排除附带效果,比较复杂难以操作;顾客导向评估模式要获取顾客的看法和需要,则要花费太多的时间,而且价值的多元论难以形成对政策的总的看法,且结论并不十分可靠;利益相关者模式,对利益相关者的界定没有权威的意见,导致应用上的混乱,且由于利益相关者范围机广,要耗费极大的资源才能了解到利益相关者的需要。另外,利益相关者模式具危险的实用主义倾向,使评估者的评估容易为某些特殊利益集团所利用。经济模式的典型特征是关注成本,很好地弥补了效果评估模式的不足,在政策评估中占据了一个极为重要的地位,但也存在不少缺陷。比如生产率模式,由于在使用中难以找到有效的产出指标,难以用具体的数字统计来体现政策的内在、潜在、预期的价值,同时它无法衡量项目的最终影响,即项目的执行与产出最终对社会和接受者产生了什么样的作用与影响,使得这一模式的应用极为有限。效率模式中成本利益分析和成本效益分析的应用似乎解决了生产率模式的问题,但其成本的货币计算由于运作成本、社会成本、机会成本等成本形式的存在,其计算结果有时并不那么可靠；而且经济模式忽视了民主社会政府干预的其他价值准则，如平等、公平、民主和公共规则，陷入价值与技术的两难困境。所以，三类评估基本模式理论上的缺陷就不可避免地使模式在应用上陷入片面性。

在基本评估模式中，目标达成模式是政策评估中传统的基本方法，它以预定的政府干预目标作为组织者，形成自己一套判断价值的标准、步骤；经济模式是经济学方法在政策科学领域的应用，由于经济学方法的成熟，使得这一模式的应用在技术层面上驾轻就熟。但经济学方法在政策评估应用中体现了它价值层面的缺失。其他几种模式，由于缺乏具体操作方法与技术，在应用中出现标准不一，往往依靠评估者或其他利益相关者个人准则作出判断，从而难以对政府干预作出准确的判断。

如附带效果模式，如何判断附带效果的价值？这个模式并没有明确的答案，它的权宜之计是将附带效果一一找出，不管是预期的或非预期的、积极的或消极的，然后把它们留给评估使用者去判断。这显然给政策的制定者和执行者提供找借口或推脱责任的机会，也许他们会认为政策实施后出现的消极的附带效果只是达到整个主要效果所必须付出的成本，没什么大不了的。利益相关者模式也有如同附带效果模式一样的弊病，它力求反映最全面的信息，结果却使它陷入信息的泥潭。评估者面对一大堆不同的利益相关者的信息，只能作描述性的工作，描述各个利益相关者的价值观而不用作任何评断，根本不起作用。那么，如何对政府干预作出总的评估呢？评估者往往把这一工作推给了利益相关者，评估结果自然是众说纷纭，难以统一。职业化模式也是如此。操作技术的缺乏，导致对评估结果可信度的怀疑，只能说评佑模式还待进一步探讨，在实际应用中摸索可行的技术方法。

随着政策评估理论、评估方法技术的发展，评估由一致性走向多元化。已经由追求最佳的评估方法走向方法论的融合。从这一理念出发，解决由于模式自身理论上的缺陷、具体操作技术的缺乏、认识上的片面性所造成的评估结果的片面、不科学的方法有二：一要综合应用，二要具体政策具体应用。所谓综合应用，就是在应用时综合多种模式，扬长避短，互为补充。每种模式都有自己产生的理由，都有自己的优势与缺陷，偏信任一种模式的评估结果都有失偏颇，只有综合应用才能提供更全面、更准确的结论。如目标达成模式，因为它忽视附带效果、忽视成本、忽视实施过程，应用时则针对它的缺陷辅之以附带效果模式、经济模式和综合模式则较为全面；如果需顺应当代行政改革的趋势，反映民主参与性的特征，再辅之以顾客导向模式甚至是利益相关者模式，政策评估的结果可能更经得起各方的质疑。但实际上任何事情都不可能做到如此面面俱到，这要花费太长的时间和太多的精力，往往会使评估不了了之。

每种模式都有自己侧重应用的领域，那么综合应用也并非是所有政策都必须不分轻重地同时应用，必须区分不同类型的政策有侧重地选择几种模式应用；如顾客导向模式侧重应用在政府公共服务提供领域，在公共服务的提供上，顾客口味的反应是主要的价值标准，但这一标准的使用也是有限的，必须与其他标准如目标达成、成本—效益分析均衡使用；又如无目标模式，它对于那些目标不清的政策来说也许是最好的选择。

参考文献

[1] 李伟、刘凤圣:《产权范畴的理论分歧及其对我国改革的特殊意义》,载《经济研究》1997年第1期。

[2] 赵轶:《国有资产布局调整与权利结构改革研究》,载《科研管理》2003年第5期。

[3] 徐茂魁:《现代公司制度概论》,中国人民大学出版社2000年版。

[4] 魏杰:《构建新的国有资产管理体制》,载《新长征》2003年第1期。

[5] [美] 罗纳德·哈里·科斯:《企业、市场和法律》,上海三联书店1990年版。

[6] 严若森:《公共产品、外部化、科斯定律与国企改革》,载《经济界》2002年第6期。

[7] 干春晖:《管理经济学》,立信会计出版社2004年版。

[8] 刘玉平、温来成:《国有资产管理新论》,清华大学出版社2004年版。

[9] [德] 黑格尔:《法哲学原理》,杨东柱、尹建军、王哲编译,北京出版社2007年版。

[10] 成素英:《国有资产管理概论》,济南出版社2004年版。

[11] 辞海编写组:《辞海》,上海辞书出版社1989年版。

[12] 屈茂辉:《中国国有资产法研究》,人民法院出版社2002年版。

[13] 罗伯特·D. 帕特南:《使民主运转起来》,王列、赖海榕译,江西人民出版社2001年版。

[14] 屈茂辉:《中国国有资产法研究》,人民法院出版社2002年版。

[15] 史际春:《国有企业法》,中国法制出版社1997年版。

[16] 谢次昌:《国有资产法》,法律出版社1997年版。

[17] 郑树生等:《国有资产监管与营运》,中国审计出版社2002年版。

[18] 张巧琦：《新国资管理机构轮廓初现》，载《粤港信息报》2002年12月18日。

[19] 于丽：《国有资产改革迈出重要一步》，载《中国企业报》2003年6月8日。

[20] 李荣融：《切实发挥国企支持和带动作用》，载《经济日报》2009年5月22日。

[21] 《邓小平文选》，人民出版社1994年版。

[22] 《中国国有资产监督管理年鉴（2004）》。

[23] 《中国财政年鉴（2005）》。

[24] 沈志渔、罗仲伟等：《21世纪初国有企业发展和改革》，经济管理出版社2005年版。

[25] 财政部统计测评司"我国国有资产增长因素分析"课题组：《国有资产增长态势及若干建议》，载《宏观经济研究》2001年第12期。

[26] 刘刚：《国有资产管理体制研究综述》，载《首都经济贸易大学学报》2003年第5期。

[27] 魏家福：《完善国有出资人到位制度是国企建立有效公司治理结构的关键——关于深化国企改革的战略思考》，载《经济社会体制比较》2003年第1期。

[28] 李轩红：《构建国有资产管理新体制》，载《国有资产管理》2003年第6期。

[29] 东艳：《西方国有资产管理体制借鉴》，载《陕西经贸学院学报》2000年第3期。

[30] 徐茂魁等：《国有经济论》，经济科学出版社1998年版。

[31] 李松森：《国有资产管理》，经济科学出版社2003年版。

[32] 邵秉仁、董宏、李保民：《创建国有资产管理新体制》，中国财政经济出版社2003年版。

[33] 李忠信、王吉发、李树刚：《国有资产管理新论》，中国经济出版社2004年版。

[34] 孙桂芳：《国有资产管理》，立信会计出版社2001年版。

[35] 盛毅、林彬：《地方国有资产管理体制改革与创新》，人民出版社2004年版。

[36] 杨淦：《国有企业改革与国有资产管理》，中国言实出版社2003年版。

[37] Kevin Brown, the Privatization Process of Europe, Financial New, 26TH, Nov, 2001.

[38] Fama, E. and Jensen, M. C., "Seperation of Ownership and Control," J. of Law and Econ. 26, 1993b.

[39] 叶仁荪:《从委托—代理关系看国有企业制度配置的理性选择》,载《中国软科学》2000 年第 9 期。

[40] 沈志渔等:《21 世纪初国有企业发展和改革》,经济管理出版社 2005 年版。

[41] 张维迎:《企业理论与中国企业改革》,北京大学出版社 1999 年版。

[42] 郭复初:《国有资本经营专论——国有资产管理、监督、营运体系研究》,立信会计出版社 2002 年版。

[43] [法] 托克维尔:《论美国的民主》,董果良译,商务印书馆 1991 年版。

[44] [南] 斯韦托扎尔·平乔维齐:《产权经济学》,蒋琳琦译,经济科学出版社 1999 年版。

[45] 《邓小平文选》(第三卷),人民出版社 1993 年版。

[46] [美] 古德诺:《政治与行政》,华夏出版社 1987 年版。

[47] 陈佳贵、黄速建:《企业经济学》,经济科学出版社 1998 年版。

[48] [美] 萨缪尔森、诺德豪斯:《经济学》,高鸿业等译,中国发展出版社 1991 年版。

[49] [美] 罗纳德·哈里·科斯:《企业、市场和法律》,上海三联书店 1990 年版。

[50] 盛洪:《分工与交易——一个一般理论及其对中国非专业化问题的应用分析》,上海三联书店 2006 年版。

[51] [美] 丹尼斯·缪勒:《公共选择理论》,杨春学等译,中国社会科学出版社 1999 年版。

[52] 李忠信、王吉发、李树刚:《国有资产管理新论》,中国经济出版社 2004 年版。

[53] 刘玉平:《国有资产管理》,中国人民大学出版社 2008 年版。

[54] 李松森:《国有资产管理》,经济科学出版社 2003 年版。

[55] 许保利:《国有资产管理体制的变革》,载《国有资产管理》2009 年第 10 期。

[56] 毛程连:《公共产品理论与国有资产管理的绩效评价》,载《财经研究》

2002年第5期。

[57] 郭复初：《完善国有资产管理体制问题研究》，西南财经大学出版社2008年版。

[58] 邵秉仁：《创建国有资产管理新体制》，中国财政经济出版社2003年版。

[59] 彭成洪：《国有资产管理理论与实务》，中国财经出版社2007年版。

[60] [法] 卢梭：《社会契约论》，何兆武译，商务印书馆1982年版。

[61] 辛向阳：《政府理论第一篇——解读洛克〈政府论〉（下篇）》，山东人民出版社2003年版。

[62] 伍启茂、谢峰：《对行政事业单位国有资产管理体制改革的思考》，载《发展》2003年第10期。

[63] 王加春、王萌：《国有资产管理体制改革30年》，载《经济研究参考》2008年第49期。

[64] 郭咸纲：《西方管理思想史》，经济管理出版社2002年版。

[65] 财政部统计评价司：《企业效绩评价工作指南》，经济科学出版社2002年版。

[66] [美] 彼得·F.德鲁克等：《公司绩效测评》，中国人民大学出版社2000年版。

[67] [英] 加里·阿什沃思：《整合绩效管理》，李克成译，电子工业出版社2002年版。

[68] [英] 安德列·A.德瓦尔：《效绩管理魔力》，上海交通大学出版社2002年版。

[69] 财政部：《国有资本金效绩评价规则》、《国有资本金效绩评价操作细则》（财统 [1999] 2号）。

[70] 郑国洪：《中国国有资产绩效测评体系研究》，载《理论与改革》2005年第3期。

[71] 张颢瀚、张明之、王维：《从经营国有企业到管理国有资产》，社会科学文献出版社2005年版。

[72] 国务院国有资产监督管理委员会研究局：《探索与研究：国有资产监管和国有企业改革研究报告》，中国经济出版社2008年版。

[73] 国务院国资委统计评价局：《企业绩效评价标准值2008》，经济科学出版社2008年版。

[74] 秦杨勇、田志宝：《平衡记分卡与绩效管理——中国企业战略制导》，中国

经济出版社 2005 年版。

[75] 沈志渔：《21 世纪初国有企业发展和改革》，经济管理出版社 2005 年版。

[76] 李曙光：《〈企业国有资产法〉的创新与突破》，载《法制日报》2008 年 11 月 2 日。

[77] 马英娟：《政府监管机构研究》，北京大学出版社 2007 年版。

[78] 袁恩祯、林益彬：《国有资产管理、运行与监督》，上海社会科学院出版社 2001 年版。

[79] 彭辅顺：《我国新刑法对国有资产的保护》，载《行政与法》1998 年第 3 期。

[80] 《中国法律法规大全》，北京大学出版社 2001 年版。

[81] 徐强：《国有企业改革新思路》，中国工人出版社 1999 年版。

[82] 李曙光：《中国市场经济法律：进展与评价》，载《中国政法大学学报·政法论坛》2000 年第 5 期。

[83] 谢次昌：《国有资产法》，法律出版社 1997 年版。

[84] 王豹：《关于国有资产立法工作的几个问题》，载《国有资产管理》1999 年第 10 期。

[85] 秦晓燕、张青山：《外国政府确保国有资产保值增值的比较研究》，载《国有资产管理》2000 年第 4 期。

[86] 国家国有资产管理局赴德国、波兰联合考察团：《德国、波兰对原国有企业的改造》，载《国有资产管理》1997 年第 6 期。

[87] 蒋恩尧、鲍芳芳：《国有企业监控系统的国际比较及启示》，载《国有资产管理》2001 年第 3 期。

[88] 杨肃昌：《西方国有企业监督机制评述》，载《国有资产管理》2001 年第 6 期。

[89] 肖翔：《国有资产管理与评估》，中华工商联合出版社 2000 年版。

[90] 国家国有资产管理局：《关于法国国有资产重组与经济结构调整的考察》，载《国有资产管理》1997 年第 4 期。

[91] 肖炼、曾洪、俸异群：《国有资产管理——理论、方法、实务》，中国财政出版社 1996 年版。

[92] 王文杰：《国有企业公司化改制之法律分析》，中国政法大学出版社 1999 年版。

[93] 黄必烈：《〈企业国有资产法〉出台后的国有资产管理体制发展趋势》，载

《中国发展观察》2009年第12期。

[94] 章迪诚:《中国国有企业改革编年史（1978—2005）》，中国工人出版社2006年版。

[95] 石广生:《关于〈中华人民共和国企业国有资产法（草案）〉的说明——2007年12月23日在第十届全国人民代表大会常务委员会第三十一次会议上》，载《中华人民共和国全国人民代表大会常务委员会公报》2008年第7期。

[96] 刘辉:《解读〈企业国有资产法〉立法目的及相关制度设计、立法取向》，载《中国石油企业》2008年第12期。

[97] 李保民:《贯彻执行〈企业国有资产法〉的现实意义和实践途径》，载《国有资产管理》2009年第1期。

[98] 周放生:《国有资产管理体制改革的历史沿革》，载《国有资产管理》2008年第11期。

[99] 顾功耘:《国有经济法论》，北京大学出版社2006年版。

[100] 舒立:《电信高层"闪电换位"弊大于利》，载《时经》2004年第22期。

[101] 王新红、谈琳:《论"国资委"的性质、权利范围与监管机制》，载《湖南社会科学》2005年第4期。

[102] 邓峰:《国有资产的定性及其转让对价》，载《法律科学》2006年第1期。

[103] 施天涛:《商法学》，法律出版社2006年版。

[104] 李曙光:《国有资产立法需明确六大问题》，载《中国改革》2008年第1期。

[105] 邬峥杰、金峰:《从〈企业国有资产法〉看国有资产管理立法的完善》，载《法治论丛》2009年第4期。

[106] 盖威:《〈企业国有资产法〉法律适用初探》，载《吉林工商学院学报》2009年第4期。

[107] 万翠英:《尚待完善的〈企业国有资产法〉》，载《理论前沿》2009年第23期。

[108] 徐彪:《〈企业国有资产法〉的成功与不足》，载《国有资产管理》2008年第12期。

[109] 王克稳:《〈企业国有资产法〉的进步与不足》，载《苏州大学学报》（哲学社会科学版）2009年第4期。

[110] 赵梅：《浅议〈企业国有资产法〉的缺憾与对策》，载《经济师》2009年第9期。

[111] 王保平：《转型与突破：〈企业国有资产法〉的十大着力点》，载《财务与会计（理财版）》2009年第1期。

[112] 河南省审计厅课题组：《财政资金绩效审计与评价》，载《审计研究》2002年第1期。

[113] 田晓红：《对经济效益审计的再认识》，载《陕西审计》2003年增刊。

[114] 张雄：《公共财政框架体系的建立与我国财政审计的发展》，载《审计与经济研究》2004年第2期。

[115] 李金华：《审计理论研究》，中国审计出版社2001年版。

[116] 邱凛：《公共机构绩效审计评价标准研究》，暨南大学2005届硕士论文。

[117] 负杰：《论现代社会条件下的政府政策评估》，载《江苏行政学院学报》2005年第4期。

[118] 雷达：《新公共管理对绩效审计的影响及对我国绩效审计发展的启示》，载《审计研究》2004年第2期。

[119] 吕临：《完善政府审计工作的有效途径》，载《现代审计与经济》2006年第1期。

后　　记

　　本书的写作断断续续历时六年。从 2004 年开始，笔者就关注中国国有资产的经营管理的问题，并先后发表了一些论文，其中，"中国国有资产绩效评估体系问题研究"被中国人民大学复印资料国民经济卷 2005 年九月期全文转载，其后发表了"政府支持企业科技创新的路径选择"（载《软科学》2009 年一月期）、"新公司法对企业财务会计的影响"（载《商业时代》2009 年第 4 期），"我国知识产权保护对出口贸易的影响"（载《统计与决策》2010 年第 2 期）等与国有资产管理相关的论文。在六年中，不断地收集资料、撰写论文，同时经历了《公司法》修改、《企业国有资产法》颁布和实施、《审计法》修改、《企业内部控制规范》颁布和实施、《会计准则》、《审计准则》的修订和实施等重大事项，数易其稿，最后成书与第一稿大相径庭。由于本书涉及管理学、经济学、法学等不同的领域，在写作过程中得到我的导师石惠荣教授、卢代富教授的指导，卢代富教授最后对全书作了学术性修订并作了序。本书的写作也得到罗本德教授、吴春燕教授、余劲松副教授的倾力支持，罗本德教授甚至亲自修改提纲，查找资料。在此，笔者深深的感谢他们。这本书的最后成型，还要感谢我的学生胡耘通、罗明，他们放弃了许多的休息时间，为我查找资料。但是，基于本专著的架构和写作设想，仅仅讨论了较为宏观的问题。对于国有资产管理体制改革中涉及的许多具体问题，本书并未涉及，将放在后续的论著中来讨论。

　　本书的顺利完成，还要感谢我的夫人张文莉女士和儿子郑一玮，

后　记

是我的夫人承担了所有的家务才让我有更多的时间来写作,儿子在我写作的时候从不干扰,使我能够潜心思考。

郑国洪

二〇一〇年五月于重庆歌乐山下